KB266642

일과 삶을 내 편으로 만드는 하루 설계법

루틴리셋

초판 1쇄 인쇄 2025년 3월 5일
초판 1쇄 발행 2025년 3월 9일

지은이 홍혜진
발행인 우희경
기획   우희경
펴낸곳 밀크북스
디자인 DSP

주소   제주도 서귀포시 에듀시티로148 125동, 4F
전자우편 milk_books@naver.com
등록번호 제652-2023-000026호
등록   2023년 10월 5일

ⓒ 홍혜진, 밀크북스 2026, Printes in Korea

ISBN   979-11-987789-6-3 (03320)

일과 삶을 내 편으로 만드는 하루 설계법

루틴리셋

홍혜진 지음

밀크북스

목차

부록

"당신의 하루를 설계하는 순간, 삶의 방향이 바뀐다."

나는 루틴을 통해 삶이 달라지는 경험을 했다. 처음부터 거창한 목표가 있었던 건 아니다. 복잡한 하루를 버티기 위해, 하루를 나답게 만들고 싶어서 시작한 작은 습관들이었다. 하지만 그 작은 루틴이 나의 일상을 바꾸고, 일의 태도를 바꾸고, 결국 인생의 방향까지 바꾸어 놓았다.

솔직히 말하면, 루틴을 처음 시작했을 때 나는 그저 버티기 위해 애쓰고 있었다. 아이를 돌보며 다시 일터로 복귀한 뒤, 하루는 늘 벅찼다. 출근과 육아, 업무와 집안일이 얽히며 숨 돌릴 틈이 없었다. 어느 날은 스스로에게 묻곤 했다. "이렇게 하루하루 버티는 게 전부일까?" 그때부터 아주 작게, 나를 위한 시간을 만들어 보기로 했다.

아이를 재운 뒤 10분, 조용히 하루를 돌아보며 일기를 썼다. 출근 전 5분, 따뜻한 물을 마시며 나 자신을 다독였다. 점심시간 10분은, 혼자 조용히 걸으며 마음을 정리했다. 아무것도 바뀌지 않을 것 같던 일상이었지만, 그 짧은 순간들이 하루의 숨통이 되어 주었다.

그리고 서서히, 하루의 무게가 달라지기 시작했다. 루틴은 단순히 성실함의 도구가 아니다. 루틴은 내가 내 삶을 주도하는 방식이다. 매일 같은 시간에 하루를 점검하고, 우선순위를 정하며, 작은 목표를 실천하는 반복 속에서 나는 '일 잘하는 사람'으로 성장했다. 루틴 덕분에 일은 더 이상 나를 소모하게 하는 과제가 아니라, 성과를 쌓고 스스로 발전시키는 기회가 되었다. 성과가 쌓이고, 자신감이 자라면서 나는 매일 조금 더 단단해 졌다. 그 힘이 쌓여 첫 번째 책을 완성했고, 결국 새로운 길을 선택할 용기를 얻었다.

이제 나는 그 경험을 나만의 이야기로 끝내고 싶지 않다. 루틴은 나를 성장시킨 습관이자, 삶을 스스로 설계할 수 있게 해준 도구였다. 그래서 이 책을 통해, 당신도 자신만의 루틴을 만들고, 삶을 설계하는 경험을 하길 바란다.

이 책은 완벽한 루틴을 강요하지 않는다. 누구나 한 번쯤은 무너지고 흔들린다. 중요한 건 다시 일어서는 기준을 가지는 것이다. 그 기준이 루틴이다. 당신의 일상에서 단 하나라도 '나를 위한 루틴'을 찾고 실천한다면, 그 하루는 이전과 전혀 다른 의미로 쓰이게 될 것이다.

이 책은 일에서 성과를 내고 싶은 직장인, 매일의 리듬을 되찾고 싶은 워킹맘, 그리고 자기 삶을 주도하고 싶은 모든 사람을 위해 썼다. 일을 잘하고 싶은 마음, 부지런해지고 싶은 의지, 마지막으로 매일 성장하고 싶은 욕구가 있다면 이 책이 그 시작이 될 것이다.

여기에 담긴 것은 내가 실제로 경험한 루틴이며, 누구나 따라 할 수 있는 실용적인 방법들이다. 적어도 이 책을 덮을 때, 당신에게 꼭 맞는 루틴 하나는 손에 쥐게 될 것이다.

지금, 이 글을 읽고 있는 당신은 이미 변화를 시작한 사람이다. 완벽한 준비가 아니어도 괜찮다. 중요한 건 시작이다. 이 책이 당신에게 설레는 하루, 나를 믿게 되는 하루를 선물하길 바란다. 루틴으로 하루를 설계하는 사람은, 결국 인생을 설계하는 사람이다.

이제, 당신의 루틴을 리셋 할 시간이다.

2026년 1월. 홍혜진

일잘러의 하루는
루틴에서 시작된다

1 │ 루틴이 왜 일에 영향을 미칠까?

아침부터 메신저 알림이 쏟아지고, 급한 요청이 이어진다. 일과가 시작되기도 전에 벌써 피로감이 몰려든다. 오전에는 갑작스러운 회의, 오후에는 마감이 촉박한 보고서에 쫓기며 정신없이 하루가 흘러간다. 아침에 세웠던 계획은 손도 대지 못한 채 일과가 끝나버린다. 책상 앞에 앉아 있던 시간만큼의 성과는 남지 않는다. 바쁘게 움직였는데도 중요한 일은 늘 밀리고, 퇴근길엔 '오늘 나는 도대체 뭘 한 걸까' 하는 허무함이 따라온다.

옆자리의 동료는 다르다. 똑같이 바쁜 일정 속에서도 늘 차분하고, 마감에 쫓기지 않으며 맡은 일을 제때 깔끔하게 마친다. 특별한 능력이나 스펙이 뛰어난 것도 아닌데, 언제나 여유가 있고 결과는 일관적이다. 업무를 대하는 태도도 흔들림이 없다. 도대체 무슨 비결이 있는지 궁금하지만, 겉으로는 잘 드러나지 않는다. 혹시 지금, 당신의 이야기처럼 들리지 않는가?

이런 차이는 어디서 나올까? 흔히 능력의 차이라고 생각하기 쉽지만, 사실은 전혀 다른 곳에 답이 있다. 바로 하루를 다루는 방식, 즉 자기 시간을 관리하는 방식에서 그 차이가 만들어진다.

루틴이 없는 하루는 늘 즉흥적이고 수동적으로 흘러간다. 아침에 일어나면 그때그때 상황에 맞춰 하루를 결정하고, 출근후에는 쏟아지는 업무에 끌려 다닌다. 마치 내 시간이 아닌, 남의 시간표에 맞춰 살아가는 기분이다. 매 순간 선택해야 할 것들이 너무 많고, 그 과정에서 에너지는 빠져나간다.

반대로 루틴이 있는 사람은 하루가 일정한 질서 속에서 주도적으로 운영된다. 아침에 무엇을 할지, 업무를 어떤 순서로 처리할지, 언제 집중 시간을 가질지 미리 정해져 있다. 그래서 급한 일이 생겨도 휘둘리지 않고, 정말 중요한 일에 집중할 수 있다. 이게 바로 자기 경영의 출발점이다.

루틴을 만들어서 지킨다는 것은 단순히 시간을 관리한다는 의미가 아니다. 오늘을 허투루 살지 않겠다는 의지이며, 내 삶을 내가 주도하겠다는 선언이다. 하루를 어떻게 시작하고, 어떤 순서로 마무리할지를 정해두는 일, 그 의식적인 선택이 곧 자기 삶을 이끌어가는 힘이 된다.

루틴은 무의식적인 반복이 아니라, 의도적으로 설계된 하루의 틀이다. 아침, 업무시간, 집중시간, 퇴근 후, 마무리 등 시간대별 구조가 잡혀 있으면 어떤 변화가 일어날까?

가장 먼저 선택의 피로가 줄어든다. 언제 어떤 일을 어떻게 할지 미리 정해두면, 매 순간 판단하고 선택하느라 소모되는 에너지와 시간이 현저히 줄어든다. 뇌는 반복된 패턴 속에서 편안함을 느끼고, 그만큼 중요한 일에 더 많은 에너지를 집중할 수 있다.

그 다음엔 감정에 휘둘리지 않는 안정감이 생긴다. 루틴이 있는 사람은 컨디션이 좋지 않거나 예상치 못한 일이 생겨도, 정해진 틀에 따라 차분하게 대응한다. 반면 루틴이 없는 사람은 그날의 기분이나 상황에 따라 업무 방향이 바뀌고, 일관성 있는 태도를 유지하기 어렵다.

이런 안정감은 자연스럽게 업무에 대한 주도권으로 이어진다. 출근 후 무엇부터 해야 할지 고민하거나, 매번 우선순위를 새로 정하느라 시간을 낭비하지 않는다. 정해진 루틴 안에서 움직이니 업무 태도도 흔들림 없이 안정적이다. 어떤 상황에서도 차분하게 자신만의 방식으로 일을 진행하며, 동료들이 예측할 수 있는 일관된 모습을 보여준다.

루틴으로 자기 경영이 된 사람의 업무 성과는 왜 다를까?

첫째, 계획과 실행의 간극이 작다. 일정한 틀 속에서 일하는 사람은 일의 순서를 체계적으로 관리할 수 있다. 중요한 일을 미루지 않고 적시에 처리하기 때문에 마감에 쫓기지 않고, 결과의 품질도 일정하게 유지된다.

둘째, 집중 시간을 확보할 수 있다. 루틴이 있는 사람은 일정한 시간에 집중 모드로 진입한다. 중요한 일에 몰입할 수 있는 환경을 스스로 만들어낸다. 방해 요소들을 미리 차단하고, 가장 효율적인 시간대에 핵심 업무를 배치한다.

셋째, 지속적인 개선이 가능하다. 일정한 방식으로 일을 반복하면 업무 과정이 체계화된다. 판단과 실행도 빨라진다. 같은 일을 반복하더라도 매번 조금씩 개선하며 효율성을 높인다. 이렇게 축적된 경험은 문제 해결력, 판단력, 실행 속도 등 실질적인 업무 역량으로 이어진다.

결과적으로 루틴을 꾸준히 지키는 사람은 같은 시간 안에서도 더 높은 완성도와 효율로 성과를 내며, 조직 안에서 '결과를 믿을 수 있는 사람'으로 평가받는다. 반면 루틴이 없는 사람은 그날의 컨디션이나 상황에 따라 결과가 들쭉날쭉하다

성공한 사람들의 하루에는 예외 없이 루틴이 존재한다. 『부자들의 습관』의 저자 토마스 C. 콜린은 "억만장자 중 절반 이상이 업무 시작 세 시간 전부터 하루를 준비한다"라고 말한다. 단순히 일찍 일어나는 것이 아니라, 하루의 리듬을 스스로 설계해 주도권을 잡는 것이다.

애플 CEO 팀 쿡은 매일 새벽 4시에 일어나 운동과 이메일 점검으로 하루를 시작한다. 트위터 전 CEO 잭 도시 또한 새벽 5시 기상 후 명상과 조깅으로 하루를 정돈한다. 가수이자 프로듀서, 기업가로 활동하는 박진영

은 20년 넘게 매일 새벽 6시에 기상해 명상, 운동, 독서, 작곡으로 하루를 설계한다. 그는 "루틴이 무너지면 사고력과 창의력도 함께 흔들린다"라고 말하며, 일정한 순서 속에서 감정과 사고를 안정시키고 에너지를 창의적 결과물로 전환한다. 현대카드 정태영 부회장은 루틴을 통해 사고의 깊이와 판단의 일관성을 유지한다. 매일 일정한 시간에 기상해 독서와 기록으로 하루를 시작하고, 업무 중에는 '집중 구간'을 설정해 외부 자극을 차단한다. 반복되는 루틴이 사고를 정돈하고, 복잡한 결정 속에서도 흔들리지 않는 중심을 만들어준다.

이들의 공통점은 분명하다. 루틴은 역량을 대체하지 않지만, 역량이 안정적으로 발휘되도록 돕는 기반이다. 하루의 구조가 일정하면 감정과 상황에 덜 휘둘리고, 집중력과 효율은 자연스럽게 높아진다. 결국 성과를 내는 사람들은 시간을 더 많이 쓰는 사람이 아니라, 시간을 더 의도적으로 다루는 사람이다.

결국 일 잘하는 사람과 그렇지 않은 사람의 차이는 특별한 재능이나 능력에 있지 않다. 바로 하루를 다루는 방식, 즉 루틴을 통한 자기 경영에 있다. 루틴이 만들어주는 안정된 업무 태도와 일관된 성과, 이것이 바로 '일을 잘하는 사람, 일잘러'가 되는 핵심이다.

하루를 어떻게 보내느냐가 곧 일의 수준을 결정한다. 루틴이 있는 사람은 하루를 우연에 맡기지 않는다. 매일의 선택과 행동으로 스스로 자신의 성장을 만들어 간다. 그리고 그 작은 반복이 쌓여 결국 역량 있고 신뢰받는 내가 된다.

최근 직장인들 사이에서 '미니멀 루틴'이 주목받고 있다. SNS에는 '매일 10분 독서', '하루 5분 일기', '퇴근 후 20분 걷기' 같은 챌린지가 끊임없이 공유된다. 거창한 목표를 이루려 하기보다, 작더라도 꾸준한 실천을 통해 삶의 주도권을 갖고자 하는 시도다. 거창한 성공 스토리가 아닌 '매일 조금씩 나아지는 나'를 만들고자 하는 이런 움직임이 많은 사람들에게 공감을 얻고 있다.

이런 루틴의 공통점은 무엇일까? 바로 누가 시켜서가 아니라, 스스로 선택해서 하는 일이라는 것이다. 남의 시선을 의식하지 않고, 자신을 위해 시작한 루틴은 단순한 습관을 넘어 자기 신뢰의 기반이 된다. 아침 일찍 일어나 마시는 따뜻한 차 한 잔과 함께 책 한 페이지를 읽거나, 퇴근 후 조용히 산책하며 하루를 돌아보는 시간. 짧고 사소해 보이지만, 바쁜 일상 속에서 이런 시간을 지켜낼 때 사람들은 "나는 나를 위해 무언가를 하고 있다."라고 깨닫는다. 그리고 그 감각은 자신을 스스로 통제하고 있다는 확신으로 발전한다.

▎작은 루틴이 주는 심리적 변화 ▎

이런 작은 루틴이 큰 변화를 만드는 이유는, 단순히 생산성이 높아지기 때문이 아니라 마음의 구조가 달라지기 때문이다. 하루 30분이라도 스스로 정한 행동 약속을 지켜낼 때 자신을 통제할 수 있다는 감각을 얻고, 그 과정에서 자기 신뢰와 정서적 안정감이 함께 자라난다. 이처럼 작은 루틴은 우리의 마음에 긍정적인 심리 변화를 일으키는 촉매제다. 루틴을 꾸준히 이어가는 사람에게는 두 가지 심리적 변화가 일어난다.

첫째는 자존감의 회복이다. 자존감은 '나 자신을 존중하는 마음'으로, 스스로 정한 약속을 지켜내는 경험을 통해 강화된다. 매일의 작은 성공이 쌓일수록 '나는 내 삶을 다룰 수 있다'라는 신뢰가 생긴다.

둘째는 자기효능감의 증가다. 심리학자 앨버트 반추라 (Albert Bandura) 는 자기효능감을 "어떤 일을 성공적으로 해낼 수 있다는 믿음"으로 정의했다. 이는 막연한 긍정이 아니라, 작은 성공 경험을 통해 형성되는 구체적인 확신이다. 하루 30분이라도 정해둔 루틴을 꾸준히 지켜내면 '나는 할 수 있다'라는 감각이 축적되고, 그 믿음이 다시 행동으로 이어진다. 작은 성공이 반복될수록 자신감은 커지고, 더 큰 목표에도 도전할 수 있는 용기와 추진력이 쌓인다.

결국 루틴은 자존감(나를 존중하는 힘)과 자기효능감(나를 믿는 힘)을 함께 키워주는 가장 현실적인 방법이다. 특히 아침 루틴은 하루 전체로 확장된다. 출근 전 잠깐의 스트레칭, 간단한 독서, 조용한 차 한 잔처럼 짧은 루틴이라도 아침에 '나를 위한 시간'을 먼저 확보하면 하루의 분위기가 달라진다. 아침 루틴은 바쁜 일정에 휘둘리기 전에 자신을 먼저 돌보는 행동이다. 이 시간을 반복해 지켜내면 "나는 나를 컨트롤할 수 있다"는 믿음이 커지고, 하루 전체의 태도와 집중력을 바꿔 놓는다.

▏ 지속 가능한 루틴은 작고, 꾸준하게 ▏

30분이라는 시간에는 특별한 의미가 있다. 행동 심리학자 비제이 포그(BJ Fogg)는 새로운 습관을 만들 때 '최소 실행 가능 시간'이 중요하다고 강조한다. 30분은 의미 있는 활동을 완성하면서도 부담을 느끼지 않는 적정 시간대에 해당한다. 또한 인지심리학 연구에 따르면 사람이 높은 집중력을 유지할 수 있는 시간이 평균 25~40분이므로, 30분은 몰입할 수 있는 집중 구간의 중심에 있다. 무엇보다 바쁜 직장인도 하루 중에서 충분히 확보 가능한 현실적인 시간이기도 하다. 출근 전 30분, 점심 후 30분, 퇴근 후 30분 중 하나만 선택해도 루틴을 시작할 수 있다. 중요한 것은 그 행동을 '내가 선택했다'는 점이고, 자신과의 약속을 지켜내는 경험이다.

뇌과학 연구에 따르면 반복적인 행동은 뇌의 기저핵에서 자동화되어 처리된다. 기저핵은 습관과 자동적 행동을 담당하는 뇌 영역으로, 루틴이 반복될수록 이 부분의 활동이 활발해진다. 흥미로운 점은 습관이 자동화될수록 전전두피질의 활동은 오히려 줄어든다는 것이다. 전전두피질은 의사결정과 의지력을 담당하는 부분이기 때문에, 루틴이 자동화되면 의식적인 노력과 정신적 에너지 소모가 현저히 줄어든다.

이는 직장인에게 매우 중요한 의미가 있다. 아침 루틴이 자동화되면 '오늘은 뭘 할까' 고민하느라 쓰이던 뇌의 에너지를 업무에 집중할 수 있게 된다. 또한 MIT의 신경과학 연구에서는 습관적 행동을 할 때 뇌에서 도파민이 분비되어 긍정적 기분을 유지하는 데 도움이 된다고 밝혔다. 결국 루틴은 뇌 차원에서도 업무 효율성과 정서적 안정감을 동시에 제공하는 과학적 근거가 있는 셈이다.

루틴의 핵심은 완벽함보다 꾸준함에 있다. 사람은 처음부터 오래, 완벽하게 하려 하면 쉽게 지치고 포기한다. 하지만 부담 없는 짧은 시간이라면 매일 실천할 수 있고, 반복되는 경험을 통해 자연스럽게 지속할 수 있게 된다.

실제로 습관 형성 과정을 살펴보면, 처음 몇 주 동안 얼마나 일관되게 실행하느냐가 이후 지속성을 좌우한다는 점이 중요하다. 그래서 야심 찬 2시간 루틴보다는 확실히 지킬 수 있는 30분 루틴이 훨씬 효과적이다.

어렵다면 처음에는 단 10분, 15분이어도 괜찮다. 그 시간을 꾸준히 확보하다 보면 루틴은 어느새 '해야 하는 일'이 아니라 '하고 싶은 시간'으로 바뀐다. 처음엔 의지를 써야 하지만, 점차 내 삶의 자연스러운 일부가 되어간다. 이때가 바로 루틴이 진짜 힘을 발휘하기 시작하는 순간이다. 의식적인 노력 없이도 자연스럽게 그 시간을 찾게 되고, 하지 않으면 오히려 어색하고 불편해진다. 이처럼 한 사람의 루틴이 삶 속에 자연스럽게 자리 잡기 시작하면, 그 변화는 개인의 성장을 넘어 더 큰 환경에도 영향을 미치기 시작한다.

이러한 변화는 점차 조직의 운영 방식에도 반영되고 있다. 최근 일부 기업들은 직원들의 개인 루틴을 지원하는 정책을 도입하고 있다. 구글은 직원들의 명상과 운동을 위한 시설과 시간을 제공하고, 마이크로소프트는 유연근무제를 통해 개인별 최적의 루틴을 찾을 수 있도록 돕는다. 국내에서도 카카오, 네이버 같은 IT 기업들이 오전 10시 이후 출근제나 점심시간 요가 클래스 등을 운영하며 직원들의 루틴 형성을 지원하고 있다.

이런 정책들이 확산되는 이유는 개인의 루틴이 결국 조직 전체의 생산성으로 이어진다는 인식 때문이다. 안정된 루틴을 가진 직원들은 감정적으로 더 안정적이고, 업무 집중도가 높으며, 창의적 아이디어를 내는 빈도도 더 높다는 연구 결과들이 나오고 있다. 또한 루틴이 있는 팀원들은 예측 가능한 업무 패턴을 보여 협업 효율성도 향상된다. 결국 개인의 작은 루틴이 조직 문화와 성과에까지 긍정적 영향을 미치는 선순환 구조를 만들어내는 것이다.

루틴은 남과의 경쟁이 아니라, 어제의 나를 이기는 과정이다. SNS에서 보는 화려한 모닝 루틴을 따라 할 필요도, 누군가와 비교할 필요도 없다. 중요한 것은 나만의 속도로, 나에게 맞는 방식으로 꾸준히 이어가는 것이다. 오늘 하루 30분의 루틴을 지켜낸다면, 그것만으로 충분히 의미 있는 하루다. 그 작은 성취가 모여 내일의 나를 더 단단하게 만들어 줄 것이다. 작은 루틴 하나가 내 삶의 방향을 바꾸는 첫걸음이 된다.

3 | 루틴은 과연 무엇일까?

당신은 하루에 어떤 행동을 반복하고 있는가?

아침마다 커피를 마시고, 출근길에 같은 길을 걷고, 잠들기 전 습관처럼 스마트폰을 확인하진 않는가? 우리는 매일 비슷한 행동을 되풀이하지만, 그것이 의도된 선택인지 익숙함에 기대어 이어진 행동인지는 쉽게 구분하지 못한다.

많은 사람들이 "루틴을 가지면 좋다"고 말하지만, 정작 루틴이 무엇인지, 습관과 어떻게 다른지 설명하기는 쉽지 않다. 겉보기엔 같은 반복이라도 결과는 전혀 다르다. 의도 없이 이어지는 반복은 습관이 되고, 목적을 담은 반복은 루틴이 된다. 같은 반복이라도 '왜'하는가에 따라 전혀 다른 결과를 만들어 낸다.

'루틴'이라고 하면 자연스럽게 함께 떠오르는 단어들이 있다. 습관, 버릇, 징크스 같은 말들이다. 모두 반복된 행동을 뜻하지만, 그 안에 담긴 의도와 인식은 분명히 다르다. 이 차이를 이해하는 순간, 우리는 루틴을 전혀 다른 시선으로 보게 된다.

루틴, 습관, 버릇, 징크스는 모두 '정기적이고 반복적인 행동'이라는 공통점을 갖는다. 하지만 그 행동을 얼마나 의식적으로 인식하고 실행하는가에 따라 의미와 효과는 완전히 달라진다.

버릇은 무의식적으로 반복되는 행동이다. 다리를 떠는 것, 손톱을 물어뜯는 것처럼 의식하지 않아도 저절로 나오는 자동적인 동작이 여기에 해당한다. 스스로 제어하기 어렵고, 특별한 목적도 없다. 이처럼 의식의 개입 정도에 따라 행동의 성격은 달라진다

징크스는 특정한 믿음에 근거한 반복이다. 예를 들어 시험 전에 늘 같은 옷을 입거나, 중요한 날에는 특정 행동을 피하는 것처럼 심리적 안정을 위해 반복되는 행동이다.

습관은 익숙함에서 비롯된 반복이다. 처음에는 의식적으로 시작했더라도 반복되는 과정에서 무의식적으로 자동화된다. 아침에 눈을 뜨자마자 스마트폰을 확인하거나, 일 시작 전 커피를 마시는 행동처럼 이유를 깊이 생각하지 않아도 자연스럽게 이루어진다. 익숙해서 하는 행동이기 때문에 좋은 습관도 있지만, 무심코 쌓인 나쁜 습관도 존재한다. 스스로 점검하지 않으면 그 행동이 나에게 어떤 의미를 가지는지조차 모른 채 반복될 수 있다.

반면 루틴은 의도적이며 목적이 분명한 반복이다. 내가 하루를 어떻게 보내고 싶은 지, 어떤 상태로 일하고 싶은지에 따라 선택하고, 설계된 행동이다. 아침에 스트레칭을 하고 일정과 목표를 점검하는 행동은 단순한 습관이 아니라 하루를 주도적으로 시작하기 위한 루틴이다. 습관이 익숙함에 의해 자동으로 만들어진다면, 루틴은 의식적인 판단과 선택으로 만들어진다. 습관은 나를 익숙한 자리에 머물게 하지만, 루틴은 내가 원하

는 방향으로 나를 이끈다. 습관이 자동의 반복이라면 루틴은 의식의 반복이다. 습관이 결과의 우연성을 낳는다면 루틴은 결과의 일관성을 만든다. 아래 표는 네 가지 개념을 한눈에 정리한 것이다.

구분	정의	의도성	목적	예시
루틴	의도와 목적을 가지고 계획한 반복	높음	성장, 효율, 안정감	아침 스트레칭, 일정 점검, 퇴근 후 독서
습관	익숙함에 의해 자동적으로 반복되는 행동	중간	편리함, 익숙함	무심코 SNS 확인, 출근길 커피
버릇	무의식적으로 반복되는 행동	없음	없음	다리 떨기, 손톱 물어뜯기
징크스	심리적 믿음에 기반한 반복	낮음	안도감, 안정감	시험 전 같은 옷 입기

루틴은 나를 성장시키고, 일을 효율적으로 만들며, 삶에 안정감을 준다. 그래서 루틴은 단순한 행동이 아니라 '나를 운영하는 시스템'이다. 결국 루틴은 좋은 습관을 만드는 기반이 된다. 작은 루틴이 반복되면서 자연스럽게 좋은 습관으로 자리잡는다. 루틴이 있으면 내가 어떤 습관을 만들고 유지할지 스스로 선택할 수 있다. 필요할 때 점검하고 조정하는 것도 가능하다. 반대로 루틴 없이 쌓인 습관은 방향을 잃기 쉽고, 익숙함 속에서 변화 없이 머물게 된다. 루틴은 내가 주도적으로 하루를 설계하기 위해 선택한 의도된 반복이다. 반면, 습관은 반복 속에서 자동으로 굳어진 익숙한 행동이다. 이 차이를 인식하는 순간, 매일의 반복은 완전히 다른 의미를 갖게 된다.

루틴은 단순한 반복이 아니다. 매일 같은 행동을 정해진 방식으로 이어 간다는 것은, 하루의 흐름을 설계하고 통제한다는 뜻이다. 루틴을 잘 지켜 나가면, 업무 태도와 성과의 일관성을 만들고, 결국 '일 잘하는 사람'을 만든다. 루틴이 가진 힘은 여러 측면에서 나타난다.

첫째, 루틴은 불필요한 의사결정을 줄여 일의 효율을 높인다.

아침에 자리에 앉자마자 '오늘 뭐부터 해야 하지?' 하고 고민하는 시간이 사라진다. 많은 직장인들이 하루의 시작을 이런 고민으로 보내지만, 루틴이 있으면 그런 망설임이 없다. 대신 정해진 순서와 방식에 따라 메일 확인 → 일정 점검 → 중요도 체크하는 식으로 자동으로 움직인다. 반복되는 선택을 줄이는 것만으로도 업무 속도가 크게 달라진다. 루틴은 '결정 피로'를 줄여주고, 중요한 일에 쓸 판단력을 남겨둔다. 성과를 내는 사람은 일을 많이 하는 사람이 아니라, 집중할 일과 그렇지 않은 일을 명확히 구분하는 사람이다. 루틴이 바로 그 구분을 가능하게 해준다.

둘째, 루틴은 업무의 우선순위를 명확히 해 집중력을 높인다.

루틴이 있으면 해야 할 일을 '즉흥'이 아니라 '의도'로 실행하게 된다. 아침 루틴에 일정 점검과 오늘의 목표 설정이 포함되어 있다면, 하루가 시작되기 전 이미 방향이 정해져 있다. 그 덕분에 긴급한 일은 빠르게 처리하고 긴급하지 않지만 중요한 일에 시간을 배정할 수 있다. 중요도와 긴급도에 따라 업무를 배치하면 '급한 일에 끌려 다니는 하루'를 벗어날 수 있다. 이렇게 계획된 일과 속에서 일하면 일의 질이 높아지고, 마감은 안정적으로 지켜진다. 집중의 기준이 명확한 사람은 성과가 일관적이다.

셋째, 루틴은 신체의 건강과 에너지를 관리하게 한다.

정해진 시간에 식사하고, 제때 잠을 자고, 간단한 스트레칭이나 가벼운 운동을 루틴에 넣으면 몸이 일정한 리듬을 갖게 된다. 불규칙한 생활을 하는 동료가 오후 3시면 피곤해서 집중력이 떨어지는 반면, 규칙적인 루틴을 지키는 사람은 저녁까지 일정한 에너지를 유지한다. 이렇게 일정한 생활을 반복하면 체력이 유지되고 피로가 덜 쌓인다. 몸이 안정되면 감정도 덜 흔들리고 하루를 버티는 힘이 생긴다. 결국 루틴은 몸을 지치지 않게 관리해서 일을 오래, 지속적으로 잘할 수 있게 만든다.

넷째, 루틴은 작은 성취를 반복해 자신감을 쌓는다.

매일 정해진 일을 실행한 기록이 쌓이면, 스스로를 신뢰하는 힘이 커진다. '오늘도 해냈다'는 경험은 자신감의 원천이 되고, 그 자신감은 새로운 도전을 가능하게 만든다. 업무 역량이 뛰어난 사람들은 동기부여보다 시스템을 믿는다. 기분이 흔들려도 루틴이 있으면 중심을 잡을 수 있다. 계획한 일을 해내는 반복이 자기 신뢰를 쌓고, 신뢰는 안정된 태도로 이어진다.

다섯째, 루틴은 성과의 일관성을 만든다.

하루의 흐름이 일정하면, 감정이나 상황에 따라 일의 질이 달라지지 않는다. 루틴은 업무의 기준선을 일정하게 유지하게 해준다. 컨디션이 좋지 않은 날에도 최소한의 성과를 낼 수 있고, 좋은 날에는 더 높은 성과를 만들 수 있다. 결과가 우연에 좌우되지 않으며 일정한 수준으로 유지된다. 이 일관성이 바로 신뢰받는 전문가를 만든다.

결국 루틴은 하루를 효율적으로 쓰게 하는 방식이다. 결정을 줄이고, 집중을 높이며, 일정한 리듬을 유지하게 한다. 이 꾸준한 실행은 스스로를 믿게 만들고, 일하는 나의 상태를 안정적으로 유지하게 한다. 그 결과, 해야 할 일을 제때 마무리하고, 우선순위를 흔들림 없이 지키며, 감정에 휘둘리지 않는 사람이 된다. 이것이 루틴이 만들어내는 '일 잘하는 사람'의 모습이다.

루틴은 단순한 반복이 아니다. 나를 성장시키는 의식적인 반복이며, 습관보다 깊고 시스템보다 유연한 전략이다. 매일의 작은 루틴이 쌓이면 하루는 달라지고, 그 하루들이 모여 결국 인생의 방향이 바뀐다. 완벽한 루틴을 만드는 것보다 중요한 것은 오늘 하나의 루틴을 정하고 실행하는 일이다. 내일이 아닌 지금, 작지만 의미 있는 반복을 시작해보자. 루틴은 단순한 일정이 아니라, 나의 하루를 설계하고 삶을 이끄는 가장 확실한 방법이다.

열심히 일하는데, 일이 잘되지 않는다. 매일 바쁘게 움직이는데, 결과는 늘 제자리걸음이다. 문제는 능력이나 의지가 아니라 반복되는 행동의 방향일지 모른다. 루틴이 없는 하루는 그때그때 떠오르는 일부터 즉흥적으로 처리하게 만들고, 중요한 일보다 급한 일에 쫓기게 한다. 계획이 없으니, 집중이 흐트러지고, 에너지는 사소한 일에 분산된다.

하버드 경영 대학원의 연구에 따르면 직장인의 성과는 재능보다 습관적 행동 패턴에 더 큰 영향을 받는다고 한다. 아무리 뛰어난 역량을 가지고 있어도 비효율적인 습관이 반복되면 결과는 제자리걸음일 수밖에 없다. 반대로 체계적인 루틴이 쌓이면 일의 효율과 집중력이 높아지며 작은 실행들이 결국 눈에 보이는 성과로 이어진다.

성과를 결정짓는 것은, 결국 열심이 아니라 하루를 어떤 패턴으로 보내는가에 달려 있다. 루틴이 없는 사람은 방향 없는 목표, 계획 없는 실행, 통제되지 않는 시간, 습관적 야근에 빠지기 쉽고, 이러한 잘못된 습관들이 모여 업무의 흐름을 방해하고 성과를 깎아먹는다. 이제 성과를 가로막는 다섯 가지 습관을 하나씩 살펴보자.

(1) 목적 없이 일하는 습관

가장 먼저 짚어야 할 것은 '목적 없이 일하는 습관'이다. 많은 사람들이 아침에 자리에 앉자마자 업무에 몰입하고, 해야 할 일을 쫓기듯 처리하지만 정작 '이 일을 왜 하는가'라는 질문에는 명확히 답하지 못한다. 매일 출근하고 회의하고 보고서를 작성하지만, 그 행동의 중심에 분명한 목적이 없다면 일은 쉽게 방향을 잃는다. 목적이 없으면 목표를 세우기 어렵다. 목표가 없으면 구체적인 계획과 루틴 역시 세워지지 않는다. 결국 하루는 '버텨내는 시간'으로 채워지고, 그 시간은 아무리 길어도 성과로 이어지지 않는다.

예를 들어 다이어트를 결심한 사람이 단순히 '살을 빼야지'라고 생각한다면 며칠 후 흐지부지되기 쉽다. 그러나 '6개월 후 해외여행에서 자신 있게 수영복을 입고 싶다'는 명확한 목적이 있다면, 그 목적을 이루기 위한 식단 관리와 운동 루틴이 자연스럽게 만들어진다. 영어 공부를 할 때도 마찬가지다. '언젠가 필요하니까'가 아니라 '3개월 후 승진 평가에서 토익 900점을 받아야 한다'는 목적이 있어야 매일의 학습 루틴이 지켜진다. 목적이 구체적일수록 목표는 선명해지고, 목표가 분명할수록 실행 계획이 세워지며, 그 계획이 루틴이 된다.

업무도 다르지 않다. 명확한 목적이 없는 사람은 그날 주어진 일에만 반응하며 하루를 보낸다. 상사의 요청이나 메신저 알림에 끌려 다니고, 회의와 긴급한 업무에 쫓기며 정작 중요한 일은 미뤄진다. 반면 '이번 프로젝트를 통해 어떤 가치를 만들고 싶은가?', '이 일을 통해 나의 역할과 성장을 어떻게 보여줄 것인가'와 같은 목적이 분명한 사람은 하루를 설계하는 방식부터 다르다. 해야 할 일의 우선순위를 정하고, 그 목적에 맞는 루틴을 만들어 집중력을 높인다.

결국 루틴의 출발점은 '무엇을 할까'가 아니라 '왜 하는가'에서 시작된다. 목적이 분명해야 목표가 세워지고, 목표가 있어야 계획이 생기며, 계획이 있어야 루틴이 만들어진다. 방향 없는 노력이 성과를 만들 수 없는 이유가 여기에 있다. 하루를 루틴으로 설계하고 싶다면 먼저 '이 일을 통해 내가 이루고 싶은 것은 무엇인가'를 스스로에게 물어보아야 한다. 그 답이 명확해질 때, 비로소 루틴은 의미 있는 성과를 향해 작동하기 시작한다.

(2) 목표 없이 움직이는 습관

목적이 세워졌더라도, 그것이 구체적인 목표로 이어지지 않으면 하루의 행동이 일정하지 않고, 해야 할 일의 우선순위가 쉽게 흔들린다. 많은 사람들이 마음속에 막연한 목표는 가지고 있지만, '언제까지, 어느 수준으로'라는 기준이 없기 때문에 오늘 무엇을 먼저 하고 어디까지 해야 할지 판단하기 어렵다.

목표는 막연한 다짐이 아니라, 목적을 명확하게 수치화한 것이다. 예를 들어 '일을 잘하고 싶다', '성과를 내고 싶다'는 생각은 누구나 하지만, '이번 분기 안에 프로젝트 매출을 10% 높이겠다', '이번 달까지 보고서 제출 시간을 하루 단축하겠다'와 같이 구체적이고 측정 가능한 형태로 전환되어야 비로소 실행이 가능하다. 이렇게 설정된 목표는 목적을 행동으로 전환하는 기준점이 된다. 목표가 없다면 매일의 노력은 방향 없이 흩어지고, 루틴 역시 의미를 잃는다.

반대로 목표가 구체적이면 하루의 루틴은 자연스럽게 구조화된다. '오늘은 A 보고서를 오전 중에 완성하고, 오후에는 미팅 준비에 집중한다'는 식으로 해야 할 일의 순서가 명확해 진다. 그 순서를 지키기 위한 시간 배분과 집중 루틴도 만들어진다. 루틴은 이렇게 구체적인 목표 위에서 비로소 작동하며, 목표는 루틴의 방향과 기준이 된다.

목표는 크다고 좋은 것이 아니다. 오히려 너무 크거나 막연하면 실행력이 떨어진다. 중요한 것은 달성할 수 있는 수준으로 쪼개고, 측정 가능한 형태로 세우는 것이다. 예를 들어 '영어를 잘하고 싶다'가 아니라 '3개월 안에 토익 900점을 달성한다', '하루 30분씩 영어 기사 한 편을 읽는다'처럼 구체적이고 수치화 된 목표가 있어야 한다. 그래야 매일의 루틴이 명확해지고, 성취를 경험할 수 있다. 작은 목표라도 매일의 루틴을 통해 실행되고 완수될 때, 성취감이 쌓여 자기 효능감이 높아진다.

루틴은 단순한 결심으로 세운 목표를 실제 행동으로 옮기게 하는 방법이다. 그래서 루틴을 만들기 전에 '나는 지금 어떤 목표를 이루려고 하는가'를 분명히 해야 한다. 목적이 방향을 알려주는 나침반이라면, 목표는 오늘 무엇을 해야 하는지 알려주는 일정표와 같다. 하루의 루틴은 이 목표를 이루기 위해 존재하며, 목표가 없으면 무엇을 언제 해야 할지도 정하기 어렵다. 결국 일을 잘하는 사람은 막연한 큰 꿈만 가진 사람이 아니라, 그 꿈을 구체적인 목표로 세우고, 그 목표를 이루기 위한 행동을 매일 반복하는 사람이다.

(3) 계획 없이 즉흥적으로 일하는 습관

루틴은 계획 위에서 움직인다. 아무리 명확한 목표를 세웠더라도, 그것을 이루기 위한 계획이 없다면 하루는 즉흥적인 선택들로 채워지고, 일의 중심이 잡히지 않는다. 계획은 목표를 실천으로 옮기기 위해 해야 할 일을 세분화하고, 구체적인 순서로 정리하는 과정이다. 목표가 '어디까지 갈 것인가'를 알려준다면, 계획은 '어떤 길로 갈 것인가'를 보여준다. 그런데 많은 사람들이 계획 없이 일을 시작하고, 그날그날 떠오르는 일부터 처리하다 보니 정작 중요한 일은 뒤로 밀리고, 긴급한 일만 쫓게 된다. 그 결과 하루를 바쁘게 보냈는데도 남는 것이 없고, 해야 할 일의 흐름이 매번 끊긴다.

계획이 없으면 일의 우선순위가 명확하지 않고, 예상치 못한 변수에 쉽게 흔들린다. 회의가 길어지거나 갑작스러운 요청이 생기면 일정이 뒤엉키고, 업무 순서를 다시 정하느라 에너지가 낭비된다. 반면 하루를 시작할 때 미리 계획을 세우면 어떤 일을 언제, 어떤 순서로 처리할지 분명해지고, 집중해야 할 시간이 확보된다. 예를 들어 오전에는 집중이 필요한 보고서 작업을, 오후에는 협업이 필요한 회의를 배치하는 식으로 일의 특성과 리듬에 맞춰 일정을 구성하면 루틴이 안정적으로 유지된다.

계획이 있어야 하루의 루틴이 정해지고, 루틴이 있어야 계획이 지켜진다. 일 잘하는 사람은 목표를 세운 뒤 곧바로 실행에 옮기지 않는다. 먼저 해야 할 일을 적은 단위로 나누고, 우선순위를 정해 계획을 세운다. 그리고 그 계획을 매일 반복 가능한 루틴으로 만들어 실행한다. 계획 없이 즉흥적으로 일하는 습관은 성과를 떨어뜨리는 대표적인 함정이다. 루틴은 그 함정을 피하게 해주는 가장 단순하고 확실한 도구다.

(4) 시간을 통제하지 못하는 습관

아무리 세밀한 계획을 세워도 시간을 제대로 관리하지 못하면 실행은 어긋난다. 하루를 시작할 때 중요한 일에 쓸 시간을 미리 확보하지 않으면, 급한 요청이나 회의, 메신저 알림이 그 시간을 차지해 버린다. 결국 핵심 업무는 뒤로 밀리고 마감은 늘 촉박해진다. 퇴근 후에도 끝내지 못한 일이 머릿속을 맴돌아 쉬어도 쉬는 기분이 들지 않는다. 이렇게 시간을 주도하지 못한 하루가 반복되면 피로는 쌓이고 성취감은 줄어들며, 계획은 있지만 실행되지 않는 루틴이 이어진다.

시간을 통제한다는 것은 단순히 일정을 세우는 것이 아니다. 어떤 일에 얼마만큼의 시간을 쓸지를 스스로 정하고 그 시간을 지켜내는 일이다. 일 잘하는 사람은 하루 중 집중력이 가장 높은 시간대를 알아두고, 그 시간을 핵심 업무에만 몰입하는 '집중 블록'으로 확보한다. 이때는 알림을 끄고, 미팅을 피하며, 방해 요인을 최소화해 정해둔 시간 안에서 최대의 성과를 낸다. 또한 하루의 초반에는 마감이 다가오는 업무를 미리 점검하고 필요한 시간을 배분해 막판에 쫓기지 않도록 한다.

이렇게 루틴 안에서 시간을 미리 설계해 두면 예기치 못한 변수가 생겨도 일정이 어긋나지 않고, 하루의 계획을 끝까지 실행할 수 있다. 시간을 효율적으로 쓰는 비결은 시간을 관리하려 애쓰는 것이 아니라, 루틴이 시간을 관리하게 만드는 데 있다. 루틴이 있으면 매일 같은 시간대에 같은 유형의 일을 처리할 수 있어 결정해야 할 일이 줄어든다. 집중이 분산되지 않으니 마감과 에너지의 균형을 지킬 수 있다. 결국 시간을 통제하지 못하는 습관은 루틴을 무너뜨리는 가장 현실적인 문제이며, 루틴은 시간을 지키는 가장 확실한 방법이다.

(5) 습관적 야근

　야근은 직장인이라면 누구나 한두 번쯤 겪는 일이다. 문제는 그것이 진짜 불가피한 일이었는지, 아니면 습관인지 구분하는 거다. 업무의 양이 많아서가 아니라, 낮 동안 집중하지 못해 생긴 빈틈을 메우기 위해 야근을 반복한다면, 그것은 '불가피함'이 아니라 '패턴'이다. 처음에는 잠깐만 더 하면 되겠지 싶지만, 그 '잠깐'이 쌓이면 하루의 루틴을 서서히 무너뜨린다. 퇴근이 늦어지면 저녁 식사도 늦어지고, 포만감 때문에 잠자리에 드는 시간이 미뤄진다. 수면이 부족해지면 다음 날 아침 기상이 어려워지고, 피로한 몸으로 하루를 시작하게 된다. 결국 아침의 집중력은 떨어지고, 낮의 효율은 다시 낮아져 또 야근을 하게 되는 악순환이 반복된다. 이렇게 루틴이 흐트러지면 시간의 질은 떨어지고, 일의 효율도 함께 무너진다.

　퇴근 후에 중요한 약속이 잡혀 있는 날이라면 어떨까? 오랜만에 만나는 친구와의 저녁 약속이 있다거나, 예매해 둔 콘서트 시간이 다가온다면 우리는 그날만큼은 누구보다 집중해서 일을 마무리할 것이다. 평소보다 빠른 판단과 깔끔한 정리로, 정시에 퇴근하기 위한 루틴이 자연스럽게 작동한다.

　결국 야근이 습관이 된다는 것은 업무 시간에 온전히 몰입하지 못하고 있다는 신호다. 하루의 에너지를 효율적으로 쓰려면 '일의 시간'과 '휴식의 시간'을 명확히 나누어야 한다. 루틴은 이 경계를 지켜주는 장치다. 퇴근 시간을 하루의 마감 선으로 정하고, 그 안에서 일을 마치려는 노력이 필요하다. 업무 시간에는 몰입하고, 퇴근 후에는 완전히 쉬는 것이 진짜 효율이다. 루틴의 핵심은 시간을 늘리는 것이 아니라, 정해진 시간 안에 집중해 일을 마무리하는 데 있다. 이렇게 일하는 사람은 불필요한 에너지를 쓰지 않고도 꾸준히 좋은 성과를 낸다.

일을 잘하는 사람과 그렇지 않은 사람의 차이는 재능이 아니라 하루를 다루는 방식에서 비롯된다. 목적이 없는 사람은 방향을 잃고, 목표가 없는 사람은 속도를 내지 못한다. 계획이 없는 하루는 쉽게 흐트러지고, 시간을 통제하지 못하면 일에 끌려다니다 지치기 마련이다.

반대로 목적이 분명하고, 목표가 구체적인 사람은 하루를 스스로 설계한다. 계획을 세우고 시간을 주도하는 힘이 쌓인다. 그 힘은 결국 성과로 이어진다. 루틴은 이런 기반 위에서만 제대로 작동한다. 바쁜 하루 속에서도 목적이 선명하면 길을 잃지 않는다.

지금 내 하루에는 '왜'가 있는가, 그리고 그 '왜'를 실행으로 옮기는 루틴이 있는가.

습관에 휩쓸리는 하루가 아니라, 내가 주도하는 하루를 만들기 위해 오늘 한 가지 루틴부터 세워보자. 그것이 일 잘하는 사람으로 가는 가장 현실적인 첫걸음이다.

5 | 의지력 대신 시스템

우리는 흔히 일을 꾸준하게 잘 해내는 사람을 두고 '의지가 강하다'고 말한다. 어떤 상황에서도 흔들리지 않고 끝까지 해내는 사람이라고 생각한다. 하지만 실제로는 의지가 강한 것이 아니라, 그들이 자신만의 시스템을 가지고 있기 때문인 경우가 많다.

사람의 의지는 그날의 감정과 컨디션에 따라 쉽게 흔들린다. 몸 상태가 좋지 않거나, 유혹이 많거나, 마음이 지친 날에는 아무리 결심을 단단히 해도 무너지기 쉽다. 반면 시스템은 감정에 영향을 받지 않는다. 어떤 날이든 정해진 순서와 방식대로 나를 움직이게 만든다.

해야 할 일의 순서를 미리 정해두면, 오늘의 기분이나 에너지에 휘둘리지 않고 자연스럽게 실행할 수 있다. 꾸준히 결과를 내는 사람은 의지에 기대지 않는다. 대신, 스스로 믿을 수 있는 시스템을 만든다. 결국 안정적인 실행력을 만들어주는 힘은 결심이 아니라 나를 대신 움직여 주는 구조에서 나온다.

의지력은 생각보다 오래가지 않는다. 심리학에서는 이를 '자기 통제력 고갈'이라고 부른다. 이 개념은 인간의 의지력이나 자기 통제 능력이 무한하지 않다는 전제에서 출발한다. 미국의 심리학자 로이 바우마이스터(Roy Baumeister)는 이를 '한정된 자원 모델(Limited Resource Model)'이라 불렀다. 이 모델에 따르면, 자기 통제력은 마치 근육처럼, 사용할수록 피로해지고 소진되는 에너지다. 즉, 아침부터 여러 결정을 내리고 스스로를 통제하는 일을 반복할수록, 저녁 무렵엔 이 힘이 고갈되어 더 이상 자신을 통제하기 어려워진다. 그래서 아침에는 식단을 지키겠다고 결심했지만, 점심 메뉴 앞에서 흔들리고, 퇴근 후에는 운동 대신 소파에 눕게 된다. 이처럼 하루 동안 쌓인 피로와 감정 기복, 유혹이 겹치면 "오늘은 피곤하니까 내일부터…"라는 자기합리화가 시작되고, 결심은 며칠을 넘기지 못한다.

이런 경험이 반복되면 스스로에 대한 신뢰가 떨어진다. '나는 꾸준히 못하는 사람'이라는 인식이 자리 잡으며, 동기부여와 자존감이 함께 낮아진다. 결국 의지력만으로는 지속 가능한 행동을 만들 수 없다. 일을 잘하는 사람이 되기 위해서 '더 세게 버텨야지'라고 다짐하기보다, 의지력을 쓰지 않아도 자연스럽게 행동이 이어지도록 돕는 구조, 즉 시스템을 만들어야 한다.

시간을 설계하고, 유혹을 제거하라

그렇다면 시스템은 어떻게 만들어야 할까? 가장 먼저 해야 할 일은 시간을 구조화 한다. 하루 24시간은 누구에게나 공평하게 주어진다. 그 시간을 어떻게 다루는가에 따라 하루의 밀도는 완전히 달라진다. 많은 사람들은 의지의 차이가 성과를 만든다고 생각 한다. 하지만 실제로는 시간을 얼마나 인식하고 설계하느냐가 핵심이다. 아무 계획 없이 흘러가는 하루는 감정과 상황에 따라 방향이 바뀌고, 중요한 일은 쉽게 뒤로 밀린다. 사람은 매 순간 최선의 판단을 내릴 수 없다. 하루의 흐름을 미리 정해두고, 생각하지 않아도 자동으로 움직이게 만드는 구조가 필요하다.

예를 들어 업무 시작 전에 업무 리스트를 완성하고, 오전 9시에 이메일을 확인하고, 오후 2시에 방해받지 않는 집중 시간을 확보하는 식이다.

이런 시스템을 만들어두면 '지금 무엇을 해야 하지?'를 고민하는 대신, 정해진 순서에 따라 자연스럽게 행동이 이어진다. 결국 시스템은 선택의 순간을 줄이고, 실행을 자동화하고 시간을 주도적으로 쓰게 만든다. 시간을 미리 설계해 두는 것이야 말로 의지에 의존하지 않고 꾸준히 실천할 수 있는 가장 확실한 방법이다.

시간을 구조화 했다고 해서 모든 것이 자동으로 굴러가는 것은 아니다. 시스템에는 또 하나의 핵심 요소가 필요하다. 실행을 방해하는 가장 큰 요인은 언제나 '유혹'이다. 눈앞에 방해 요소가 계속 있다면, 아무리 잘 짜인 계획도 쉽게 무너진다. 시스템은 '참아야 하는 구조'가 아니라, 애초에 유혹이 작동하지 않도록 만드는 구조여야 한다. 유혹이 시야에 들어오는 순간, 우리는 매번 '할까 말까'를 고민하며 에너지를 소모한다. 결국 하루에도 수십 번의 선택을 반복하다 보면 피로가 쌓이고, 어느 순간 결심은 힘을 잃는다.

좋은 시스템은 '참는 힘'이 아니라 '참지 않아도 되는 환경'을 만드는 데 집중해야 한다. 예를 들어, 다이어트를 하고 싶다면 간식을 책상 위가 아닌 서랍 깊숙이 넣어두거나, 아예 구매하지 않는다. 운동을 미루지 않으려면 운동복을 전날 침대 옆에 두고, 퇴근 후 곧장 운동할 수 있는 경로를 미리 정해둔다. 집중이 필요한 업무를 할 땐 메신저 알림을 꺼두고, 스마트폰을 손이 닿지 않는 서랍에 넣어둔다. SNS가 자꾸 눈에 밟힌다면, 자주 사용하는 앱을 홈 화면에서 제거하거나, 업무용 기기에서는 로그인하지 않는 것도 방법이다.

이렇게 '하지 말아야 할 일'을 억지로 피하려고 애쓰기보다, '안 할 수밖에 없는 환경'을 만드는 것이 핵심이다. 참는 힘으로 하루를 버티는 대신, 자연스럽게 올바른 선택으로 이어지게 하는 구조를 만들어보자. 그때 루틴은 더 이상 의지의 싸움이 아니라 일관된 실행과 성과를 만들어내는 시스템이 된다.

시간을 구조화하고 유혹을 제거하는 시스템이 자리를 잡으면, 진짜 변화가 시작된다. 행동은 더 이상 매번 결심해야 하는 일이 아니라, 익숙하게 반복되는 습관이 된다. 루틴은 '해야 하는 일'을 '당연한 일'로 바꾸는 자동화된 구조다. 매번 결심하지 않아도 같은 시간, 같은 방식으로 행동하게 만들어, 불필요한 고민과 판단을 줄인다. 시스템 안에서 하루의 시작과 끝이 정해진 순서대로 안정적으로 이어진다.

루틴의 가장 큰 장점은 에너지 효율성에 있다. 무엇을 할지 결정하느라 소모되는 정신적 에너지가 줄어들고, 그만큼 집중해야 할 일에 에너지를 쓸 수 있다. 예를 들어 아침마다 책상을 정리하고, 하루의 우선순위를 적는 루틴이 자리 잡으면, 업무를 시작하기 전부터 머릿속이 정돈되고, 실행력이 자연스럽게 높아진다.

루틴은 안정감을 주는 장치이기도 하다. 일정한 패턴이 반복되면, 감정 기복이나 외부의 변수에도 덜 흔들린다. 기분이 좋지 않은 날에도 익숙한 루틴이 나를 일상으로 되돌려주고, 예상치 못한 상황에서도 하루의 계획을 끝까지 실행할 수 있게 도와준다.

이런 루틴이 쌓이면 하루는 더 안정적으로 흘러가고, 성과는 일관성을 갖는다.

결국 꾸준히 좋은 결과를 내는 사람은 남다른 의지력을 가진 사람이 아니라, 루틴이 몸에 배어 있는 사람이다. 그들에게 루틴은 생각보다 몸이 먼저 반응하는 자동실행 장치이다. 루틴이 작동하는 순간, 하루는 결심이 아니라 시스템이 이끌어가고, 그 구조가 쌓여 일관된 성과를 만든다.

의지력은 한계가 있지만, 시스템은 쉽게 흔들리지 않는다. 결심은 하루 동안만 유효하지만, 시스템은 매일 같은 방식으로 나를 움직인다. 기분이 좋을 때만 실행되는 결심보다, 어떤 상황에서도 작동하는 시스템이 진짜 힘이다. 결국 꾸준히 성과를 내는 사람은 의지가 특별한 사람이 아니라, 스스로를 움직이게 하는 시스템을 만든 사람이다.

오늘 하루를 또 한 번의 결심으로 채우기보다, 내가 흔들릴 때 대신 나를 이끌어줄 시스템을 설계해 보자. 의지보다 시스템이 강하다. 그리고 그 틀 안에서 루틴이 꾸준히 작동할 때, 당신은 '노력하는 사람'이 아니라 '성과를 내는 사람'이 된다.

김연아 선수를 다룬 다큐멘터리의 한 장면이다. 스트레칭 훈련을 시작하는 그녀에게 기자가 물었다.

"매일 스트레칭 할 때, 무슨 생각을 하세요?"

그녀는 잠시의 망설임도 없이 대답했다.

"무슨 생각을 해, 그냥 하는 거지."

이 짧은 한마디가 담긴 영상은 공개되자마자 큰 화제가 되었다. 담백하면서도 단호한 이 대답 속에는 같은 동작을 수천 번, 수만 번 반복해 온 세월이 고스란히 담겨 있었다. 많은 사람들은 이 단순한 말에 공감하면서도, 동시에 '그냥 한다'는 것이 얼마나 어려운 일인지 깨달았다. 감정과 상관없이 매일 같은 일을 반복한다는 것, 그것이야 말로 진짜 꾸준함 이기 때문이다.

김연아 선수에게 훈련은 감정의 영역이 아니었다. 오늘 아침 일어났을 때 몸이 무거운지, 어제 실수로 기분이 상했는지, 내일 중요한 경기가 있어 긴장되는지는 중요하지 않았다. 해야 할 일은 정해진 시간에 정해진 순서대로 실행되었다. 그녀에게 중요한 것은 의욕이나 기분이 아니라, 몸에 익은 루틴이었다. 감정이 흔들리는 날에도 훈련은 시작되었고, 피곤하거나 귀찮은 날에도 일정은 그대로였다. 루틴이 몸에 배어 있기에 감정은 더 이상 변명이나 장애가 되지 못했다.

이 장면은 단순한 인터뷰가 아니라, 루틴이 감정보다 강하다는 것을 보여주는 상징적인 순간이다. 우리는 종종 '기분이 좋아야 움직인다'고 생각하지만, 꾸준히 성과를 내는 사람은 감정이 아니라 루틴이 몸을 이끌게 한다. 감정에 흔들리지 않도록 구조를 만들어둔 것이다. 단순해 보이는 "그냥 하는 거지"라는 한마디 속에, 감정에 기대지 않고 움직이게 하는 루틴의 진짜 힘이 숨어 있다.

많은 사람들이 행동의 출발점으로 동기를 찾으려 한다. 그 방법으로 동기부여 영상을 찾아보고, 마음을 다잡으며, 의지를 끌어올리려 애쓴다. 하지만 감정은 결코 안정적인 출발점이 아니다.

감정은 하루에도 여러 번 바뀐다. 어떤 날은 아침부터 의욕이 넘치고, 모든 일이 잘 풀릴 것 같다. 반면 어떤 날은 별다른 이유 없이 무기력하고, 사소한 일에도 짜증이 난다. 컨디션, 날씨, 전날의 피로, 주변 사람들의 말 한마디가 감정의 방향을 바꿔놓는다. 이처럼 감정은 언제나 유동적이며, 감정에 따라 움직이면 하루의 일관성이 쉽게 무너진다.

'오늘은 피곤하니까 운동은 내일 하자.' '기분이 안 좋으니, 오늘은 그냥 쉬자.' 이런 작은 타협이 쌓이면 어느새 일관성은 무너지고, 다시 시작하려는 의지도 약해진다. 감정에 휘둘리는 하루는 즉흥적으로 흘러간다. 어떤 날은 몰입하다가도, 어떤 날은 아무 일도 하지 못한 채 하루를 보낸다. 그 결과 루틴은 들쭉날쭉해지고, 자신에 대한 신뢰도 점점 떨어진다. '나는 왜 꾸준하지 못할까?'라는 자책이 반복되면, 감정은 더 요동치고 행동은 더 불안정해진다.

우리가 세운 루틴이 무너지는 순간은 대부분 감정이 개입할 때다. 예를 들어 아침 운동을 하기로 마음먹었지만, 막상 눈을 뜨면 '오늘은 좀 피곤하니까 내일부터 해야지'라는 생각이 먼저 든다. 점심시간 산책을 계획해도, 막상 시간이 되면 '지금은 해야 할 일이 많으니까, 다음에 해야지'라며 미루게 된다.

이처럼 감정은 언제나 합리적인 이유로 위장해 우리를 설득한다. 그때마다 우리는 매번 선택해야 하고, 그 선택이 반복되면서 의지력은 서서히 소모된다. 결국 감정에 따라 행동을 미루는 습관이 자리 잡으면, 하루의 일정이 꼬이고 불필요한 시간 낭비가 반복된다.

감정을 다스리는 구조, 루틴

그렇다면 감정의 함정에서 벗어나는 방법은 무엇일까? 감정을 다스리는 가장 현실적인 방법은 감정이 좋아질 때까지 기다리는 것이 아니라, 감정에 상관없이 실행되는 구조를 만드는 것이다.

루틴은 감정의 변화를 안정시키는 가장 확실한 기준점이다. 정해진 시간과 순서에 따라 행동하면, 기분이 좋든 나쁘든 하루의 틀은 유지된다. 의욕이 넘치는 날엔 루틴이 속도를 조절하고, 에너지가 떨어지는 날엔 최소한의 실행을 보장한다. 감정이 아닌 구조가 나를 움직이기 때문에 결과는 안정적이고 예측할 수 있다.

'기분이 어떤가'보다 '지금은 어떤 시간인가'를 기준으로 움직이면, 감정의 기복과 상관없이 루틴은 이어진다. 기분이 아닌 일정에 따라 움직이는 구조는 감정의 영향을 최소화하고, 꾸준함을 가능하게 한다. 감정이 들쭉날쭉해도 행동은 일정하게 이어진다. 반복된 행동이 감정도 서서히 정돈시킨다.

루틴을 지키는 사람은 '긍정적으로 생각하자', '의지를 더 강하게 가지자'고 스스로의 감정을 통제하려고 하지 않는다. 마음속으로만 다짐을 반복하기보다, 미리 정해둔 행동을 그대로 실행한다. 감정에 흔들리지 않는 행동을 통해 마음을 다스린다. 루틴이 있는 사람은 감정이 널뛰어도 행동은 흔들리지 않는다. 오히려 감정을 따라가기보다, 루틴을 따라가며 감정을 정돈한다. 감정은 매일 달라지지만, 루틴은 변하지 않는다. 그리고 이 일정함이 흔들리는 마음을 진정시키고, 스스로에 대한 신뢰를 회복시킨다.

심리학에서도 이러한 루틴의 효과를 여러 연구를 통해 증명하고 있다. '정서 주기성 이론(Emotional Set Point Theory)'에 따르면, 인간의 감정은 일정한 기준점을 중심으로 주기적으로 오르내린다. 즉, 아무리 좋은 기분도 오래가지 않으며, 부정적인 감정 역시 시간이 지나면 서서히 안정된 상태로 되돌아간다. 이런 감정의 주기적 변화 속에서 흔들리지 않고 안정된 상태를 유지하려면, 감정이 아닌 일정한 생활 리듬에 기반한 구조가 필요하다. 바로 루틴이 그 역할을 한다.

미국 컬럼비아 대학교와 텔아비브 대학교 공동 연구팀은 일정한 시간에 일어나고 식사하며 활동하는 규칙적인 루틴을 가진 사람일수록 불안 수준이 낮고 감정 조절 능력이 높다는 사실을 밝혔다. 또한 스포츠 심리학 연구에서는 '준비 루틴(preparatory routine)'이 경기 중 긴장과 불안을 줄이고, 몰입도와 집중력을 높여 성과 향상에 기여한다는 사실이 밝혀졌다. 이처럼 루틴은 단순한 반복이 아니라 감정의 기복을 완충하고 심리적 안정을 유지하는 강력한 장치다.

무엇보다 루틴을 꾸준히 지켜낸 경험은 자기 신뢰를 높인다. 오늘도 계획한 일을 해냈다는 사실은 자신에 대한 확신을 쌓게 하고, 이 확신은 감정의 기복에 흔들리지 않는 힘이 된다. 루틴을 지키는 사람은 감정에 휘둘리지 않기 때문에 안정적인 태도를 유지하고, 이런 태도가 일의 효율과 성과로 이어진다.

결국 루틴은 감정을 억누르는 것이 아니라, 감정과 상관없이 움직이게 해주는 구조다. 감정을 다스리는 힘은 마음을 다잡아가겠다고 애쓰는 것

이 아니라, 정해진 루틴을 실행하는 행동이 반복되며 자연스럽게 만들어
진다. 기분이 오르내릴 때마다 멈추지 말고, 오늘도 해야 할 일을 정해진
시간에 시작해 보자. 감정은 변하지만, 루틴은 변하지 않는다. 루틴을 가
진 사람은 감정에 흔들리지 않고 감정을 관리한다.

출근 전 루틴:
하루를 주도하는 시간

1 | 아침 루틴은 전날에 결정된다

아침 루틴을 잘 지키고 싶다면, 그 출발점은 아침이 아니라 전날 밤임을 기억해야 한다. 아무리 좋은 계획을 세워도, 밤 늦게까지 스마트폰을 붙잡고 있다가 겨우 잠든다면? 혹은 늦은 술자리에 참석해 피곤한 몸을 이끌고 잠자리에 든다면? 그 다음 날의 첫 루틴부터 흔들리고, 정해둔 계획을 지키기 어려워진다. 하루의 루틴이 시작부터 어긋나기 쉽다. 다시 말해, '좋은 아침'은 '좋은 밤'에서 비롯된다.

아침 루틴의 기본은 충분한 수면이다. 대한 수면 연구학회에 따르면 성인은 평균 7~8시간 수면을 취할 때 집중력과 정서 안정성이 가장 높다고 한다. 한국인의 평균 수면 시간은 6시간 58분에 불과해 OECD 평균보다 한 시간 이상 짧다. 수많은 사람들이 만성적인 수면 부족 상태로 하루를 시작하고 있는 셈이다. 나 역시 그중 하나였다. 새벽 5시 30분 기상을 목표로 했지만, 전날 밤에 잠자리에 드는 시간은 일정하지 않았다. 회식이나 저녁 약속이 있는 날, 혹은 일찍 하루를 마무리했더라도 드라마와 넷플릭스에 빠져 자정을 넘겨 서야 겨우 잠이 들곤 했다. 그렇게 늦게 잠든 날이면 알람을 세 번이나 미루고 서야 일어났다. 그런 날은 종일 조급함과 피로감이 나를 따라다녔다. 하루의 첫 단추가 잘못 끼워진 셈이었다.

이런 날이 반복되자 아침 루틴을 잘 지키려면 기상 시간을 관리하는 것이 아니라 취침 시간을 일정하게 하는 것이 더 중요하다는 것을 알게 되었다. 나의 기상 목표 시간인 새벽 5시 30분에 일어나면서 7시간 이상의 수면을 확보하려면, 적어도 밤 10시에는 잠자리에 들어야 했다. 이를 방해하는 가장 큰 요소는 늦은 저녁 식사와 스마트폰이었다. 워킹맘이 되고 나서 자연스레 저녁 약속은 줄었지만, 퇴근 후 아이를 픽업하고 집에 돌아와 저녁을 준비해 함께 식사하다 보면 식사 시간이 자연스럽게 늦어지곤 했다. 이상적으로는 잠들기 3~4시간 전 식사를 마치는 것이 좋다고 하지만, 현실은 늘 그렇지 못했다. 내가 선택한 방법은 조금이라도 더 일찍, 가볍게 먹는 것이었다. 작은 조정이었지만, 덕분에 소화 부담이 줄고 수면의 질은 한결 좋아졌다.

또 하나의 관문은, 아이가 잠든 뒤 찾아오는 스마트폰 유혹이었다. 누워서 편히 영상을 보고 싶은 마음은 쉽게 사라지지 않았고, "영상 하나만 보고 자야지"라는 마음이 종종 새벽까지 이어졌다. 이 작은 욕구를 매번 이겨내려는 것은 절대 쉽지 않았다. 나는 발상을 바꾸었다. 욕구를 억지로 참기보다, 애초에 유혹이 작동하지 않는 환경을 만드는 것이 더 효과적이었다. 휴대 전화를 손이 닿지 않는 머리맡 너머에 두고, 방해 금지 모드나 무음으로 전환한 뒤 눈을 감았다. 잠들기 전 스마트폰을 하는 것은 단순히 시간이 낭비되는 것만이 아니라, 스마트폰의 블루 라이트가 수면 호르몬인 멜라토닌 분비를 억제해 숙면을 방해한다는 사실은 여러 연구에서 확인됐다. 결국 아침 루틴을 지키기 위해서는 '잠자리에서 스마트폰과 거리 두기'가 필요하다.

내가 아는 한 동료의 사례도 이와 크게 다르지 않았다. 그녀는 평소 소통 능력이 좋았고, 맡은 일에 대한 열정도 누구 못지않았다. 하지만 전날 밤 늦게까지 스마트폰을 보거나 약속을 잡는 습관 때문에, 아침마다 지각을 반복했다. 출근하더라도 오전 내내 피곤해 보였고, 중요한 업무에 집중하지 못했다.

그 결과, 역량에 비해 결과는 늘 아쉬웠다. 그녀는 남들보다 더 늦게까지 남아야 겨우 성과를 맞출 수 있었다. 팀 내에서도 "아침만 좀 달라지면 훨씬 더 빛날 사람"이라는 말이 돌았다. 다행히 그녀는 직장에서 한참 떨어진 곳으로 이사를 하게 되면서 반강제적으로 아침 루틴을 바꿀 수밖에 없었다. 지각을 피하려면 이전보다 훨씬 일찍 일어나야 했고, 자연스레 저녁 일정도 줄어들게 된 것이다. 생활 패턴이 바뀌자 오전 업무 집중력이 눈에 띄게 좋아졌고, 결과적으로 평가도 달라졌다. 이는 억지로 결심해서 바꾼 루틴은 아니었다. 환경 변화로 인해 자연스럽게 형성된 루틴이었다. 오전 시간에 몰입하는 경험을 하면서, 그녀 역시 루틴의 가치를 체감했고, 이후에는 스스로 지켜 나가게 되었다.

전날 밤 루틴은 수면만을 위한 것이 아니다. 다음 날 아침을 효율적으로 준비하기 위한 작은 장치들을 포함한다. 나는 고객을 자주 만나는 직업 특성상 옷차림에 신경을 많이 써야 했다. 아침마다 옷을 고르다 보면 늘 시간이 지체되곤 했다. 아마 누구나 아침마다 '오늘은 뭘 입지?'라는 고민을 해본 경험이 있을 것이다. 중요한 발표나 미팅이 있는 날에는 더 신경이 쓰이고, 막상 입어보니 생각했던 느낌이 아니라 갈아입다 보면 시간이 훌쩍 흘러가기도 한다. 나는 내일 입을 옷을 전날 밤 미리 준비하는 루틴을 만들었다. 다음 날의 날씨와 일정을 미리 확인한 뒤, 그에 맞는 옷을 골라 옷걸이에 걸어 두는 방식이었다. 중요한 미팅이 있는 날에는 단정한 셔츠와 재킷을, 혼자 처리해야 하는 업무가 많은 날에는 오래 앉아도 편한 복장을 골랐다. 나아가 상하의 어울리는 세트를 정해두니, 아침마다 옷장을 열고 망설일 필요가 없어졌다. 고민은 줄고 준비된 옷을 입는 즐거움이 생겼다. 작은 루틴이지만, 덕분에 아침의 여유는 훨씬 커졌다.

잠들기 직전의 짧은 정리 루틴도 도움이 된다. 나는 잠자리에 누운 뒤 눈을 감고 1~2분 정도는 내일 있을 일을 머릿속으로 간단히 점검했다. 아침에 반드시 처리해야 할 업무나 중요한 약속을 떠올리면 불필요한 불안감이 줄어들고 마음이 안정되었다. 뇌는 수면 중에도 정보를 정리하기 때문에, 아침에 일어났을 때 오히려 더 선명한 아이디어가 떠오르기도 했다. '내일 해야 할 일을 잊지 않았다'는 안도감이 숙면에도 도움이 되었다. 또한, 아래처럼 체크리스트를 만들어 놓으면, 좀 더 쉽게 실천할 수 있다.

흥미로운 것은, 성공한 사람들의 루틴에서도 같은 공통점을 발견할 수 있다는 점이다. 피겨 여왕 김연아 선수는 경기 전날 루틴을 철저히 지킨 것으로 유명하다. 일정한 시간에 잠자리에 들고, 몸과 마음을 같은 방식으로 준비하며 안정감을 유지했다. 방송인 유재석 역시 규칙적인 생활 습관을 지키는 것으로 잘 알려져 있다. 늦은 밤까지 시간을 허비하지 않고 일찍 자고 일찍 일어나는 루틴 덕분에 긴 방송 스케줄을 소화할 수 있었다. 기업인 고(故)이건희 회장은 전날 일찍 잠자리에 들어 새벽에 일어나 독서와 보고서를 읽는 루틴을 수십 년간 이어왔다고 한다. 이들의 공통점은 분명하다. 아침의 질은 결국 전날 밤의 자기 관리에 의해 좌우된다.

돌이켜보면 내 경우에도 전날 밤 루틴은 처음부터 쉽게 자리 잡은 것은 아니었다. 꾸준히 의식적으로 '오늘은 10시에 자자, 오늘은 내일 입을 옷을 준비하자'라고 다짐하고 행동해야 했다. 하지만 그렇게 의도적으로 만든 루틴이 시간이 지나면서 습관이 되었고, 어느새 삶에 녹아 들었다.

작은 루틴 하나가 하루의 흐름을 바꾸고, 그 하루가 쌓여 성과와 태도에도 영향을 미친다. 결국 아침 루틴은 전날 밤의 작은 선택들로 이미 절반 이상이 결정된다. 일찍 잠자리에 드는 것, 스마트폰을 멀리하는 것, 내일 입을 옷을 미리 준비하는 것, 내일의 중요한 업무를 점검하는 것. 이 단순하지만 강력한 선택들이 아침의 분주함을 덜어주고, 하루를 주도하는 힘을 만들어준다. 내일의 좋은 아침은 오늘 저녁에 이미 시작된다.

2 │ 아침 첫 3분의 중요성

아침에 눈을 뜨고 가장 먼저 하는 행동은 무엇인가? 많은 사람들이 알람을 끄자마자 습관처럼 휴대폰을 들여다본다. 나 역시도 그랬다. 밤새 도착한 메시지를 확인한다. 단체 채팅방에서 놓친 이야기를 스크롤 한다. 그러다 보면 어느새 SNS 알림과 짧은 영상에 빨려 들어간다. 처음엔 단 5분만 보려고 했던 것이 금세 20분, 30분이 된다. 그제야 시계를 보고 황급히 욕실로 달려가곤 했다. 하루의 시작부터 마음은 조급해지고, 출근길은 늘 허둥지둥했다.

아침 첫 3분은 단순히 하루의 시작이 아니다. 무심코 흘러 보내면 시간 낭비로 끝날 수 있지만, 의식적으로 사용하면 하루 전체를 바꿔놓는 결정적인 순간이 된다. 찰스 듀히그의 저서 『습관의 힘』에 따르면, 습관은 '신호 → 루틴 → 보상'의 고리로 형성된다고 말한다. 특히 아침에 가장 먼저 받는 자극은 하루 전체의 생체 리듬에 큰 영향을 미친다.

눈을 뜨자마자 휴대폰 속 빠른 정보와 자극적인 영상에 노출되면 뇌는 곧바로 '즉각 반응 모드'로 들어가 집중력을 잃기 쉽다. 반대로 스트레칭이나 호흡으로 시작하면 뇌는 '안정과 집중 모드'를 유지하며 하루를 차분히 끌고 갈 수 있다. 같은 하루라도 첫 3분을 어떻게 쓰는가에 따라 생산성과 감정의 안정성은 완전히 달라진다.

그렇다면 어떻게 하면 첫 3분을 스마트폰에 빼앗기지 않을 수 있을까? 나의 경우, 휴대폰을 침대 머리맡에 두지 않는 것만으로도 효과가 있었다. 전날 밤, 손이 닿지 않는 화장대 위에 휴대폰을 올려 두거나, 방해 금지 모드로 전환해 두니 아침에 습관처럼 손이 가지 않았다. 탁상용 알람 시계를 사용하거나, 스마트 워치의 진동 알람을 활용하는 것도 좋은 방법이다. 또 어떤 사람들은 침대 옆에 휴대폰 대신 책이나 작은 노트를 두어 '눈을 뜨면 가장 먼저 잡을 것'을 의도적으로 바꾸기도 한다. 무엇을 멀리 할지 고민하기 보다, 무엇을 가까이 둘 지를 정하는 것이다.

내가 아는 한 지인은 매일 아침 주식 앱과 뉴스 알림을 확인하는 것으로 하루를 시작했다. 그녀는 자신도 모르게 하루 종일 시세 변동과 이슈에 마음을 빼앗겼고, 업무에 집중하지 못하는 경우가 많았다. 그러던 그녀가 아침 첫 루틴을 '조용히 성경 한 구절을 읽고 묵상하는 시간(QT)'으로 바꾸자 변화가 시작됐다. 눈을 뜨자마자 불안한 정보 대신 차분한 말씀을 접하니, 하루를 시작하는 마음이 안정되고 집중력도 높아졌다. 그녀는 "이 작은 루틴 하나가 하루를 다르게 만든다"고 말했다.

아침 첫 순간을 어떻게 쓰느냐는 성공한 사람들의 사례에서도 확인할 수 있다. 애플의 공동 창업자였던 스티브 잡스는 33년 동안 매일 아침 일어나면 거울을 보며 스스로에게 이렇게 물었다. "오늘이 내 인생의 마지막 날이라면, 지금 하려는 일을 할 것인가?" 만약 이 질문에 대한 대답이 며칠 연속으로 '아니요'라면, 그는 변화의 신호로 받아들였다. 이 질문은 단순한 자기 다짐이 아니라, 하루를 어떤 태도로 살아갈지를 결정하는 기준이었다.

애플 CEO 팀 쿡은 새벽 4시에 일어나 이메일을 확인하는 루틴으로 하루를 시작하는 것으로 유명하다. 그는 대부분의 사람들이 깨어나기 전에 수백 통의 이메일을 처리한다고 한다. 그가 강조한 것은 단순히 메시지를 읽는 데 시간을 쓰는 일이 아니다. 전날 직원들이 보낸 보고서를 읽으며 그날의 우선순위를 점검하고 정리하는 시간이다. 즉, 하루 첫 순간을 '반응'이 아니라 '점검'과 '준비'에 사용하는 것이다.

방송인이자 유명 강사인 김미경 대표는 매일 아침 '오늘 내가 감사할 세 가지'를 노트에 적는다고 한다. 짧은 시간이지만 마음을 정돈하고 긍정적인 에너지로 하루를 시작하는 루틴이다. 작은 감사가 하루 전체의 정서를 결정짓는 셈이다.

스포츠 선수의 사례도 있다. 전 축구 국가대표 박지성 선수는 선수 시절 아침에 일어나면 짧은 조깅과 스트레칭으로 몸을 깨우는 루틴을 고수했다고 한다. 몸을 먼저 준비시킴으로써 하루의 훈련과 경기에 집중할 수 있도록 만들었다.

이들의 사례는 직업과 환경은 달라도 공통점을 보여준다. 아침 첫 순간을 자극적인 정보 소비가 아니라, 나를 정돈하는 시간으로 활용한다는 점이다.

나도 어느 순간 하루를 좀 다르게 시작하고 싶다는 생각이 들었다. 아침마다 황급하게 일어나 허겁지겁 집을 나서는 것이 싫었다. 출근길 내내 마음이 정리되지 않은 채로 하루를 시작하는 것도 힘들었다. 그래서 작은 루틴이라도 만들어 보자는 마음으로 휴대폰 대신 기지개를 켜고, 몸을 깨우는 스트레칭으로 아침을 열기 시작했다. 그리고 그 루틴은 지금까지도 내 하루를 든든하게 지켜주는 습관으로 자리 잡았다.

거창한 동작일 필요는 없다. 오히려 간단하고 매일 반복할 수 있어야 루틴이 된다. 내가 하는 루틴은 특별한 준비나 도구가 없어도 누구나 쉽게 따라 할 수 있는 것들이라, 직장인들을 포함해 아침을 더 잘 시작하고 싶은 사람이라면 함께 시도해 볼만하다. 그래서 내가 매일 하는 동작을 소개해 보려 한다.

(1) 팔과 발목 깨우기

두 팔을 머리 위로 길게 뻗으며 기지개를 켠 뒤, 발목을 천천히 돌린다. 밤새 굳어 있던 근육이 풀리면서 혈액순환이 시작된다. 시간이 정말 없다면 이 동작 하나만 해도 충분하다.

(2) 무릎 당기기

오른쪽 무릎을 가슴 쪽으로 끌어안고 잠시 호흡을 가다듬는다. 이어 왼쪽 무릎도 같은 방법으로 당겨준다. 밤새 굳어진 허리와 골반 주변이 자연스럽게 이완된다.

(3) 누운 나비자세

두 발바닥을 붙이고 무릎을 양옆으로 벌린다. 하체가 자연스럽게 이완되며 호흡이 깊어진다. 오래 앉아 일하는 직장인들에게 특히 좋은 자세다.

(4) 무릎 좌우 내리기

무릎을 세워 발바닥을 바닥에 붙인 뒤, 양 무릎을 오른쪽으로 천천히 기울였다가 다시 세우고, 왼쪽으로도 반복한다. 상체는 그대로 둔 채 어깨 힘을 빼면, 허리 긴장이 풀리고 몸이 한결 가벼워진다.

(5) 어깨·허벅지 늘리기

침대에서 내려와 두 팔을 침대 위에 올리고, 엉덩이를 천천히 뒤로 빼며 상체를 숙인다. 이때 무릎은 굽히지 않고 다리를 곧게 편 상태를 유지한다. 어깨와 허벅지, 무릎 뒤쪽이 동시에 늘어나며 긴장이 풀린다. 아침에 굳은 상체와 하체 근육을 동시에 이완하고, 하루를 준비하는 몸의 균형을 잡는 데 도움이 된다.

이 간단한 스트레칭만 해도 몸이 깨어나는 감각을 느낄 수 있다. 몇 분도 채 걸리지 않는 동작들이지만, 몸과 마음을 '이제 하루를 시작한다'는 모드로 전환해 준다.

마지막으로 꼭 빼놓지 않는 루틴이 있다. 바로 이부자리를 정리하는 일이다. 베개를 반듯하게 세우고, 이불을 가지런히 펴는 데는 30초도 걸리지 않는다. 그 짧은 시간이 내 하루에 주는 의미는 크다. 잠시 전까지는 무질서하게 흐트러져 있던 공간이 정돈되면서, 내 마음도 함께 정리되는 듯하다. 작은 행동이지만 '오늘 하루를 내가 통제하고 있다'는 신호를 뇌와 마음에 보내는 시간이다.

| 아침 첫 3분, 3가지 루틴 |

1. 스마트폰 대신 기지개
알람을 끄고 바로 휴대폰을 잡지 말고, 먼저 팔을 쭉 뻗어 기지개를 켠다.

2. 한 가지 스트레칭 동작
무릎 당기기나 나비자세처럼 내가 가장 편한 동작 한 가지만 매일 반복한다.

3. 이불 정리 30초
작은 성취감을 맛보며 하루를 내가 주도한다는 감각을 만든다.

아침 첫 3분은 거대한 목표를 이루는 시간이 아니다. 오히려 작고 단순한 루틴을 통해 '내가 오늘 하루를 통제하고 있다'는 신호를 뇌와 마음에 보내는 시간이다. 휴대폰 대신 스트레칭, 이불 정리 같은 사소한 루틴으

로 하루를 시작해 보자. 내일 아침, 알람이 울리면 단 3분만이라도 나를 위한 루틴을 선택하기 바란다. 그 3분이 하루의 나머지 시간을 바꾸는 놀라운 출발점이 될 것이다.

3 │ 하루를 지탱하는 아침 건강 루틴

'오늘도 아침엔 입에 빵을 물고 똑같이 하루를 시작하고~ 온종일 한 손
엔 아이스 아메리카노 피곤해 죽겠네'

대중들의 공감을 이끌며 역주행 돌풍을 일으킨 '여자아이들'이라는 아
이돌 가수의 〈나는 아픈 건 딱 질색이니까〉의 첫 가사이다. 요즘 노래를
잘 모르는 나조차 익숙할 정도였으니, 그 인기가 얼마나 대단했는지 짐작
할 수 있다. 무엇보다 직장인들의 공감이 컸던 이유는 가사 속 풍경이 지
나치게 현실적이었기 때문이다. 빵 한 조각을 입에 물고 대충 하루를 시
작하고, 온종일 손에 아이스 아메리카노를 들고 피곤을 달래는 모습. 많
은 이들이 "이게 바로 내 아침"이라며 고개를 끄덕였다.

한동안 나 역시 아침을 거의 걸렀다. 출근길 라테 한 잔이 곧 아침이라
고 합리화했다. 하지만 오전 10시쯤만 되면 머리가 멍해지고 배가 고파
초콜릿이나 과자를 찾게 됐다. 당연히 점심시간이 되면 허겁지겁 먹게 되
었다. 그렇게 과식한 탓에 오후 내내 식곤증에 시달렸고, 집중도 흐트러
졌다. 오후 4시쯤이면 또 허기가 밀려와 괜히 과자 봉지를 뜯었다. 퇴근
무렵에는 위가 쓰려 약을 챙겨야 하는 날도 있었다. 어느 날은 오전 회의
시간에 집중을 못 해 중요한 고객을 놓치기도 했다. 사소한 일에도 예민
하게 반응했고, 그로 인해 동료와 불필요한 갈등을 겪기도 했다. 당시에
는 몰랐지만, 돌이켜보니 아침을 소홀히 한 작은 습관이 업무 태도와 관
계까지 흔들고 있었다.

내가 겪은 경험은 사실 많은 직장인들이 공감하는 현실이다. 질병관리청이 발표한 『2022 국민 건강 통계』에 따르면, 한국 성인의 약 3명 중 1명이 아침을 거르는 것으로 나타났다. 5,830명을 대상으로 조사한 결과 아침 식사 결식률은 34%로, 2013년 23.9%에서 9년 만에 10%포인트 이상 증가했다. 즉, 아침을 건너뛰는 직장인들이 갈수록 늘어나고 있다. 이처럼 아침을 건너뛰는 습관은 단순한 편의가 아니라, 몸과 마음의 리듬을 흔드는 문제다. 사소한 선택처럼 보이지만, 혈당 불안정, 업무 집중력 저하, 감정 기복으로 이어질 수 있는 생활 리듬의 문제다.

아침을 거르는 작은 습관의 큰 대가

실제로 Abdullah 외 연구진이 2024년에 발표한 연구에 따르면, 아침 식사를 거르는 대학생들은 오전 시간의 주의력과 집중력 점수가 현저히 낮은 것으로 나타났으며, 아침 식사 결식은 학업 성취도, 출석률, 집중력, 영양 상태 등 여러 영역에서 부정적인 영향을 미치는 것으로 나타났다. 또한 Zhang 외 연구진이 2024년에 수행한 멘델 무작위화(MR) 분석에 따르면, 아침 식사 결식은 주의력결핍 과잉행동장애(ADHD), 주요우울장애(MDD)의 위험을 증가시키고 인지 기능 저하 및 허약함 과도 연관이 있음이 밝혀졌다. 국내에서도 서울대 보건대학원 연구(2018년-2022년)는 아침 식사 결식이 잦은 성인에게서 대사증후군 발생 위험이 높아질 수 있음을 지적했다.

즉, 아침은 단순히 허기를 달래는 수준이 아니라, 몸과 마음 전체 리듬을 설정하는 출발점이다. 밤새 비워진 몸을 다시 채우고, 하루를 지탱할 에너지를 공급하는 결정적인 시간. 결국 오늘 하루의 루틴을 지탱하는 힘은 아침 식사를 챙기는 작은 루틴 하나에서 시작된다.

│ 몸을 깨우는 아침 루틴 │

그렇다면 무엇을 어떻게 챙겨야 할까? 내가 아침에 가장 먼저 챙기는 것은 '물 한 잔'이다. 기상 직후 마시는 물은 단순히 갈증 해소가 아니다. 밤새 호흡과 땀으로 수분이 손실된 몸을 깨우고, 혈액순환과 신진대사를 부드럽게 깨운다. 특히 나는 '음양탕(陰陽湯)'을 마시며 하루를 시작한다. 이는 한의학에서 '양의 기운인 뜨거운 물과 음의 기운인 차가운 물을 섞어 미지근한 물로 만든 것'이다. 동의보감에도 기록된 전통적인 방법이다. 컵에 뜨거운 물을 먼저 붓고, 그 위에 차가운 물을 뜨거운 물의 1/2 정도로 부은 뒤 바로 마시면 된다. 간단하지만 체온을 자연스럽게 끌어올려 하루를 무리 없이 시작하게 해준다.

다음은 아침 식사이다. 빈속에 커피를 마시며 출근하는 습관은 위를 자극하고 혈당을 급격히 흔들어 거의 모든 업무 집중력을 떨어뜨리기 쉽다. 아침을 거창하게 차릴 필요는 없다. 삶은 달걀 하나, 사과나 오이처럼 부담 없는 과일, 플레인 요거트나 오트밀처럼 속 편한 음식이면 충분하다. 중요한 것은 무엇을 먹느냐보다 '챙겨 먹는 습관' 그 자체다.

아침에 빈속에 먹으면 좋은 음식과 피해야 할 음식이 있다. 대표적인 예는 다음과 같다. 의외로 '아침에 먹으면 건강할 것 같다'고 생각해서 습관처럼 먹어 왔던 음식들이 사실은 위에 부담을 줄 수도 있다. 반대로, 아주 단순한 음식들이 몸을 지켜주는 든든한 루틴이 될 수 있다.

아침 빈속에 좋은 음식

- 양배추·브로콜리: 비타민 U 풍부, 위 건강에 도움
- 달걀: 부담 없는 단백질 공급, 포만감 유지
- 오트밀: 혈당 안정, 장 건강 개선
- 견과류: 불포화지방산·비타민 E, 혈관·모발 건강
- 감자: 녹말 성분이 위 점막 보호, 에너지 대사 촉진
- 오이: 수분 보충, 칼륨으로 나트륨 배출
- 당근: 비타민 A·베타카로틴, 눈·호흡기 건강
- 사과: 식이섬유와 항산화 성분, 장운동·혈압 조절

아침 빈속에 피해야 할 음식

- 커피: 위산 분비 촉진, 속쓰림·위염 악화
- 차가운 물: 민감한 위 자극
- 우유: 위산 분비 촉진, 유당불내증 시 불편
- 고구마: 타닌·아교질로 위산 촉진, 속쓰림 유발
- 바나나: 마그네슘 불균형, 소화불량 가능
- 토마토: 펙틴·타닌 성분으로 위 자극
- 산도가 높은 과일(귤·오렌지·자몽·파인애플 등): 위 점막 자극, 속쓰림 유발
- 빵: 공복에 섭취 시 복통·위장장애 가능
- 탄산수: 위 자극, 소화불량 유발
- 도너츠, 과자 등의 달콤한 간식: 혈당 급상승, 피로 촉진

문제는 '알면서도 아침을 못 챙긴다'는 것이다. 나는 전날 밤 준비하는 루틴을 만들었다. 삶은 달걀을 삶아 두거나, 오트밀이나 죽을 작은 통에

미리 덜어 둔다. 아침에 들고 나가기만 하는 상태를 만들어 두는 것이다. 사과나 바나나는 아침에 한두 개만 가방에 넣으면 간단하다. 견과류는 소포장 제품을 구입해 하루에 하나씩 챙겨가면 부담이 없다.

내가 즐겨 먹는 조합은 삶은 달걀 + 사과, 혹은 오트밀 + 견과류다. 5분도 채 걸리지 않는 준비지만, 아침을 챙겨 먹으니 속이 편안해지고 오전 내내 감정 기복이 눈에 띄게 줄었다. 괜히 군것질을 찾는 일도 자연스럽게 줄었고, 점심 식사도 과식이 아니라 균형 있게 먹을 수 있었다. 작은 변화지만 하루 전체의 리듬과 업무 몰입도가 달라졌다. 중요한 것은 '아침을 먹는 행동' 자체를 생활 속 루틴으로 고정하는 것이다.

나도 처음에는 이 루틴이 쉽게 자리 잡히지 않았다. 저녁의 잠깐의 귀찮음을 이겨내고 아침을 챙기다 보니, 속도 편안해지고 위가 아프던 증상도 줄어들었다. 몸이 이렇게 달라지자, 아침을 챙기는 일이 자연스럽게 되었다.

아침은 하루 전체의 출발선이다. 잠에서 깨어난 몸에 무엇을 먼저 채우느냐가 하루의 컨디션과 집중력, 그리고 감정의 안정성까지 좌우한다. 음양탕 한 잔으로 속을 편안히 깨우고, 가볍지만 영양 있는 음식을 챙기는 단순한 습관만으로도 하루의 무게가 달라진다. 반대로 공복에 커피나 위를 자극하는 음식으로 아침을 시작한다면, 몸은 이미 부담을 안고 하루를 출발하는 셈이다.

다시 한번 강조하자면 아침 건강 루틴은 거창하지 않아야 지속할 수 있다. 중요한 것은 매일 반복하며 몸과 마음에 '나는 오늘을 준비했다'는 신호를 몸과 마음에 보내는 것이다. 이 작은 준비가 쌓여 업무의 집중력으로, 감정의 안정으로, 더 나은 하루의 태도로 이어진다. 결국 좋은 하루는 아침의 건강한 습관에서 만들어진다.

4 | 출근 준비 30분, 워밍업 루틴

분명 알람은 맞춰 일어났는데, 막상 아침이 되어 출근 준비를 하기 시작하니 갑자기 허둥대기 시작한다. 오늘 신어야 하는 스타킹이 보이지 않아 서랍과 옷장을 뒤적이다 시간을 허비한다. 간신히 꺼내 신은 뒤 가방을 챙겨 나오니 이번엔 버스카드를 두고 온 게 생각난다. 다시 집으로 뛰어 들어가 버스 카드를 챙겨 나오면, 눈앞에서 버스가 그대로 떠나버린다. 이어서 갈아타야 할 전철까지 놓쳐 지각의 위기에 서게 되고, 출근길 내내 마음은 조마조마하고 불안해진다.

혹시 이런 경험, 전혀 낯설지 않지 않은가? 작은 일 하나에 발이 묶이고, 준비 과정이 꼬이면서 하루 시작부터 에너지가 반 쯤 빠져나가는 순간 말이다. 겨우 회사에 도착해도 이미 지쳐 있고, 회의 자리에서는 집중은 커녕 조급함만 더 커진다.

그럴 때 깨닫게 된다. 출근을 준비하는 시간은 단순히 씻고, 옷을 입는 시간이 아니라, 하루를 시작할 '자세'를 만드는 시간이라는 사실을. 운동전 워밍업이 몸의 부상을 막듯, 출근 전 준비 루틴은 하루의 흐름을 안정시켜 준다.

이 작은 시간이 쌓이면 생각보다 훨씬 큰 차이를 만든다. 가령 매일 아침 출근 준비에 불필요하게 10분만 더 쓴다고 가정해 보자. 하루는 그저 10분일 뿐이지만, 1년(출근일 250일 기준)에는 2,500분, 약 42시간에 이른다. 꼬박 이틀 가까운 시간이다. 이 습관이 5년간 이어진다면 약 9일, 10년간은 보름에 가까운 시간이 된다. 여행을 다녀올 수도 있고, 새로운 기술을 배우는 강좌 하나를 수강할 수도 있는 시간이다. 이 짧은 시간의 누적이 결국 '습관의 시간 자산'을 만든다.

아침에 허둥대는 것이 사라지면 달라지는 것은 그날 하루만이 아니다. 내가 정해 놓은 루틴이 쌓이면, 결국 삶 전체의 방향까지 바꿔 놓는다. 작은 습관이 모여 나를 흔드는 조급함과 불안 대신, 차분한 자신감과 안정감을 만들어 준다.

나는 아침 준비 시간을 네 구간으로 나누어 보기로 했다. 그리고 나에게 꼭 필요한 출근 준비 시간을 30분으로 정했다. 시간을 너무 짧게 잡으면 마음이 급해 져 준비 과정이 어수선했고, 너무 길게 두면 여유에 취해 자꾸 딴짓을 하며 시간을 흘려 보냈다. 30분은 양치와 세수, 기본적인 단장, 간단한 아침식사, 마지막 정리와 점검까지 무리 없이 소화할 수 있는 시간이었다. 이 정도면 쫓기지 않고 집중력을 잃지 않기에 가장 알맞은 길이였다. 아침의 혼란을 줄이고, 몸과 마음을 '시작 모드'로 전환하는 시간으로 채운 것이다. 누구나 따라 할 수 있을 만큼 단순하면서도, 매일 반복할 수 있어야 진짜 힘을 발휘한다.

(1) 상쾌하게 시작하는 첫 단계 (5분)

침대에서 몸을 일으켜 나오면 본격적인 하루 준비가 시작된다. 내가 가장 먼저 하는 일은 양치와 세수다. 아침 양치는 단순히 개운함을 위한 행동만은 아니다. 잠자는 동안 침 분비가 줄어들면서 입안에는 세균이 빠르게 증식한다. 그래서 일어나자마자 양치를 하거나 가볍게 물로 입안을 헹구는 것만으로도 세균 수를 줄이고 입 냄새를 예방할 수 있으며, 구강 건강에도 긍정적인 영향을 준다. 단 몇 초의 행동으로 하루를 상쾌하게 여는 가장 확실한 방법인 셈이다.

세수를 하며 얼굴에 시원한 물을 끼얹는 순간, 마치 뇌가 "이제 깨어날 시간이다"라고 신호를 보내는 듯하다. 단 몇 초밖에 걸리지 않지만, 몸과 마음이 확실히 달라진다. 나 역시 이 과정을 거치고 나면 '아직은 졸리다'는 상태에서 '하루를 시작할 준비가 되었다'는 상태로 전환되는 것을 느낀다. 단순하지만 강력한 루틴, 내게는 하루 리셋 버튼과 같다.

특별한 날에는 이 루틴을 조금 확장한다. 예를 들어 중요한 고객 미팅이나 발표가 있는 날에는 일부러 짧게 미온수 샤워를 한다. 따뜻하지도 차갑지도 않은 물로 몸을 씻어내는 것만으로도 긴장이 풀리고 머리가 맑아진다. 실제로 여러 연구에서도 아침 샤워가 혈액순환을 촉진해 뇌로 가는 산소 공급을 늘리고, 각성도를 높이며 집중력을 향상시키는 효과가 있다고 보고한다. 나 역시 중요한 일정이 있는 날 이 방법을 실천하면서 그 효과를 분명히 체감했다.

(2) 나를 준비하는 시간 (10분)

씻고 난 뒤 화장대 거울 앞에 앉으면 본격적인 '준비의 시간'이 시작된다. 머리와 화장을 손보는 단계이다. 사실 이 구간이 아침 준비에서 가장 시간을 잡아먹기 쉬운 위험 구간이다. 머리가 긴 여성이라면 드라이어 앞에서 몇 분을 더 보내야 하고, 화장을 하는 사람이라면 파운데이션이 들뜬 것 같아 다시 다듬거나, 립 색깔이 마음에 들지 않아 바꿔 바르다 보면 어느새 10분, 20분이 훌쩍 지나간다. 작은 악세서리를 고르는 데도 생각보다 시간이 소요된다. 남성이라고 크게 다르지 않다. 머리가 원하는 대로 정리되지 않아 몇 번이고 다시 빗거나, 왁스를 바르다 보면 시간은 순식간에 뒤로 밀려난다.

나 역시 한동안 이 시간을 관리하지 못해 준비가 길어지곤 했다. 뻗친 긴 머리를 어떻게 다시 정돈하고, 또 어떻게 묶을지, 어떤 색조 화장이 나을지 고민하다 보면 어느새 집에서 나가야 하는 시간이 코 앞으로 다가와 있었다. 그렇게 서두르다 보니 버스를 놓치거나 겨우 탄 전철 안에서도 '어딘가 아직 준비가 덜 됐다'는 찜찜함이 따라다녔다.

이런 경험이 반복되자, 나는 나름의 원칙을 세웠다. 아침 준비 시간은 최대 10분. 머리는 전날 밤에 감고 말려 두는 습관을 들였고, 아침에는 빗질과 간단한 정리만 한다. 화장 역시 기본만 한다. 로션과 선크림으로 피부를 정돈한 뒤, 가볍게 피부 화장과 립 정도로만 마무리한다. 나머지 색조 화장이나 머리 스타일의 디테일은 출근 후 회사에서 보완한다. 이렇게 단계를 나누자 아침이 한결 단순해졌다. 화장을 오래 하느라 시간을 보내는 일도 줄었고, 머리 때문에 불필요하게 지체되는 일도 사라졌다. 무엇보다 '집에서 할 것'과 '회사에서 할 것'이 명확 해졌다. 그 덕분에 매일 반복되는 준비가 안정적인 리듬으로 자리 잡았다.

옷차림 역시 고민할 필요가 없다. 전날 걸어둔 옷을 그대로 입고, 준비해 둔 작은 액세서리를 착용하는 데 몇 초면 충분하다. 아침에는 선택을 최소화하고 실행만 남겨두자. 준비 과정이 훨씬 가벼워진다.

결국 이 10분은 외모를 완벽히 꾸미는 시간이 아니라, 불필요한 소모를 줄이고 아침을 효율적으로 준비하는 루틴이다. 머리와 화장, 옷차림을 간단히 다듬는 것만으로도 출근하기에 충분할 만큼 단정해진다. 아침 준비에 꼭 필요한 건 길고 완벽한 시간이 아니라, 짧지만 집중된 10분이다.

(3) 간단한 아침 식사 (10분)

아침 준비 루틴의 세 번째 단계는 간단한 식사다. 이미 앞 장에서 아침 식사의 중요성과 음식 선택에 대해 충분히 다뤘다. 이 장에서의 핵심은 '무엇을 먹느냐'보다 '어떻게 먹느냐'에 있다. 단 10분이지만, 그 시간을 확보하는 것만으로 하루의 에너지는 분명히 달라진다.

나는 가능하면 '앉아서 먹는 것'을 원칙으로 한다. 토스트를 물고 현관을 뛰쳐나가는 방식은 금세 습관이 되어버리고, 결국 하루 전체의 리듬을 흔든다. 반대로 10분이라도 의자에 앉아 천천히 씹어 삼키는 순간, 몸과 마음이 안정된다. 이 작은 여유가 하루를 지탱하는 힘으로 바뀐다.

메뉴는 단순하다. 삶은 달걀 하나, 사과나 바나나 같은 과일, 전날 준비해둔 오트밀이나 견과류면 충분하다. 중요한 것은 식탁 앞에 앉아 '하루의 첫 끼를 챙겼다'는 감각을 만드는 것이다. 따뜻한 차나 좋아하는 음악을 곁들이면, 짧은 시간 안에도 마음이 느긋해 진다.

물론 현실적으로는 쉽지 않을 때도 있다. 급하게 나가야 하는 날에는 전날 미리 준비해둔 도시락 통에 오트밀이나 삶은 달걀을 담아 두었다가 회사에서 간단히 먹는다. 중요한 것은 '아침을 건너뛰지 않는다'는 원칙이다. 집에서 앉아 먹든, 회사에 도착해 챙겨 먹든 그 10분은 하루를 단단히 세워주는 기초가 된다.

결국 아침 식사는 단순히 배를 채우는 과정이 아니다. 하루를 시작하기 전, 몸과 마음을 가다듬는 작은 의식이다. 짧은 시간이지만 이 10분을 지켜내면 분주한 하루 속에서도 '나는 나를 챙겼다'는 확신이 생기고, 그것이 하루 전체를 지탱하는 힘이 된다.

(4) 공간 정리 & 출발 전 점검 (5분)

출근 준비의 마지막 5분은 집을 나서기 전의 간단한 정리와 점검이다. 아침에 사용한 화장품, 빗, 드라이기를 제자리에 두고, 벗어둔 잠옷을 정리하는 데는 몇 분도 걸리지 않는다. 하지만 이 작은 정리만으로도 집을 나설 때 마음이 한결 가벼워진다. 저녁에 돌아왔을 때도 공간이 단정해 보여 퇴근 후의 기분까지 달라진다.

마지막으로 현관 앞에서 꼭 필요한 물건을 확인한다. 가방, 지갑, 교통카드, 핸드폰, 열쇠, 그리고 그날 업무나 미팅에 필요한 자료나 노트북, USB, 충전기 같은 필수 아이템들. 나 역시 한동안은 뭐 하나를 챙기면 또 다른 걸 빠뜨리기 일쑤였다. 핸드폰은 챙겼는데 이어폰을 두고 나오곤 했다. 카드지갑을 챙겼는데 준비해둔 도시락을 깜박 두고 나올 때도 많았다.

그래서 나만의 체크 습관을 만들었다. 현관 앞에서 혼잣말처럼 내 출근길에 늘 필요한 '핸-카-이-도(핸드폰·카드지갑·이어폰·도시락)'를 되뇌는 것이다. 짧지만 반복되는 이 확인만으로도 아침마다 마음이 훨씬 든든해졌다. 자신에게 맞는 단어로 조합을 만들어 두면, 빠뜨릴 걱정을 크게 줄일 수 있다. 예를 들어 '노-간-충(노트북·간식·충전기)'처럼 본인 상황에 꼭 맞는 조합을 만들어 두는 것이다.

작은 정리와 점검이지만, 이 5분이 아침 준비 루틴을 단단하게 마무리해 준다. 준비가 끝났다는 확신은 불필요한 불안을 줄이고, 하루를 시작하는 발걸음을 가볍게 만든다.

나는 출근 준비 시간을 네 구간으로 나누어 30분으로 정했지만, 이것만 정답은 아니다. 중요한 것은 시간을 얼마나 길고 짧게 쓰느냐가 아니라, 자신에게 맞는 흐름을 지켜내는 것이다. 누군가는 20분이 알맞을 수도 있고, 또 다른 사람은 40분이 필요할 수도 있다. 네 구간이 아니라 두세 단계로만 나누어도 충분하다. 핵심은 아침마다 똑같은 고민을 반복하지 않도록, 자신에게 맞는 루틴을 정해두는 것이다. 이렇게 정해진 틀이 있으면 불필요한 선택과 잡념이 줄고, 하루의 출발이 훨씬 매끄러워진다. 결국 중요한 건 완벽한 루틴이 아니라, 자신에게 맞는 흐름을 지켜내는 것이다. 그 반복이 쌓일수록 하루의 시작은 안정되고, 하루 전체를 한결 매끄럽게 이끌 수 있다.

5 | 출근길을 나만의 충전소로 만드는 법

　MBN 드라마 〈나의 해방일지〉에는 이런 장면이 나온다. 경기도의 한 마을에서 새벽같이 집을 나선 주인공이 버스와 지하철을 번갈아 타며 서울 강남으로 향한다. 이른 아침이지만 전철에는 이미 사람들로 가득 차 앉을 자리는커녕 제대로 설 자리도 없다. 밀려드는 인파에 몸은 구겨지고, 손잡이를 붙들지 못하면 이리저리 휘청인다. 창밖 풍경은 늘 똑같고, 회사에 도착하기도 전에 체력과 기운은 절반 이상 빠져나간다. 이 장면을 본 많은 직장인들은 고개를 끄덕였다. "저건 드라마가 아니라 내 이야기다."

　이는 단순한 드라마 속 연출이 아니다. 대한민국 수도권 직장인의 평균 출퇴근 시간은 82분으로, OECD 국가 평균의 두 배가 넘는다(Eurostat, 2019). 하루 두 시간을 길 위에서 보내는 셈이다. 1년이면 꼬박 열흘 이상이 통근에 쓰인다. 우리는 모두 시간이 부족하다고 말하지만, 매일 같이 출근길에서 엄청난 시간을 흘려보내고 있다.

　어제 출근길의 아침 풍경을 한번 떠올려 보자. 사람들은 무표정한 얼굴로 스마트폰만 들여다보고 있다. 잠시라도 자리에 앉은 사람은 꾸벅꾸벅 졸고, 서 있는 사람은 지쳐 고개를 떨군 채 버티고 있다. "아침부터 벌써 피곤하다, 회사에 도착하기도 전에 집에 가고 싶다"는 말이 절로 나온다. 이렇게 하루를 시작하면, 이미 반 쯤 방전된 상태로 업무에 들어가게 된다. 출근길이 단순한 이동 시간이 아니라, 하루의 에너지를 미리 소진시키는 시간이 되어 버리는 것이다.

나 역시 출근길에만 1시간이 넘게 걸렸고, 왕복으로는 3시간이 소요되는 날도 있었다. 특히 월요일 아침이나 비가 오는 날이면 길이 막혀 더 지체되기 일쑤였다. 아이 육아를 친정 엄마께 많이 의지해야 했기에, 직장 가까이로 집을 옮길 수도 없는 상황이었다. 처음에는 이 긴 시간이 그저 고역처럼 느껴졌다. 하지만 늘 시간에 쫓기는 워킹맘이다 보니, 오히려 이 시간을 그냥 허비하는 게 더 아깝게 느껴졌다. 그래서 '이왕 어차피 길 위에서 보내야 한다면, 작은 것부터 해보자'고 마음먹었다.

길 위의 시간을 다시 쓰는 법

그때부터 버스와 지하철에서 보내는 시간을 다르게 바라보기 시작했다. 관심 있는 분야의 유튜브 강의를 들었고, 아이 유치원 알림장을 확인하고 답글을 달았다. 온라인 마트에서 필요한 생필품을 주문했고, 퇴근 후 처리해야 할 자잘한 일들을 미리 끝내 두기도 했다. 처음에는 쉽지 않았다. 습관처럼 스마트폰부터 잡기 일쑤였고, 눈앞에 끊임없이 쏟아지는 영상이나 광고들은 늘 유혹이 되었다. 때로는 부족한 잠을 보충하고 싶어 눈을 감고 싶을 때도 많았다.

하지만 작은 실천을 꾸준히 이어가자 조금씩 변화가 생겼다. 그러다 늘 마음속에 품고 있던 글을 스마트폰 메모장에 쓰기 시작했다. 글감이 하나 둘 쌓이면서 메모장이 채워졌다. 그 경험이 책 출간이라는 목표로 이어졌고, 결국 매일 아침 원고를 쓰는 루틴으로 발전했다. 작은 성취가 쌓이니 루틴을 지키는 일이 훨씬 수월해 졌다. 아침마다 글을 쓰는 시간은 점차 나에게 힘을 주며 나를 충전시켰다. 그렇게 모인 글들이 결국 내 첫 책으로 세상에 나오게 되었다. 지금도 농담처럼 말하곤 한다. '내 첫 책은 달리는 지하철에서 만들어졌다'고. 지금 내가 쓰고 있는 이 원고의 아이디어 역시, 출근길 지하철에서 끄적이던 메모에서부터 시작되었다.

그럼 출근길 루틴을 어떻게 만들면 좋을까? 먼저 내가 직접 해왔던 방법들을 권하고 싶다. 거창하지 않지만, 반복하면서 확실한 변화를 만들어준 것들이다.

첫째, 학습 루틴이다.

나는 관심 있는 분야의 유튜브 강의를 즐겨 들었다. 짧게는 10분, 길어도 30분짜리 강의여서 출근길에 딱 맞았다. 부동산, 재테크, 커리어 개발, 부업 아이템 등 다양한 주제를 다루는 좋은 정보들이 유튜브에는 정말 많다. 무료 영상임에도 퀄리티가 높고 실제로 도움되는 경우가 많았다. 다만 유튜브의 특성상 다른 영상이 알고리즘으로 떠올라 유혹에 빠질 수 있으니, '영상은 한 개만 본다', '두 개 까지만 본다'처럼 스스로 기준을 정해두는 것이 필요하다.

또 다른 학습 방법은 언어 공부다. 나는 업무상 영어가 필요해 나에게 맞는 채널을 구독해 두고 꾸준히 들었다. 매일 듣는 것만으로도 학습량이 쌓였고, 앱을 활용해 영어 듣기와 문법 공부도 병행했다. 중국어나 다른 외국어도 같은 방식으로 꾸준히 학습하면 충분히 출근길을 유용하게 활용할 수 있다.

둘째, 생활 정리 루틴이다.

워킹맘으로서 퇴근 후에도 일이 몰리다 보니, 출근길에 미리 자잘한 일을 끝내곤 했다. 아이 유치원 알림장을 확인하고 답글을 달았고, 다음날 필요한 식재료나 생필품은 온라인 마트 앱에서 미리 주문했다. 이렇게 출근길에 자잘한 일들을 처리하면 퇴근 후에는 훨씬 여유를 가질 수 있었다.

생활 정리 루틴은 꼭 집안일과 관련된 일만은 아니다. 회사에서 사용할 서류를 모바일로 미리 확인하거나, 필요한 사무 용품 목록을 간단히 메모장에 적어두는 것도 좋다. 누군가는 가족 단톡방에 오늘의 일정을 공유하고, 누군가는 병원 예약이나 공과금 납부 같은 생활 필수 업무를 스마트폰 앱으로 처리하기도 한다. '퇴근 후에 처리해 야지' 하고 미루던 일들을 출근길에 미리 끝내 두면, 집에 돌아와서는 휴식이나 가족과의 시간에 집중할 수 있다. 작은 정리 하나가 하루의 흐름을 가볍게 만든다. 스마트폰으로 몇 분이면 끝낼 수 있는 일들이지만, 출근길에 미리 챙겨두면 마음까지 한결 편안해 진다.

셋째, 책 읽기와 글쓰기 루틴이다.

내가 가장 좋아하는 루틴이다. 평일에 하루 종일 업무와 집안일에 치이다 보면 책은 늘 '언젠가'로 미뤄지기 마련이다. 막상 주말이 되면 약속, 경조사 등의 일정으로 책 읽을 시간을 따로 확보하기란 쉽지 않다. 하지만 출근길처럼 고정된 시간을 활용하면 이야기가 달라진다. 내가 좋아하는 책을 골라 아침마다 15분, 20분씩만 읽어도 한 달이면 1권 이상을 읽을 수 있다. 짧게 읽더라도 매일 이어지는 리듬 속에서 책은 빠르게 진도가 나간다. 무엇보다 읽는 동안에는 자연스럽게 집중이 생기고, 마음이 차분해지는 효과도 크다.

읽기에서 한 걸음 더 나아가면 글쓰기가 있다. 글쓰기라고 하면 어렵게 느껴질 수 있지만, 나는 단순히 떠오르는 생각을 스마트폰 메모장에 끄적이는 것에서 시작했다. 내가 경험한 일, 그때 느낀 감정과 생각을 짧게 적어 두는 정도였다. 그러다 습관이 자리 잡히자 글감이 하나 둘 모였고, 결국 그것이 내 첫 책으로 이어졌다. 글을 쓰는 방식은 다양하다. 단순히 하루의 감정을 기록하는 것도 좋고, 블로그 글감이나 프레젠테이션 아이디어를 정리하는 것도 괜찮다. 기록의 형태가 무엇이든, 핵심은 꾸준히 쌓아 나가는 것이다.

도구는 손에 잡히는 것을 쓰면 된다. 가장 간단하게는 스마트폰 기본 메모장이 있고, 조금 더 정리된 형태를 원한다면 *Google Docs*나 *Notion* 같은 앱이 유용하다. 클라우드 기반이라 언제 어디서든 이어 쓸 수 있다. 나중에 자료를 모아 책이나 블로그로 발전시키기에도 좋다. 짧은 글 한두 줄이라도 매일 쌓이면, 그것은 분명히 내 것이 된다. 시간이 지나면 눈에 보이는 성과로 돌아온다.

넷째, 재충전 루틴이다.

어떤 날은 공부도, 글쓰기도 벅찰 수 있다. 그런 날까지 억지로 무언가를 하려 하면 오히려 출근길이 또 다른 스트레스가 된다. 이럴 땐 과감히 '재충전의 시간'으로 전환하면 된다. 좋아하는 장르의 음악을 듣거나, 오디오북 앱을 통해 짧은 에세이를 들으며 눈을 감는 것만으로도 충분하다.

나는 때로는 지하철 창밖 풍경을 그저 바라보며 멍하니 있는 시간을 갖기도 했다. 의식적으로 '아무것도 하지 않아도 괜찮다'고 스스로에게 허락하는 것. 이것 만으로도 큰 쉼이 된다. 그런 여유가 하루 전체의 긴장을 완화하고, 새로운 에너지를 채워 넣는다.

재충전 루틴은 시간을 낭비하는 것이 아니라, 다음 단계를 위한 준비다. 스마트폰 알림을 끄고, 나만의 공간처럼 출근길을 잠시 조용히 만들어 보는 것도 좋은 방법이다. 중요한 건 '나는 지금 충전 중이다'라는 인식이다. 이렇게 확보한 짧은 회복의 순간이 쌓이면, 하루의 리듬은 훨씬 더 부드럽고 안정적으로 이어진다.

출근길은 누구에게나 주어지는 동일한 시간이다. 회사에 가야 하기에 피할 수도 없고, 요령을 피울 수도 없는 시간이다. 이 시간이 누군가에게는 '지옥철'이고, 또 누군가에게는 '충전철'이 된다. 같은 칸, 같은 시간에 서 있더라도 어떤 이는 피곤함만 쌓이고, 어떤 이는 에너지를 얻는다. 같은 시간을 보내는 데 나는 방전되고 옆 사람은 성장하고 있다면 솔직히, 좀 억울한 일 아닐까?

매일 반복되는 이 시간을 어떻게 쓰느냐는 결국 나의 선택에 달려 있다. 출근길을 어떻게 쓰는가에 따라 오늘 하루의 방향이 달라지고, 장기적으로는 내 삶의 방향이 바뀐다. 그렇다면 답은 분명하다. 출근길을 더 이상 버려지는 시간이 아니라, 나를 단단하게 채워주는 '나만의 충전소'로 만들어보자. 내일 아침부터 바로 한 가지씩 꼭 시작해 보도록 하자.

아침에 눈을 떴을 때, 제일 먼저 든 생각이 '아뿔싸'였다. 알람을 언제 껐는지도 기억이 나지 않았다. 분명 그동안은 새벽 5시 30분에 일어나 기지개를 켜고 스트레칭을 하며 몸을 깨우고, 따뜻한 물 한 잔으로 속을 달래고, 간단한 아침까지 챙기는 루틴을 잘 지켜왔다. 작은 습관들이 하루를 단단하게 만들어준다는 걸 몸소 느끼며, 나름대로 자신감도 붙은 상태였다.

그런데 며칠 동안 일이 많아지고 몸의 피로가 조금씩 쌓이다 보니, 전날 밤에는 평소보다 깊은 잠에 빠져버렸다. 알람이 울렸을 때도 무의식 중에 꺼버렸는지 전혀 기억이 나지 않았다. 눈을 떠보니 이미 7시. 평소 같았으면 아침 루틴을 모두 마치고, 이미 지하철에 올라 사무실에 가까워졌을 시간이었다. 스트레칭도, 물 한 잔도, 아침 식사도, 차분한 준비도 모두 날아가 버렸다. 그 순간 마음속에 스친 말은 '오늘은 다 망했다'였다. 꾸준히 쌓아온 루틴이 한순간에 무너져버린 듯한 기분이었다.

많은 사람들이 이런 경험을 한다. 나름대로 아침 루틴을 꾸준히 지켜오다 가도, 갑작스럽게 야근이 길어지거나 몸의 피로가 쌓이는 날이 있다. 혹은 예상치 못한 일정 때문에 어쩔 수 없이 루틴을 놓치는 순간이 찾아오기도 한다. 사실은 단지 루틴의 일부만 어긋났을 뿐인 데도, 우리는 그 순간 '오늘은 다 틀렸다'라고 단정 지으며 남은 시간마저 포기해버린다. 마치 한 가지라도 빠뜨리면 전체가 무너진 것처럼 여기는 것이다.

심리학에서는 이런 경향을 '올 오어 낫싱(All or Nothing) 사고'라고 부른다. 흔히 흑백논리, 이분법적 사고라고도 하는데, 상황이나 자신을 극단적으로만 바라보는 인지 왜곡의 한 형태다. 미국 심리학회(APA)는 이를 '상황을 절대적인 용어로 해석하고, 뉘앙스나 중간 지점을 무시하는 경향'이라고 정의한다. 회색은 사라지고 흑과 백만 남는다. 쉽게 말해, 완벽하게 해내지 못하면 전부 실패라고 여기는 사고방식이다.

이런 사고는 단순히 루틴 뿐 아니라 삶의 여러 영역에 영향을 준다. 인지치료의 창시자인 아론 벡(Aaron T. Beck)이 말했듯, 올 오어 낫싱 사고는 완벽주의와 맞닿아 있다. 조금이라도 부족하면 스스로를 실패자로 규정하고, 자책과 실망을 과도하게 키운다. 실제 연구에서도 이런 사고는 스트레스가 높거나 성과 중심적인 환경에서 특히 두드러진다. 이러한 사고는 불안이나 우울과도 연결되는 경향이 있다고 한다. 정서적으로는 작은 좌절에도 큰 불안을 일으키고, 관계면에서는 갈등을 흑백으로만 나누어 이해와 타협을 어렵게 만든다. 업무에서는 '완벽하지 않으면 의미 없다'는 생각에 시작조차 미루기도 하고, 실패를 피하려고 과도하게 몰두하다가 번아웃을 초래하기도 한다.

이쯤 되면 다소 극단적이고 심각한 문제처럼 들릴 수 있다. 하지만 사실 우리의 일상 속에서도 올 오어 낫싱 사고는 의외로 쉽게 찾아볼 수 있다. 대표적인 예가 바로 '작심삼일'이다. 처음 며칠은 의욕적으로 지키다가 한 번 흐트러지면 곧바로 '이제 다 틀렸다'며 포기해버리는 경우가 그렇다. 이것 역시 올 오어 낫싱 사고의 한 단면이다. 며칠을 놓쳤다고 해서 그동안의 노력이 모두 무의미해지는 것은 아니다. 우리는 작은 흠집 하나를 전체 실패로 확대해석하곤 한다. 작심삼일은 실패의 상징처럼 여겨지지만, 사실은 '적어도 3일은 지켰냈다'는 증거이기도 하다.

마찬가지로, 그동안 잘 지켜오던 아침 기상 시간을 하루쯤 지키지 못했다고 해서 그날 아침의 모든 루틴이 무너진 것은 아니다. 더 나아가 하루 전체가 망가진 것도 아니다. 우리는 습관이 흔들린 그 순간을 너무 쉽게 '실패'로 규정하지만, 사실 선택지는 여전히 남아 있다. 정해둔 시간에 일어나지 못했더라도, 지금 이 순간 할 수 있는 작은 루틴 하나를 실행하는 것만으로도 충분히 의미 있는 아침이 될 수 있다.

핵심은 '못했으니 망했다'는 생각을 '이거 하나는 할 수 있겠다'로 바꾸는 것이다. 루틴은 완벽하게 지켜야만 힘을 발휘하는 것이 아니다. 오히려 작은 행동 하나가 무너진 마음을 다시 붙잡고, 하루 전체를 되살리는 힘이 된다.

구체적으로 어떤 방법이 있을까? 늦잠을 자거나 계획한 대로 움직이지 못했을 때, 다음과 같은 작은 전략들이 우리를 다시 궤도로 올려놓을 수 있다. 완벽한 루틴이 아니어도 괜찮다. 할 수 있는 만큼이라도 행동을 이어가는 것이 중요하다.

(1) 줄여서 하기

평소라면 기상 후 3분 동안 스트레칭을 하며 몸 전체를 깨우지만, 늦게 일어난 날에는 단 30초만 기지개를 켜고 목과 어깨를 가볍게 돌려주는 것만으로도 충분하다. 출근 준비 과정에서도 마찬가지다. 평소에는 머리부터 발끝까지 꼼꼼히 정돈하고, 가방 속 물건까지 체크하지만, 늦은 날에는 꼭 필요한 것만 추려 단순화할 수 있다. 셔츠에 구김이 조금 있어도, 머리를 완벽하게 정돈하지 못해도 괜찮다. 중요한 건 '망쳤다'는 부정적인 생각에 휘둘려 허겁지겁 준비하고 뛰쳐나가는 것이 아니라, 그럼에도 불

구하고 지금 내가 할 수 있는 루틴 하나를 지키는 것이다. 작은 전환 하나
가 나머지 하루의 분위기를 달라지게 한다.

(2) 대체하기

아침마다 따뜻한 물 한 잔으로 속을 달래는 루틴이 있지만, 부득이하게
집에서 마시지 못했다면 출근길에 따뜻한 차를 한 모금 마시거나 회사에
도착해 텀블러에 물을 따라 두는 것으로 대신할 수 있다. 마찬가지로 식
탁에 앉아 여유 있게 아침 식사를 하지 못했다고 해서 아침을 통째로 거
를 필요는 없다. 출근길에 바나나 하나를 챙기거나, 편의점에서 간단한
샌드위치를 집어 들고, 회사에 도착해서 요거트 한 컵이라도 먹는 것이
다. 중요한 건 같은 방식으로 완벽히 지키는 것이 아니라, 어떤 방식이든
루틴의 본질을 이어가는 것이다. 이렇게 작은 대체가 쌓이면 루틴은 더
유연해지고, 오히려 오래 지속될 수 있다.

(3) 하나만 하기

아침 루틴 전체를 다 하지 못했더라도, 그 중 가장 중요한 한 가지만 실
천해보자. 예를 들어 이부자리 정리, 물 한 잔, 오늘 해야 할 일 한 가지를
메모하는 식이다. 단 몇 초, 몇 분의 작은 행동이지만 이 '하나'는 하루를
붙잡아주는 기준점이 된다. 실제로 심리학 연구에 따르면 이런 작은 성공
경험이 자기 효능감을 높이고, 다음 행동으로 이어지는 '도미노 효과'를
만든다고 한다. 모두를 놓쳤더라도 핵심 하나를 실행하는 순간, 마음은

안정을 되찾고 하루는 다시 굴러가기 시작한다. 시간이 없을수록 '하나만 하기'가 가장 좋은 선택이다.

(4) 자책 대신 수용하기

무엇보다 중요한 것은 마음가짐이다. 우리는 계획대로 하지 못했을 때 습관적으로 자책부터 시작한다. '왜 나는 또 실패했을까', '역시 나는 꾸준한 루틴은 못 하는 사람이야'라는 생각이 꼬리를 물면, 아침의 작은 흔들림이 하루 전체를 무너뜨린다. 하지만 조금 다른 태도가 필요하다. '오늘은 조금 늦었구나', '오늘은 준비가 매끄럽지 않았네' 하고 담담히 인정하는 것이다. 스스로를 탓하기보다 있는 그대로 인정하는 순간, 그 상황은 '실패'가 아니라 단지 '흔들림'이 된다. 중요한 것은 자책으로 하루를 포기하지 않고, '오늘은 그럴 수 있다'라고 받아들이며 다시 이어가는 것이다. 이렇게 작은 수용이 쌓일 때, 아침 루틴을 훨씬 더 오래 지켜갈 수 있다.

다만 이 네 가지 방법(① 줄여서 하기, ② 대체하기, ③ 하나만 하기, ④ 자책 대신 수용하기)은 어디까지나 불가피하게 루틴이 빗나갔을 때를 위한 안전장치다. 루틴을 지키려는 노력을 내려놓으라는 뜻은 아니다. 핵심은 완벽하지 못한 순간이 와도 포기하지 않고 다시 이어가려는 태도이지, 매일을 대충 넘겨도 괜찮다는 의미는 아니다. 결국 루틴의 본질은 꾸준히 이어가려는 의지 속에서 지켜진다.

나 역시 아침에 일어나는 시간을 지키는 것이 가장 중요한 루틴의 출발이라는 것을 알고 있다. 하지만 매일을 완벽하게 지키지는 못한다. 어떤 날은 늦게까지 일을 하기도 하고, 어떤 날은 아이가 아파 잠을 함께 설쳐 루틴이 흐트러지기도 한다. 그럼에도 그런 날에는 물 한 잔을 마시든지,

지하철에서 책 몇 쪽을 읽든지, 아주 작은 행동 하나만은 꼭 붙잡으려고 한다. 그 작은 습관들이 다시 루틴으로 돌아가게 해주고, 덕분에 포기하지 않고 지금까지 이어올 수 있었다.

우리의 아침은 언제나 계획한 대로 흘러가지는 않는다. 때로는 늦잠을 자기도 하고, 예상치 못한 일 때문에 루틴이 흔들리기도 한다. 어쩌겠는가, 매일이 완벽하게 맞아떨어질 수는 없는 것을. 그렇다고 해서 하루 전체가 무너지는 것은 아니다. 중요한 건 완벽하지 못한 순간에도 포기하지 않고, 지금 이 자리에서 내가 할 수 있는 작은 무언가를 이어가는 태도다. 오늘은 잠시 줄였을 뿐이고, 내일은 다시 이어가면 된다. 결국 루틴은 완벽함이 아니라, 흔들리더라도 다시 돌아오는 반복 속에서 우리 삶을 단단하게 만들어 준다. 그러니 오늘 아침이 기대만큼 완벽하지 않았더라도 괜찮다. 그럼에도 불구하고 당신은 여전히 루틴을 살아내고 있다.

기억하자. 망친 것이 아니라 잠시 흔들린 것뿐이다. 오늘이 완벽하지 않아도, 내일은 또 다른 아침이 우리를 기다린다.

업무 시작 전 루틴:
일의 태도를 바꾸는 결정적인 시간

1 | 내가 정하는 출근 시간의 기적

최근 직장인들의 근무 방식은 점점 다양해지고 있다. 유연근무제, 재택근무, 시차출근제 같은 제도가 도입되면서, 꼭 아침 9시에 맞춰 출근하지 않아도 되는 환경이 조금씩 늘고 있다. 예전처럼 직장인이라면 '9시 출근, 6시 퇴근'이 당연했던 시대와는 분명히 달라지고 있다.

출근 시각이 꼭 9시가 아니더라도, 회사에서 정해 놓은 기준 시각에 맞춰 근무를 시작해야 한다는 사실 자체는 크게 달라지지 않았다. 이렇다 보니 직장인의 아침은 '내가 원하는 시간'이 아니라 '회사가 정해 놓은 시간'에 맞춰 움직이게 되는 경우가 많다.

'정해진 출근 시간을 꼭 지켜야 하는 게 아니라고?' 순간 의아할 수 있다. 하지만 잘 생각해 보자. 회사가 근무 시작 시각을 정해줄 수는 있어도, 내가 회사에 언제 도착할지는 내 선택이다. 정각에 맞춰 겨우 자리에 앉는 것과, 조금 일찍 도착해 숨 고르며 하루를 시작하는 것은 전혀 다른 경험이다. 그 작은 차이가 하루 전체의 태도를 바꾸는 출발점이 된다.

나는 8시 출근해 5시에 퇴근하는 생활을 해왔다. 정해진 시각에 맞춰 출근하고 퇴근하는 것이 당연했다. 아이가 태어나면서 우리 부부는 자연스럽게 역할을 나눴다. 남편은 아이의 아침 등원을 맡고, 나는 저녁 하원을 담당했다. 여기에 친정엄마의 도움까지 더해져 겉으로 보면 빈틈없는 시스템처럼 보였다. 나를 위한 시간은 늘 부족했다. 퇴근 후에는 함께 하원 한 아이와 저녁 시간을 보내야 했고, 집안일까지 더해지면 하루는 순식간에 흘러갔다. 주말 역시 온전히 나만의 시간으로 쓰는 것은 쉽지 않왔다. 맞벌이 엄마라면 당연히 겪을 수 있는 일상이었지만, 나는 점점 지쳐갔고, 어느 순간부터 우울감마저 느껴졌다. 우울감이 쌓이던 어느 날, '온전히 나를 위한 시간을 반드시 찾아야 한다'는 생각이 들었다. 그래서 하루를 시간 단위로 쪼개 보기 시작했다. 회사에서 보내는 9시간, 출퇴근 2시간 20분, 하원과 저녁 이후의 몇 시간… 이렇게 나눠 보니 내 몫으로 남는 시간은 거의 없다는 사실이 보였다.

가장 먼저 밤 시간을 써보려 했다. 아이를 재우고 정리를 끝내면 밤 10시가 훌쩍 넘었다. 그제야 노트북을 켜 글을 쓰거나 자료를 정리해보려 했지만, 10분도 채 지나지 않아 집중력이 곤두박질쳤다. 하루치 에너지가 다 소진된 뒤라 손가락은 움직여도 머리는 따라주지 않았다. 졸음을 쫓는다는 핑계로 '오늘만' 하며 휴대폰을 잠깐 켜면 영상 두 개, 기사 몇 개에 금세 시간이 흘러갔다. 다음 날 아침은 더 피곤했고, 하루 내내 집중력은 더 떨어졌다. 악순환이었다.

다음엔 점심시간을 노렸다. 하지만 점심은 늘 변수가 많았다. 갑자기 잡히는 짧은 미팅, 팀원 일정 맞추기, 급한 메신저 응답…. 게다가 점심시간은 길어야 1시간, 실제로 식사를 하고 나면 남는 시간은 고작 20분 정도뿐이었다. 그 짧은 시간에 무언가 생산적인 일을 시작하면 오히려 더 지치거나, 오후 업무에 방해가 되기도 했다.

퇴근 후는 애초에 더 어려웠다. 퇴근과 동시에 아이를 하원 시키고, 이어서 저녁과 목욕, 재우기까지 정신없는 시간이 이어졌다. 여기에 야근이나 회식이라도 생기면 하루 일정은 금세 흔들렸다. 아이 돌봄까지 더해진 내 경우에는 퇴근 후 시간을 온전히 쓰기 어려웠지만, 사실 일반 직장인들에게도 사정은 크게 다르지 않다. 야근이나 회식은 물론 개인 약속까지 생기면 저녁 시간을 꾸준히 확보하기는 쉽지 않고, 설령 집에 일찍 돌아온다 해도 이미 하루치 에너지를 써버린 상태라 무언가를 이어가기에는 버겁다. 그래서 저녁은 누구에게나 자기계발이나 집중적인 활동을 꾸준히 하기엔 가장 불리한 시간대가 된다.

결국 남는 건 아침 시간뿐이었다. 아무도 방해하지 않는 고요 속에서 하루의 첫 시간을 나 자신에게 줄 수 있는 유일한 기회였다. 나는 조금 더 일찍 일어나기 시작했고, 출근 시각을 '회사 기준'이 아닌 '내 기준'으로 새롭게 정해보기로 했다.

처음엔 도착 시간을 15분만 앞당겼다. 짧은 시간이었지만, 그 순간만큼은 온전히 나를 위해 무언가를 할 수 있다는 게 제법 근사하게 느껴졌다. 그러다 보니 점점 더 일찍 도착하고 싶어 졌다. 30분, 40분으로 앞당겨지더니 어느새 나는 매일 7시, 사무실에 제일 먼저 도착하는 사람이 되어 있었다. 원래라면 그냥 잠을 자던 그 시간을 나를 위해 활용한다는 게 뭔가 스스로도 멋져 보였다. 그렇게 쌓인 뿌듯함이 아침 루틴을 더 단단하게 만들었다. 이제 아침은 '어쩌다 생긴 틈'이 아니라, 매일 반복되는 '나를 위한 시간'이었다. 그 시간의 가치는 분명했다.

첫째, 아무도 방해하지 않는 고요

전화도, 메신저도 울리지 않고, 나를 찾는 아이도, 사무실을 드나드는 동료도 없었다. 오롯이 나 혼자만의 공간에서 맞이하는 고요는 특별했다. 평소엔 잡음에 묻혀 사라지던 생각들이 또렷이 들리고, 차분히 정리되는 느낌이 들었다.

둘째, 오늘 첫 시간을 나에게 썼다는 성취감

아침을 내 선택으로 시작했다는 사실만으로도 하루가 달라졌다. 회사가 정해준 출근 시각에 끌려 나온 게 아니라, 내가 먼저 하루를 연 것이다. 게다가 그 시작이 업무나 다른 누구를 위한 게 아니라, 온전히 나를 위한 시간이라는 점에서 만족감은 더 컸다.

셋째, 이미 생산적으로 출발했다는 확신

아침을 이렇게 열고 나면 이상하게 피곤하기보다 오히려 에너지가 채워졌다. 업무 몰입도도 눈에 띄게 높아졌고, 일의 효율이 올라가니 퇴근 시간도 자연스럽게 제때 지킬 수 있었다. 단순히 더 일찍 시작했을 뿐인데, 하루 전체의 리듬이 완전히 달라진 것이다.

그 순간부터 출근은 단순히 의무로만 느껴지지 않았다. 이제 출근은 내가 정한 시각에, 내가 주도하는 하루의 출발선이었다.

아침 시간을 활용하는 것이 하루 전체를 바꾸는 힘이 된다는 것은 나만의 경험에 그치지 않는다. 여러 사례와 연구에서도 그 효과가 확인된다. 영국의 버진그룹 창업자 리처드 브랜슨은 새벽 5시에 일어나 운동과 가족 시간으로 하루를 연다고 알려져 있다. 미국 보그(Vogue)의 편집장 안나 윈투어는 새벽 5시 반이면 이미 테니스를 치며 몸과 마음을 깨운다. 한국 현대그룹의 창업주 고(故) 정주영은 새벽 4시에 기상해 누구보다 먼저 하루를 시작하는 습관으로 유명하다. 대한민국을 대표하는 패션 디자이너 지춘희는 업무 전 아침마다 신문을 읽고 트렌드 관련 영상 콘텐츠를 보며 커피 한 잔의 여유로 하루를 열어왔다. 방식은 달랐지만, 하루를 시작을 자기 주도적인 시간으로 채웠다는 점은 같았다.

연구들도 같은 메시지를 전한다. 2025년 『Sleep Foundation』 보고서에 따르면, 아침에 일찍 기상하는 사람들은 늦게까지 자는 사람들보다 우울감과 스트레스 지수가 낮고, 집중력과 인지 과제 수행 능력이 높았다고 한다. 최근 Forbes에서 소개된 연구에서는, 아침 시간을 주도적으로 활용하는 사람들이 문제를 예측하고 삶을 더 통제하는 감각(sense of control)을 가진 비율이 높다고 보고되었다.

이 정도쯤이면 출근 시간을 조금만 앞당겨보는 것도 괜찮지 않을까? 내일부터라도 20분만 먼저 움직여 보자. 처음엔 낯설고 버겁게 느껴질 수 있다. 하지만 그 시간을 쌓다 보면, 어느 순간 30분, 40분, 심지어 1시간 이상 더 일찍 와서 시간을 보내는 새로운 나를 발견하게 될 것이다. 꼭 복잡한 계획을 세울 필요는 없다. 회사 근처 카페에서 평소 못 읽었던 책을 읽거나, 조용한 사무실에서 숨을 고르며 오늘의 할 일을 적어보는 것만으로도 충분하다. 중요한 건 '남이 정한 시각'이 아니라, '내가 선택한 시각'에 하루를 시작했다는 경험을 쌓는 것이다.

그 시간을 어떻게 활용할지는 다음 장에서 함께 살펴보자. 작은 정리, 업무 준비, 집중력을 끌어올리는 루틴까지. 그 모든 것은 '내가 정한 출근 시간'이 있었기에 비로소 가능해진다. 출근은 회사가 정해 놓은 의무일지 몰라도, 하루의 시작을 어떻게 여느냐는 전적으로 당신의 선택이다. 그리고 그 작은 선택이 하루 전체를 바꾸는 기적을 만든다. 당신도 이 설렘으로 하루를 시작하길 바란다.

영화 〈악마는 프라다를 입는다〉를 본 사람이라면 다 기억할 것이다. 초라한 스웨터 차림으로 출근하던 주인공 앤디가, 어느 날 화려하게 변신해 사무실에 들어서던 장면. 동료들의 시선이 단번에 달라졌고, 그녀 스스로의 태도와 말투까지 함께 변했다. 한 벌의 옷이 사람을 바꾸는 순간이었다. 사실 앤디는 처음엔 패션 매거진 비서직을 '진짜 기자가 되기 전 잠깐 거쳐 가는 자리' 정도로 여겼다. 그 무심한 태도가 옷차림에도 고스란히 드러났다. 하지만 복장을 바꾸자 태도도 달라졌다. 이제 그녀는 눈앞의 일을 존중하는 사람처럼 보였고, 스스로도 그 자리에 어울리는 마음가짐을 갖추게 되었다.

많은 직종에서 여전히 유니폼을 고수하는 이유는 단순히 직업을 구분하기 위해서만은 아니다. 의사의 흰 가운, 군인의 제복, 셰프의 앞치마와 모자, 승무원의 단정한 근무복, 운동 선수의 유니폼까지. 옷은 단순한 겉치장이 아니라 '나는 지금 이 역할을 하고 있다'는 자기 인식을 강화해 주는 장치다.

이 원리는 우리의 일상에도 그대로 적용된다. 출근길에 어떤 옷을 입었는지, 머리를 어떻게 손질했는지, 메이크업을 얼마나 정돈했는지, 어떤 신발을 신었는지, 심지어 어떤 표정을 짓고 있는지 까지. 겉모습은 하나의 세트처럼 작동하며, 스스로에게 "이제 업무 모드로 전환하라"는 신호를 분명하게 보낸다.

나 역시 아침마다 이 전환의 순간을 루틴으로 삼았다. 집에서는 최소한의 메이크업만 하고 나왔지만, 사무실에 도착하면 거울 앞에서 립을 덧바르거나 색조 화장을 살짝 더해 마무리했다. 그 짧은 손질만으로도 얼굴에 생기가 돌고, 표정에도 힘이 생겼다. 이어서 머리를 고데기로 정리하거나 단정하게 묶는 데 5~10분 정도를 쓰곤 했다. 출근길에는 편한 운동화를 주로 신었지만, 사무실에 들어서면 구두로 갈아 신었다. 작은 과정이었지만, 이렇게 모습을 다듬는 동안 자연스럽게 태도가 달라졌다. 불과 몇 분 전까진 출근길 수많은 직장인들 속 한 사람이었지만, 이제는 집중과 자신감을 갖춘 '업무 모드의 나'로 전환된 느낌이었다.

혹시 이렇게 반문할 수도 있다. '외부 고객을 만날 일도 없는데, 차려 입을 필요가 있을까?' 또는 '복장이 자유로운 회사에 다니는데, 이렇게까지 신경을 써야 할까?' 이런 이유로 본인에게 가장 편한 복장을 선호할 수도 있다. 실제로 내가 최근까지 몸담았던 회사에서도 그런 모습을 종종 볼 수 있었다. 찢어진 청바지나 추리닝, 벙거지 모자처럼 지나치게 캐주얼한 복장, 혹은 얼룩진 티셔츠나 손질조차 하지 않은 머리처럼 성의 없어 보이는 차림으로 출근하는 직원들이 간혹 있었다. 직접 대놓고 지적하는 사람은 없었지만, 동료들 사이에서는 말없이 눈살이 찌푸리게 만들고 신뢰가 조금씩 떨어지는 분위기가 형성되곤 했다.

복장 자유화는 정해진 규정이 없다는 뜻일 뿐, 아무거나 입어도 된다는 의미는 아니다. 회사는 나 혼자만의 공간이 아니라 여러 사람이 함께 일하는 공동의 공간이다. 그렇기에 기본적인 예의와 성의는 여전히 필요하다.

소개팅에 나간다고 생각해보자. 혹은 오랜만에 만나는 친구와 약속이 있다고 상상해보자. 그 자리에 집 앞 편의점에 가듯이 추리닝과 슬리퍼 차림으로 나갈 수 있을까? 아마 대부분은 그렇지 않을 것이다. 마음이 중요한 자리에선 자연스럽게 겉모습에도 정성을 기울이게 된다. 출근도 다르지 않다. 회사에 간다는 것은 단순히 시간을 채우러 가는 일이 아니라, '나의 일을 만나러 가는 자리'다. 머리 손질과 단정한 옷차림, 알맞은 신발 같은 작은 준비들은 결국 내가 하는 일과 나 자신에 대한 존중을 보여주는 가장 확실한 방식이고, 그렇게 준비할 때 자연스럽게 내 태도도 더 진지해진다.

겉모습이 태도를 바꾼다

학문적으로도 '겉모습이 태도를 바꾼다'는 사실은 여러 연구를 통해 입증되었다. 특히 미국 노스웨스턴 대학교의 심리학자 하요 아담(Hajo Adam)과 아담 갈린스키(Adam Galinsky)가 진행한 연구는 '인클로즈드 인지(Enclothed Cognition)'라는 개념을 제시하며 큰 주목을 받았다. 인클로즈드 인지는 옷이 단순히 몸을 가리는 기능을 넘어, 그 옷이 지닌 상징적 의미와 실제 착용 경험이 결합될 때 우리의 심리와 행동에 직접적인 영향을 미친다는 이론이다.

연구팀은 여러 차례 실험을 통해 이 효과를 검증했고, 결과는 크게 세 가지로 정리할 수 있다.

첫째, 의사 가운을 입은 사람은 더 집중력이 높아졌다. 58명의 학생에게 선택적 주의력 검사를 실시했는데, 평상복을 입은 그룹보다 의사 가운을 입은 그룹이 실수를 절반 가까이 줄였다. 단순히 흰색 옷을 입은 것이 아니라, 의사 가운이 가진 '신중함과 전문성'의 상징이 실제 태도에 반영된 것이다. 옷이 사고와 행동에 영향을 미친다는 점을 보여주는 구체적인 증거였다.

둘째, 같은 옷이라도 어떤 의미를 부여하는가에 따라 효과가 달라졌다. 같은 흰색 가운을 두고 한 그룹에는 '의사 가운', 다른 그룹에는 '화가의 가운'이라고 설명했다. 또 다른 그룹은 의사 가운을 단순히 보기만 하게 했다. 결과는 흥미로웠다. '의사 가운'을 입었다고 믿은 그룹은 집중력이 크게 향상됐지만, '화가의 가운'을 입었다고 인식한 그룹이나 단순히 가운을 본 그룹에서는 변화가 없었다. 즉, 같은 옷이라도 어떤 의미를 부여하고 인식하는가에 따라 심리적 효과가 확연히 달라진다는 점이 드러났다.

셋째, 옷은 실제로 입어야만 효과가 있었다. 단순히 옷을 보는 것만으로는 아무런 변화가 없었다. 반드시 직접 입고 몸을 통해 체험할 때, 비로소 집중력 향상이라는 결과가 나타났다. 옷의 상징과 실제 경험이 결합될 때 태도와 행동이 바뀐다는 사실이 확인된 것이다.

이 연구가 보여주는 메시지는 분명하다. 겉모습은 단순한 외형이 아니라, 내가 어떤 태도로 하루를 시작할지를 스스로에게 각인시키는 장치다. 아침에 옷차림과 준비에 조금 더 신경을 쓰는 순간, 우리는 자연스럽게 '일하는 나'로 전환된다. 반대로 무심하고 성의 없는 차림은 나도 모르게 태도를 느슨하게 만들 수 있다. 결국 아침에 어떻게 자신을 준비하느냐가 하루의 집중력과 몰입도를 좌우하는 중요한 선택이 된다.

그렇다면 우리는 구체적으로 무엇을 준비해야 좋을까? 단순히 옷을 잘 입는 차원을 넘어, 실제 직장에서 바로 활용할 수 있는 몇 가지 기준이 필요하다.

출근 복장을 결정할 때는 우선 회사의 분위기와 문화를 기준으로 삼는 것이 좋다. 유니폼이나 정장을 입어야 하는 경우가 아니라면, 비즈니스 캐주얼, 혹은 최근에는 스마트 오피스 룩이라고 부르는 정도가 가장 무난하다. 아래 예시를 확인해보자.

여성

- 상의: 블라우스, 니트, 심플한 셔츠 (깔끔한 디자인)
- 하의: 슬랙스, H라인 스커트, 미디 길이 원피스
- 자켓: 블레이저, 가디건
- 신발: 플랫슈즈, 로퍼, 단정한 힐

남성

- 셔츠: 단색이나 은은한 패턴의 셔츠 (흰색, 하늘색, 연그레이)
- 바지: 슬랙스나 치노팬츠(진한 색 권장)
- 자켓: 테일러드 자켓, 니트, 가디건
- 신발: 로퍼, 더비슈즈, 단정한 스니커즈

물론 직종에 따라 차이는 있다. 스타트업이나 창의적인 일을 하는 회사는 다소 자유로운 복장이 허용되기도 한다. 하지만 그렇다 하더라도 기본적인 매너는 지켜야 한다. 여름이라고 해서 지나치게 노출이 심한 옷을 입거나, 후줄근해 보이는 복장은 피하는 것이 좋다. 회사는 나만의 공간이 아니라 여러 사람이 함께 일하는 공간이기 때문이다.

청결은 가장 기본적인 원칙이다. 구겨진 셔츠나 얼룩진 바지는 성의 없어 보이게 만든다. 신발 역시 마찬가지다. 조리나 슬리퍼 같은 신발은 사무실 분위기와 맞지 않는다. 대신 상황에 맞는 구두, 로퍼, 혹은 세련된 플랫슈즈 정도가 적합하다. 머리도 간단히 손질만 해도 인상이 크게 달라진다. 여성이라면 립을 덧바르거나 피부 톤을 정리하는 정도의 가벼운 메이크업만으로도 충분하다.

이런 작은 기준만 세워도 아침마다 "오늘은 뭘 입지?"라는 고민을 줄일 수 있다. 스티브 잡스가 블랙 터틀넥과 청바지로, 오바마 대통령이 회색과 남색 정장을 선택의 최소화하는 전략으로 활용했던 것도 같은 맥락이다. 중요한 건 멋을 내는 것이 아니라, 나를 일할 준비가 충분히 된 사람으로 전환시키고, 태도를 변화시킨다는 것이다.

겉모습을 정돈하는 일은 단순히 패션의 문제가 아니다. 그것은 내가 하는 일과 나 자신을 존중하는 태도의 표현이다. 머리와 옷, 신발을 단정히하고 간단히 메이크업을 더하는 준비 과정은 외적변화이면서 마음을 정돈하는 의식이다. 아침에 거울 앞에서 잠시 시간을 들여 나를 다듬으면, 단순히 출근길을 지나쳐 온 한 사람이 아니라 오늘 하루를 책임질 준비가 된 내가 된다. 그 짧은 순간이 내 태도를 바꾸고 하루 전체의 흐름을 변화시킨다. 아침의 루틴은 단순히 겉모습을 꾸미는 일이 아니라, 스스로를 존중하고 하루를 시작하는 태도를 세우는 행위이다. 이 루틴이 쌓일수록, 우리는 더 단단한 하루와 성숙한 삶을 만들어 갈 수 있다.

'For every minute spent organizing, an hour is earned.' — Benjamin Franklin '정리에 1분을 쓰면, 1시간을 벌 수 있다'(벤자민플랭클린)

미국 건국의 아버지이자 발명가, 정치가로도 유명한 벤자민 프랭클린의 이 말은 오늘날에도 여전히 현실적인 의미를 가진다. 평생 자기관리와 규율 있는 생활로 잘 알려져 있는 그가 남긴 정리에 대한 통찰은 지금도 직장인의 일상에 그대로 적용된다. 정리에 쓰는 짧은 시간이 업무 성과와 직결된다는 점은 국내외 여러 연구에서도 분명하게 확인할 수 있다.

서울대학교 심리학과 연구팀은 시각적 환경의 복잡성이 주의 집중과 단기 기억에 직접적인 부정적 영향을 미친다고 밝혔다. 산만한 시각 자극이 많아질수록 뇌는 필요 없는 정보까지 처리하려 하기 때문에 인지적 과부하가 발생하고, 결국 집중력이 떨어진다. 한국직업능력개발원의 직장인 조사에서도 책상과 주변 공간을 꾸준히 정리하는 습관이 있는 사람일수록 업무 효율성과 직무 만족도가 더 높게 나타났다.

이러한 결과는 해외 연구에서도 일관되게 보고된다. 프린스턴 대학 신경과학 연구팀은 어수선한 시각 환경이 뇌의 주의 집중을 분산시켜 결국 작업 효율을 떨어뜨린다고 발표했다. 미네소타 대학의 연구 역시 같은 맥락을 보여주는데, 정리된 환경에서 과제를 수행한 사람들이 더 건강한 선택을 하고, 시간 관리와 업무 습관 면에서도 높은 성과를 냈다. 국내외 연구의 결과를 종합해 보면, 정리는 단순히 보기에 좋다는 시각적 차원을 넘어 실제 성과와 만족도, 나아가 의사결정과 업무 태도 전반에 영향을 미치는 중요한 요인임을 알 수 있다.

실제로 업무를 하다 보면 사소한 물건 하나 때문에 흐름이 끊기는 순간이 자주 찾아온다. 중요한 보고서를 검토하다가 표시를 하려고 형광펜을 집었는데 정작 보이지 않는다면 어떨까? 어렵게 완성한 제안서를 출력한 뒤 마지막으로 스탬플러를 찍으려는 순간, 심이 다 떨어졌다면? 작은 물건 하나를 찾느라 자리를 몇 번 일어나고 서랍을 뒤적이다 보면, 머릿속에서 이어지던 생각의 줄기는 금세 끊겨 버린다. 결국 잃는 것은 단순한 몇 분의 시간이 아니라, 다시 집중 상태로 돌아오기 위해 더 많은 에너지를 써야 한다.

반대로, 자주 쓰는 물건의 자리를 미리 정해 두고 정리해 놓으면 상황은 달라진다. 형광펜은 펜꽂이 한쪽에, 스탬플러 심은 서랍 속 작은 상자에, 자주 쓰는 파일은 손이 닿는 책상 위 파일꽂이에 두는 식이다. 손이 가야 할 곳에 늘 필요한 것이 있다는 확신은 생각보다 큰 안정감을 준다. 찾는 데 시간을 빼앗기지 않고, 흐름이 끊어지지 않으니 업무 몰입이 훨씬 오래 유지된다. 작은 정리이지만, 그것이 쌓일수록 일의 속도와 집중력은 눈에 띄게 달라진다.

나 역시 이 차이를 뚜렷하게 느낀 적이 있다. 사무실에 일찍 도착한 어느 날, 책상 위에 쌓여 있던 서류와 서랍 속에 흩어져 있던 문구류를 몇 분 동안 집중해 정리했다. 그러고 나니, 눈앞이 훨씬 환해졌다. 단순히 깨끗해졌다는 느낌을 넘어서, 머릿속까지 정돈되는 기분이 들었다. 그날 이후로 나는 잠깐의 시간을 내어 책상과 서랍을 정리하는 루틴을 의도적으로 만들었다. 처음에는 시간이 조금 걸렸지만 며칠 지나지 않아 정리에 필요한 시간은 점점 줄었고, 이내 3분도 채 걸리지 않게 되었다. 한 주의 시작인 월요일 아침에는 책상 위와 모니터를 물티슈로 닦는 루틴을 더했다. 단순히 책상이 깨끗해진 데 그치지 않고, 새로운 하루를 맞이하는 마음가짐까지 함께 정리되는 듯했다. 하루의 시작이 단정해졌고, 아침을 한결 산뜻하게 열 수 있었다.

그렇게 자리 정리 루틴이 어느 정도 자리를 잡자, 시선은 자연스럽게 공용 공간으로 옮겨갔다. 출근 후 프린터 주변에 쌓여 있는 인쇄물을 정리하거나 잘못 출력된 종이를 파쇄기에 넣는 데는 1분도 채 걸리지 않았다. 흩어진 클립이나 스탬프를 제자리에 두는 일도 마찬가지였다. 별것 아닌 행동처럼 보이지만, 어수하던 공간이 깔끔해지는 것을 보는 순간 기분이 달라졌다. 특히 사무실에 가장 먼저 도착해 아무도 없는 시간에 이런 정리를 하고 나면, 작은 행동으로 동료들을 돕고 있다는 뿌듯함도 느껴졌다. 내 책상만이 아니라 함께 쓰는 공간까지 정리했다는 사실은 하루를 시작하는 마음을 한층 더 가볍게 해주었다. 또한 그날 업무에도 더 깊이 몰입할 수 있는 힘을 주었다.

지금 당장 실천하는 5가지 방법

그렇다면 구체적으로 어떻게 정리를 시작하면 좋을까? 다음의 다섯 가지 원칙이 도움이 될 것이다.

첫째, 책상 위에는 꼭 필요한 것만 둔다.

책상 위에는 반드시 필요한 것만 두는 것이 원칙이다. 모니터, 업무 리스트를 적은 다이어리, 오늘 다룰 자료, 자주 쓰는 펜 몇 자루 정도면 충분하다. 불필요한 물건이 시야에 많을수록 뇌는 불필요한 자극을 받아 집중력이 분산된다. 따라서 서류나 문구류는 꼭 필요한 것만 책상 위에 두고, 나머지는 서랍이나 캐비닛으로 옮겨야 한다. 예를 들어 펜은 검은색 펜과 형광펜 한두 자루만 펜꽂이에 두고, 여분은 서랍 속에 정리한다. 서류 역시 오늘 당장 검토할 분량만 두고, 지난주 자료는 보관함으로 옮겨야 한다. 아침마다 책상 위를 훑으며 "이 물건이 오늘 내 업무에 꼭 필요한가?" 이 질문 하나로 필요 없는 것은 과감히 치워내는 것만으로도 하루의 시작은 훨씬 가벼워진다.

둘째, 회사에 두는 물건 자체를 줄인다.

책상 위를 치워도 회사 공간에 불필요한 물건이 많다면 근본적인 해결이 되지 않는다. 회사에서 보내는 시간이 길다 보니 책상이 점점 집처럼 변하고, 간식이나 개인 소품, 각종 기념품이 쌓이기 쉽다. 하지만 회사는 생활 공간이 아니라 업무 공간이다. '이 물건이 내 업무 시간에 정말 필요한가?'라는 질문을 던지고, 업무와 관련 없는 물건이라면 집으로 가져가는 것이 좋다.

특히 서류와 자료는 분량을 기준으로 관리해야 한다. 이번 주에 필요한 자료라면 일주일치만, 단기 프로젝트라면 3일치 정도만 두고, 나머지는 서랍이나 캐비닛에 보관하는 것이 효율적이다. 물건 자체를 줄이면 책상이 어질러지는 일을 방지할 수 있고, 항상 일에만 집중할 수 있는 환경을 유지할 수 있다.

셋째, 서랍 속의 물건을 카테고리화 한다.

서랍 속은 작은 수납 상자나 칸막이를 활용해 용도별로 구역을 나누어 보관하는 것이 좋다. 예를 들어 색깔 펜이나 여분의 펜은 '보조 필기구 칸', 티백과 간식은 '간식 상자', 상비약과 영양제는 '약품통', 클립·포스트잇·수정 테이프 같은 간헐적으로 쓰는 사무용품은 '추가 문구류 함'으로 구분하는 식이다. 이렇게 카테고리별로 정리해 두면 필요한 순간에 "이건 이 구역에 있겠구나" 하고 바로 예측할 수 있어 시간을 절약할 수 있다. 동시에 사용한 물건을 자연스럽게 제자리에 돌려놓는 습관도 만들어진다.

넷째, 디지털 파일도 정리 대상이다.

정리의 대상은 물리적인 공간만 해당하지 않는다. 컴퓨터 바탕화면이 어수선하다면 책상 위가 지저분한 것과 다르지 않다. 파일을 무작정 늘어놓으면 당장은 편해 보여도, 시간이 지나면 어디에 무엇이 있는지 알 수 없게 된다. 따라서 프로젝트별 고객별로 폴더를 나누어 관리하는 것이 가장 기본이다. 예를 들어 '고객A_계약', '고객B_제안'처럼 직관적인 이름을 붙이면 파일을 열어보지 않아도 내용이 한눈에 들어온다. 진행 중인 자료는 바탕화면에 두되, 계약이 종료되거나 절차가 마무리된 고객 파일은 반드시 '종료 고객' 폴더로 옮겨야 한다. 일정 기간이 지난 뒤에는 사내 규정에 따라 삭제하는 것이 원칙이다.

나 역시 고객 파일을 다루는 경우가 많았는데, 시기별로 필요한 자료가 계속 달라지다 보니 체계적인 분류가 필수였다. 고객의 유형별로 폴더를 만들어 보관하면 필요할 때 찾을 수 있었고, 계약이 끝난 자료는 정해진 폴더로 옮겨 두는 것만으로도 관리가 훨씬 수월해졌다. 또 업무와 직접적인 관련은 없지만 공부를 위해 모아 두는 자료들은 '스터디'와 같은 별도의 폴더를 만들어 보관했다. 이렇게 유형별로 나누어 두면 성격이 다른 파일들이 뒤섞이지 않아 혼란을 줄일 수 있다.

폴더를 세분화할 때는 순서를 쉽게 파악할 수 있도록 이름 앞에 번호를 붙이는 방법이 유용하다. 예를 들어 '1_초안', '2_검토', '3_최종'처럼 이름을 붙이면 파일의 흐름이 명확해지고, 나중에 필요한 버전을 찾을 때도 훨씬 빠르다. 이렇게 카테고리화와 번호화를 해 두면 '이건 이 유형의 자료이니 여기 있을 것이다'라는 예측이 가능해져, 일일이 기억하지 않아도 필요한 자료를 신속하게 찾을 수 있다. 결과적으로 디지털 공간이 정리되면 업무 속도가 올라가고, 불필요한 스트레스도 줄어든다.

다섯째, 정리를 루틴으로 만들어야 한다.

정리는 그때그때 떠오를 때 하는 게 아니라, 의도적으로 매일 반복하는 루틴으로 만들어야 효과가 있다. 사실 하루 정도 정리를 하지 않는다고 해서 당장 큰 문제가 생기는 것은 아니다. 그래서 쉽게 미루게 되고, 하루 이틀 조금씩 미룬 결과 어느새 책상 위가 감당하기 어려울 만큼 어수선해진다. 결국 나중에 한꺼번에 정리하려면 훨씬 많은 시간과 에너지가 필요하다. 따라서 출근 후 업무를 시작하기 전, 단 3분만 정리에 투자하자. 짧은 시간이지만 매일 반복하다 보면 책상은 늘 정돈된 상태로 유지되고, 하루를 시작하는 마음가짐도 훨씬 선명해진다.

정리는 단순히 책상을 보기 좋게 만드는 일이 아니다. 눈앞의 환경을 정돈하는 작은 행동이 집중력과 업무 몰입을 지켜 준다. 불필요한 낭비를 줄이는 가장 확실한 방법이다. 급히 필요한 서류가 보이지 않아 시간을 허비하거나, 바탕화면에서 파일 하나를 찾느라 흐름이 끊기던 순간들이 사라진다. 정리된 공간은 시각적 피로를 덜어주고 머릿속까지 차분하게 가라앉혀, 일을 시작하기 전에 이미 절반은 준비가 끝난 것 같은 마음가짐을 만들어 준다.

더 중요한 것은 이 효과가 하루에만 머물지 않는다는 점이다. 정리 루틴이 쌓이면 업무에 임하는 태도 자체가 달라진다. '나는 준비된 상태에서 하루를 시작한다'는 확신은 자신감을 높이고, 작은 일에도 쉽게 흔들리지 않게 만든다. 나아가 동료와 함께 쓰는 공간을 정리하는 습관은 협업의 분위기를 바꾸고, 팀 전체의 업무 효율에도 긍정적인 영향을 미친다. 정돈된 책상과 디지털 파일은 나만의 질서를 세우는 동시에, 함께 일하는 사람들에게 신뢰를 주는 무언의 메시지가 된다.

작은 루틴처럼 보이지만, 정리의 힘은 하루 전체의 몰입도를 높이고 장기적으로는 성과와 만족도를 바꾸는 토대가 된다. 그러니 내일 아침, 의자에 앉기 전 3분만 투자해 보라. 생각보다 훨씬 큰 차이가 당신의 하루를 바꿔 줄 것이다.

요즘 직장인들 사이에서 자주 언급되는 키워드가 있다. 바로 '마이크로 러닝(micro learning)'이다. 길게 시간을 내지 않아도 짧은 학습을 꾸준히 반복하는 방식으로 이해할 수 있다. 바쁜 일상 속에서도 실천 가능하다는 점에서, 많은 직장인들이 이 개념에 관심을 보이고 있다.

그렇다면 당신은 업무가 시작되기 전, 책상 앞에서 맞이하는 짧은 자투리 시간을 어떻게 쓰고 있는가? 컴퓨터 전원이 켜지길 기다리는 몇 분, 회의가 시작되기 전의 공백 10분, 혹은 출근길에 조금 일찍 도착해 생긴 여유 15분. 많은 사람들이 무심코 스마트폰을 열어 뉴스를 읽거나 메신저를 확인하며 흘러 보낸다. 이 시간을 의식적으로 다르게 사용한다면, 오늘 하루는 물론이고 장기적으로 당신의 삶에 분명한 차이를 만들어낼 수 있다.

짧은 시간의 가치를 간과하기 쉽지만, 실제로는 이 순간이 하루의 태도를 바꾸는 결정적인 출발점이 된다. 특히 아침의 자투리 시간은 머리가 가장 맑고 방해 요소가 적은 시간대라, 어떤 활동을 하느냐에 따라 업무 집중력과 자신감이 달라진다. 단순히 급한 메일을 처리하거나 오늘 할 일을 미리 시작하는 것이 아니라, 장기적으로 내 커리어와 역량에 도움이 되는 공부로 채워 넣을 때, 비로소 그 시간이 힘을 발휘한다. 즉, 자투리 시간은 당장의 성과를 내기 위한 추가 근무 시간이 아니다. 미래를 준비하는 '투자 시간'으로 써야 한다.

나는 아침에 일찍 사무실에 도착하면서 자연스럽게 나만의 자투리 시간이 생겼다. 그 시간을 가장 먼저 책읽기로 채웠다. 주제는 다양했지만 공통적으로 당장의 보고서나 업무 성과와는 직접적으로 연결되지 않는 책들을 골랐다. 자기개발, 심리학, 리더십, 경제는 물론이고 때로는 소설과 에세이 같은 문학 분야도 포함했다. 이 시간을 단순히 업무를 앞당겨 처리하는 대신, 오롯이 내 성장을 위한 시간으로 쓰고 싶었기 때문이다.

그렇게 읽은 책들은 다양한 방식으로 나에게 힘이 되어 주었다. 어떤 책은 힘든 하루를 버티게 해주는 정신적 버팀목이 되었고, 어떤 책은 직장이라는 좁은 울타리 안에서만 생각하던 관점을 벗어나 더 긴 호흡으로 나를 바라보게 해 주었다. 덕분에 하루를 시작하는 마음이 달라졌다. 단 몇 쪽을 읽는 것만으로도 사고가 환기되고 태도가 정리되었다. 또 아침에 읽은 한 문장이 회의에서 내 발언을 바꿔주거나 하루를 더 차분하게 만드는 경우도 많았다.

다른 중요한 루틴은 영어 공부였다. 나는 업무 특성상 영어를 자주 사용했지만, 대부분 영어 이메일을 작성하는 데 국한되어 있었다. 표현이 제한적이고 단어가 부족하다는 아쉬움이 늘 따라다녔다. 아침 이 시간을 활용해 이메일에 자주 쓰이는 표현과 부족한 단어를 집중적으로 암기하는 루틴을 만들었다. 하루에 약 20개 정도 단어를 꾸준히 외우고, 간단한 예문을 만들어 보는 방식이었다. 또 스마트폰 어플을 통해 말하기 연습을 지속적으로 병행했다. 출근 전 조용한 사무실에서 소리 내어 발음하고, 짧게라도 대화하는 연습을 반복하니 머릿속에 오래 남았다. 아침마다 이런 루틴으로 하루를 시작하니, '오늘도 한 걸음 나아갔다'는 작지만 분명한 성취감이 쌓여갔다.

이 루틴은 예상치 못한 순간에 큰 힘을 발휘했다. 어느 날 나는 갑작스럽게 신규 프로젝트 책임자로 배정됐다. 2년 넘게 외국인 강사와 해외 학교 담당자들과 매일 소통해야 하는 일이었다. 회의는 영어로 진행됐고, 하루에도 몇 십 통씩 오가는 이메일 역시 영어였다. 처음엔 두려움도 있었지만, 아침마다 다져온 루틴 덕분에 큰 어려움 없이 대화를 이어갈 수 있었다. 그동안 축적된 단어와 표현이 실제 업무 현장에서 자연스럽게 튀어나왔고, 덕분에 나는 자신감을 잃지 않고 책임자의 역할을 수행할 수 있었다. 단순히 영어 실력이 늘어난 것을 넘어, 준비된 루틴이 내 커리어의 중요한 순간을 지탱해 준 것이다. 영어는 지금도 꾸준히 이어가고 싶은 루틴이며, 장기적으로 내 역량을 넓히고 싶은 분야이기도 하다.

아침 자투리 시간을 공부에 쓰는 루틴은 개인적인 경험에만 근거한 이야기가 아니다. 심리학 연구에 따르면, 긴 시간 몰아 학습하는 것보다 짧게 나누어 반복 학습하는 방식이 기억 유지율 면에서 훨씬 효과적이라고 한다.

짧은 학습이 만드는 장기적 변화

심리학자 에빙하우스의 '망각곡선' 연구는 짧고 반복적인 학습이 왜 효과적인지를 과학적으로 설명해준다. 그의 실험에 따르면, 학습 직후 20분이 지나면 이미 학습 내용의 42%가 사라지고, 하루가 지나면 67%를 잊어버린다고 한다. 한 달 뒤에는 초기 학습 내용의 80% 가까이 기억하지 못한다. 다시 말해, 한 번 길게 공부하고 끝내면 대부분의 내용을 곧 잊어버리게 된다는 것이다. 반면 반복 학습을 하면 상황은 달라진다. 같은 내용을 여러 차례, 짧게 나누어 복습할 때 망각의 속도가 크게 늦춰진다. 예를 들어 하루에 10분씩, 일주일 동안 다섯 번 반복해 본 사람은 한 번에 한 시간씩 몰아서 공부한 사람보다 훨씬 더 오래, 더 정확하게 내용을 기억한다. 이 원리가 바로 자투리 시간을 학습에 쓰는 이유다. 출근 전이나 회의 전의 짧은 5~15분은 작아 보이지만, 반복될 때 학습 효과가 극대화된다.

이런 연구 결과를 바탕으로 최근 각광받는 학습 방식이 바로 앞서 언급한 '마이크로 러닝(micro learning)'이다. 마이크로 러닝은 길게 앉아 있는 대신 5~15분 단위의 짧은 학습을 반복적으로 이어가는 방식이다. 단순히 학습 시간을 줄이는 것이 아니라, 학습의 단위를 잘게 쪼개어 부담을 낮추고 반복 가능성을 높이는 데 초점이 있다. 짧은 시간 안에 한 가지 개념이나 한 가지 기술만 배우는 식이기에, 바쁜 직장인에게 특히 적합하다. 예를 들어 오늘은 영어 단어 10개, 내일은 산업 뉴스레터 한 편, 모레는 파워포인트 단축키 몇 가지처럼 작은 학습이 누적된다. 중요한 것은 매일 조금씩 반복한다는 점이다. 이렇게 쌓이는 작은 단위의 학습은 기억에 오래 남고, 실제 업무 현장에서 곧바로 활용될 수 있다는 점에서 의미가 크다.

자투리 시간을 루틴으로 만드는 법

아침의 자투리 시간을 어떻게 채워야 할까? 막연히 '공부해야지'라고만 생각하면 결국 스마트폰을 들여다보다 끝나버리기 쉽다. 중요한 것은 구체적인 방법을 미리 정해 두고, 작은 단위로 쪼개어 반복하는 것이다. 업무 시작 전 10분, 혹은 15분은 짧아 보이지만, 매일 쌓이면 분명 눈에 띄는 차이를 만든다. 아래에 소개하는 내용은 일반적인 직장인이라면 누구에게나 도움이 될 만한 추천 방법이다. 다만 개인의 직책과 역할에 따라 필요한 역량은 달라질 수 있으니, 제시된 아이디어를 참고해 자신의 상황에 맞게 조금씩 변형해 적용해보도록 하자.

(1) 시간 단위별 활용 시나리오

아침에 확보할 수 있는 자투리 시간은 길지 않다. 그러나 단 5분이라도 의도적으로 활용하면, 매일 반복될 때 큰 힘을 발휘한다. 시간을 길게 확보하지 못한다고 해서 배움이 불가능한 것은 아니다. 오히려 제한된 시간을 어떻게 채우느냐가 집중력과 지속성을 결정한다.

- **5분 루틴**
  - 책 한 페이지 읽고 마음에 남는 문장을 기록하기
  - 관심 분야 신문기사의 헤드라인을 읽고 핵심 키워드 2~3개 메모하기
  - 영어 단어 5개씩 외우고, 짧은 문장 하나 직접 만들어 보기
    (1개의 문장을 작성해보기)

- **10분 루틴**
  - 자기계발서나 전문서 2~3쪽 읽기
  - 메모장에 떠오르는 아이디어나 생각을 자유롭게 작성하기
  - 엑셀 단축키, 파워포인트 기능 같은 실무 스킬 한 가지 익히기
  - 짧은 기사나 칼럼을 읽고 핵심 문장 한 줄로 정리해 보기

- **15분 루틴**
  - 전날 읽던 책의 한 챕터를 마무리하고 배운 점 기록하기
  - 온라인 강의(5~10분 분량)를 듣고 중요한 포인트 메모하기
  - 외국어 어플을 켜서 말하기·듣기 기본 연습하기
  - 영어 단어 20개씩 외우기

(2) 카테고리별 학습 활동

자투리 시간을 어떻게 활용할지는 각자의 성향과 필요에 따라 달라진다. 크게 나누면 읽기·기록하기·스킬 훈련·아이디어 정리 네 가지 방향으로 나눌 수 있다.

- **읽기**
  - **전문성 강화:** 산업 뉴스, 최신 트렌드 리포트, 업계 칼럼
  - **자기 성장:** 자기계발서, 리더십 서적, 심리학·경제학 관련 도서 일부
  - **사고 확장:** 문학 작품(소설·에세이)의 짧은 구절, 철학적 글귀

- **기록하기**
  - 아침에 배운 문장·표현을 적어두고 하루 중 활용
  - 전날 배운 내용이나 깨달음을 짧게 되짚어 보기
  - 아이디어 노트에 프로젝트 개선안, 새 아이디어 메모

- **스킬 훈련**
  - 활용 프로그램의 툴 단축키, 새로운 기능 테스트
  - 짧은 온라인 강의 시청한 뒤 바로 따라하기
  - 발표할 때 쓸 수 있는 문장·표현 연습
  - 협업 툴(슬랙·노션 등)의 새로운 기능 실습

- **아이디어 정리(Ideation)**
  - 내 관심분야에서의 새로운 아이디어 3가지 적어보기
  - 시도해보고 싶은 프로젝트 주제 메모하기
  - 최근 읽은 책이나 강의에서 영감 얻은 것 정리 및 생각 확장하기

- 내 커리어 및 역량 개발을 할 수 있는 강의 찾아보기

(3) 루틴화 전략

아무리 좋은 아이디어도 습관으로 굳지 않으면 금세 사라진다. 자투리 시간을 학습의 루틴으로 만들기 위해서는 몇 가지 전략이 필요하다.

• 목표는 반드시 작게 쪼개기

루틴을 계획할 때 가장 흔히 저지르는 실수는 목표를 너무 크게 잡는 것이다. '책 한 권을 읽겠다', '영어 회화를 유창하게 하겠다' 같은 목표는 의욕은 생기지만 실행 단계에서 금세 벽에 부딪힌다. 반대로 '오늘은 한 쪽만 읽기', '오늘은 단어 5개 외우기'처럼 작고 구체적인 목표는 누구나 시작할 수 있다. 중요한 것은 규모가 아니라 반복 가능성이다. 작은 성취를 매일 쌓아가면 자기 효능감이 점차 커지고, 루틴은 부담이 아니라 생활의 일부가 된다.

• 무엇을 할지 미리 정해 두기

자투리 시간이 생겼을 때 '지금 뭘 할까?' 하고 고민하다 보면 이미 몇 분은 흘러가 버린다. 즉흥적으로 정하려 하면 결국 스마트폰을 열게 되는 경우가 많다. 그래서 '메뉴판'을 미리 만들어 두는 것이 효과적이다. 예를 들어 '영어 단어 외우기, 뉴스레터 읽기, 아이디어 메모하기, 책 한 쪽 읽기'처럼 짧게 할 수 있는 활동 목록을 준비해 두면 망설임 없이 바로 시작할 수 있다. 이 메뉴판은 나만의 고정 루틴이자, 매일 반복할 수 있는 최소 단위의 학습 설계가 된다.

● 성취를 기록하기

루틴을 지속하기 위해서는 성취감을 느끼는 순간들이 필요하다. 달력에 표시하거나 체크리스트를 활용해 한눈에 볼 수 있게 하면, 작은 습관도 눈에 보이는 성장으로 바뀐다. 예를 들어 30일 동안 매일 아침 10분을 학습했다는 기록이 남는다면, 그것은 단순한 '공부 기록'이 아니라 꾸준히 나를 관리해온 증거가 된다. 또 기록을 통해 스스로의 흐름을 점검할 수 있고, 중간에 루틴이 흔들리더라도 다시 원래의 궤도로 돌아오기 쉽다. 기록은 단순한 흔적이 아니라 루틴을 지속시키는 가장 강력한 동기부여 도구다.

● 정해진 시간과 주제로 진행하기

시간을 정해두고 같은 주제를 일정 기간 동안 반복하는 것이 효과적이다. 예를 들어 '매일 아침 15분' 혹은 '업무 시작 전 10분'처럼 시간을 고정하고, 그 시간 동안 다룰 주제 역시 최소 2주, 길게는 한 달 단위로 이어가는 것이 좋다. 오늘은 영어 단어, 내일은 책 읽기, 모레는 뉴스 보기처럼 매일 바뀌면 성과가 쌓이지 않는다. 대신 '이번 2주는 영어 표현, 다음 한 달은 리더십 책 읽기'처럼 정해두고 지속하는 편이 훨씬 더 깊이 있는 학습으로 이어진다. 매일 달라지더라도 즉흥적으로 고르지 말고, 미리 정해둔 계획에 따라 움직이는 것이 중요하다.

장소 역시 일관성이 필요하다. 가장 좋은 것은 사무실 책상이지만, 그게 여의치 않다면 출근 직전 들르는 카페나 사무실 휴게실도 충분히 가능하다. 핵심은 시간을 정해두고 장소를 고정함으로써 뇌가 자동으로 '이 시간에는 이 활동을 한다'는 신호를 학습하게 만드는 것이다.

앞서 살펴본 방법들은 모든 직장인에게 두루 적용할 수 있는 기본적인 가이드다. 하지만 각자가 놓여 있는 위치와 역할에 따라 자투리 시간을 쓰는 방식은 달라질 수 있다. 신입사원이 집중해야 할 학습과, 실무 경험이 쌓인 직원이 선택해야 할 루틴은 다르고, 중간관리자와 리더십을 준비하는 단계에서는 또 다른 역량이 요구된다. 따라서 아래의 예시를 참고해 자신의 상황에 맞게 조정해 보는 것이 필요하다.

• 신입사원

입사 초기에는 무엇보다도 조직에 빠르게 적응하는 것이 중요하다. 자투리 시간을 활용해 회사 용어와 업무 프로세스를 정리하거나, 선배가 남긴 피드백을 복습해두면 실수가 줄어든다. 또한 보고서나 이메일에 자주 쓰이는 문장을 미리 연습하면 기본기를 빠르게 다질 수 있다. 동시에 '이 회사에서만 필요한 지식'이 아니라, 업계 전반의 흐름이나 직무 공통 역량(글쓰기, 기초 데이터 분석 등)도 조금씩 익혀두면 장기적으로 더 유리하다.

• 3~7년 차 실무자

어느 정도 업무에 익숙해진 시기에는 단순히 눈앞의 일을 잘 처리하는 데서 그치지 않고, 자신만의 전문성을 강화하는 것이 필요하다. 이 시간을 활용해 업계 트렌드를 꾸준히 확인하거나, 새로운 툴과 방식을 실험하며 역량을 넓혀가자. 이 시기는 특히 '이직 준비'나 '커리어 전환'을 고민하기도 하는 시기다. 따라서 자투리 시간을 통해 현재 회사에서만 통하는 기술이 아니라, 다른 조직이나 업계에서도 쓸 수 있는 보편적 역량을 다지는 것이 중요하다. 외국어 실력이나 문서화 능력처럼 '있으면 분명 차

별화되는 역량'을 자투리 시간을 통해 조금씩 보완해 두면 장기적으로 커리어 경쟁력을 높일 수 있다.

● 경력자 (중간관리자 이상)

연차가 쌓이면 단순히 눈앞의 실적을 올리는 것보다, 내 커리어를 지켜내고 다음 단계를 준비하는 것이 더 중요해 진다. 이 시기에는 누구나 한 번쯤 '나는 조직에 계속 머물러야 할까, 아니면 다른 길을 준비해야 할까?'라는 질문을 던지게 된다. 그렇기에 자투리 시간의 초점도 달라져야 한다.

이 시기에는 새로운 툴을 배우는 실무적 공부보다는, 업계 전반을 이해하고 흐름에서 뒤처지지 않으려는 노력이 필요하다. 산업 리포트나 경영 칼럼을 읽으며 시야를 넓히고, 변화하는 시장과 기술에 꾸준히 눈을 두어야 한다. 또한 지금의 조직에서만 통용되는 지식이 아니라, 이직을 하거나 독립하여 새로운 일을 시작할 때도 활용할 수 있는 역량을 준비하는 것이 중요하다.

조직 안에 머물러 관리자로 성장하려 한다면, 리더십·조직관리 서적을 읽으며 팀을 이끄는 시야를 키우는 것이 필요하다. 반대로 언젠가 독립을 고민한다면, 창업 사례나 비즈니스 모델을 다룬 책을 통해 조직 밖에서 스스로 길을 만들어가는 준비를 해보자. 어느 쪽이든 발표·설득·협상 같은 커뮤니케이션 능력을 꾸준히 갈고 닦는 것은 공통적으로 도움이 된다. 결국 중요한 것은 내가 어떤 선택을 하든 흔들리지 않을 역량을 쌓는 것이다.

짧은 자투리 시간은 눈에 잘 띄지 않기에 쉽게 흘려 보내기 마련이다. 그러나 이런 순간을 모아 보면, 하루에 몇십 분은 되고, 1년이면 수십 시간에 이른다. 이는 웬만한 사내 연수 과정을 수료하는 것과 맞먹는 분량이다. 중요한 것은 이 시간을 어떻게 쓰느냐다. 무심코 메신저를 확인하며 사라지게 할 수도 있고, 나의 커리어와 삶을 위한 작은 투자로 쌓아갈 수도 있다. 아침의 자투리 시간을 공부에 쓰는 루틴은 사소해 보이지만, 장기적으로는 나의 태도와 역량, 나아가 미래의 기회를 결정짓는 힘이 된다. 결국 당신의 하루를 바꾸는 열쇠는 거창한 결심이 아니라, 바로 지금 눈앞에 있는 짧은 몇 분에 있다.

5 │ 업무 리스트가 일의 효율을 결정한다

하루 종일 바쁘게 일했는데, 돌아보면 정작 내가 무슨 일을 했는지 선명하지 않을 때가 있지 않은가? 중요한 일은 끝내지 못한 채 내일로 또 미뤄지고, 이메일과 보고서, 갑작스러운 요청들만 처리하다 하루가 흘러가 버린다. 이런 경험은 대부분의 직장인들에게 낯설지 않다.

집중해서 성과를 내는 하루와 그렇지 못한 하루를 가르는 갈림길은 의외로 단순하다. 아침 업무를 시작하기 전, 단 몇 분의 준비다. 오늘의 해야 할 일을 정리했는가, 그렇지 않았는가. 그 순간이 하루를 주도적으로 이끌지, 아니면 휘둘리며 보낼지 가른다.

할 일을 적지 않은 채로 업무를 바로 시작하면, 일은 늘 눈앞에 보이는 것부터 손에 잡히는 대로 처리하게 된다. 급한 이메일에 답하고, 전화가 울리면 대응하고, 메신저에 뜨는 요청을 바로 해결하느라 정신없이 흘러간다. 그 사이 정작 중요한 업무는 뒤로 밀리기 십상이다. 하루 종일 분주했지만 퇴근 무렵 책상 위에 남은 것은 성취감이 아니라 '아직 끝내지 못한 일'이라는 찜찜함이다. 중요한 일을 놓쳤다는 불안은 다음 날로 이어지고, 그렇게 하루는 내가 설계한 시간이 아니라 끌려 다니는 시간이 된다.

나 역시 회사생활을 막 시작했을 때, 이런 악순환을 매일 경험했다. 나는 학생들의 유학 상담부터 학교 지원 및 출국까지 이어지는 긴 과정을 관리하는 일을 맡고 있었다. 상담, 서류 준비, 학교 지원, 입학 시험, 비자 절차, 출국 전까지 약 1년에 걸쳐 세세한 단계를 긴 호흡으로, 또 때에 맞춰 빠짐없이 챙겨야 했다. 이와 동시에 학부모와 학생들의 갑작스러운 요청은 쉴 새 없이 이어졌다. "이번 주 안에 서류를 보내 달라"거나 "급히 상담 시간을 잡아 달라"는 식이다. 여기에 내부 협업에서 주어지는 업무들과 미팅, 신규 상담 준비까지 겹치면 출근하자마자 눈앞에 보이는 일부터 처리하느라 정신이 없었다. 그렇게 하루를 보낸 뒤에는 늘 찜찜함이 남았다. 중요한 절차는 뒤로 밀렸고, 결국 마감 직전에 몰아치듯 처리하다 야근으로 이어지는 날도 많았다.

그런 날들이 반복되면서 나는 불편함을 강하게 느꼈다. 눈앞의 일에만 매달리다 보니 중요한 일은 늘 뒤로 밀리고, 퇴근 무렵에는 마음이 무겁기만 했다. 이 불편함을 끊기 위해 내가 시도한 것이 바로 '업무 시작 전 리스트 작성하기'였다. 기억에만 의존하지 않고, 오늘 할 일·이번 주 할 일·이번 달 할 일을 눈앞에 적어 두니 마음이 한결 차분해졌다. 무엇보다 처리 속도와 집중도가 눈에 띄게 달라졌다.

시간이 흘러 나는 비교적 이른 시기에 팀장을 맡게 되었다. 그때 내가 팀원들에게 가장 먼저 도입한 것도 바로 '업무 리스트 작성'이었다. 출근 하자마자 오늘 해야 할 일을 정리해 업무일지로 작성하고, 퇴근할 때는 그중 처리한 것과 미처 끝내지 못한 것을 구분하도록 했다. 어제 못한 일은 자연스럽게 오늘의 리스트로 이어졌고, 하루하루 기록이 쌓이며 업무 흐름이 한눈에 드러났다.

이 작은 원칙은 팀 운영에도 큰 변화를 만들었다. 팀원들은 글로 적으며 스스로 어떤 업무에 더 시간이 걸리는지, 어떤 업무는 빨리 처리할 수 있는지를 객관적으로 알게 되었다. 덕분에 업무 처리 속도의 편차를 줄일 방법을 함께 고민할 수 있었고, 나 역시 팀원 개개인의 강점과 약점을 파악해 더 효율적인 배분을 할 수 있었다. 단순히 해야 할 일을 '머릿속에만 두는 것'에서 벗어나, 글로 옮겨 확인하고 점검하는 과정이, 개인의 효율뿐 아니라 팀 전체의 성과까지 끌어올리는 힘이 되었다.

이 방식은 일시적인 요령이 아니었다. 나는 15년 가까운 회사 생활 동안 매일 아침 이 리스트 작성 루틴을 지켰고, 개인은 물론 팀에서도 똑같이 이어갔다. 그리고 지금, 회사를 떠나 원고를 집필하는 요즘에도 여전히 같은 방식을 지킨다. 해야 할 일을 눈앞에 정리하는 단순한 행위가, 오늘 하루를 내가 계획한 흐름대로 이끌어 가게 만드는 가장 확실한 힘이 되었기 때문이다.

리스트가 집중력을 지키는 이유

업무 리스트가 가진 힘은 단순하다. 우리의 뇌는 동시에 붙잡을 수 있는 정보가 몇 개 되지 않는다. 실제로 여러 인지심리학 연구에 따르면, 사람의 작업 기억은 대략 3~5개 정도의 항목만 안정적으로 유지할 수 있다고 한다. 따라서 머릿속에만 오늘의 일을 담아두면, 메신저 알림 하나, 전화 한 통만으로도 우선순위가 금세 흔들린다. 반대로 할 일 목록을 눈앞에 적어두면, 해야 할 일이 명확히 정리되어 있기에 작은 방해에도 중심을 잃지 않는다.

또 하나 중요한 점은, 해야 할 일을 적는 것만으로도 불안이 줄어든다는 사실이다. 심리학에서 말하는 지그지아닉 효과(Zeigarnik Effect)는 미완료된 일이 머릿속에 남아 계속 떠오르는 현상을 말한다. 오늘 해야 할 일을 눈앞에 써두면 '이 일은 잊히지 않는다'는 안심을 얻고, 불필요한 긴장이 줄어든다. 덕분에 지금 당장 하고 있는 일에 더 몰입하게 된다.

무엇보다 업무 리스트는 하루 중간중간의 전환 순간에 큰 힘을 발휘한다. 회의가 끼어들거나 급한 요청으로 자리를 비웠다가 돌아와도, 리스트는 '내가 어디서 멈췄는지, 앞으로 무엇을 하면 되는지'를 바로 알려준다. 덕분에 다시 집중 상태로 돌아가는 데 시간이 덜 걸리고, 오늘 남은 일을 한눈에 확인할 수 있다. 퇴근 무렵에도 '오늘 내가 무엇을 했는지, 무엇을 끝냈는지'가 분명하다. 머릿속에 미완료 과업이 맴돌며 찜찜하게 남지 않고, 하루를 깔끔하게 마무리할 수 있다는 점이 가장 큰 장점이다.

효과를 알았다면 이제 중요한 건 실행이다. 업무 리스트를 어떻게 시작할지 구체적으로 살펴보자.

첫째, 시작은 단순하게

업무 리스트를 루틴으로 만드는 방법은 거창한 도구나 복잡한 체계가 필요하지 않다. 중요한 것은 '오늘 무엇을 할지'를 눈앞에 보이게 적는 단순한 행동을 꾸준히 반복하는 것이다. 아침 출근 후, 업무를 바로 시작하지 않고, 일정한 시간을 정해 몇 분만 투자하면 된다. 처음부터 완벽한 틀을 만들려 하기보다, 당장 오늘의 일을 세 가지라도 적어보는 것이 시작이다.

둘째, 오늘 할 것만 간결하게

리스트는 길 필요가 없다. 지나치게 많은 항목은 오히려 압박이 되고 실행을 방해한다. 하루 안에 반드시 끝내야 할 핵심 업무 몇 가지와, 시간이 허락되면 처리할 일을 나누어 적는 것만으로 충분하다. '오늘 반드시 완료할 일'과 '추가로 하면 좋은 일'을 구분해두면, 중요한 과업은 놓치지 않고 처리할 수 있다.

셋째, 자신에게 맞는 도구로

형식 역시 자유롭다. 공책에 손으로 적어도 되고, 포스트잇 한 장을 써도 된다. 디지털을 선호한다면 PC 메모장이나 업무 관리 앱을 활용해도 좋다. 중요한 것은 도구가 아니라, 눈에 보이는 곳에 정리해 두고 수시로 확인하는 습관이다. 나는 개인적으로 매일 업무 리스트를 적는 다이어리를 따로 두고, 여기에 볼펜으로 기록했다. 근무 중간중간 펼쳐 보며 자연스럽게 하루의 흐름을 점검했다. 또 다른 방법으로는 PC 화면 옆에 띄워 놓는 메모장, 구글의 할 일 목록이나 아웃룩의 태스크 기능처럼 자신의 업무 환경에 맞는 툴을 쓰는 것도 좋다. 핵심은 자기에게 맞는 방식으로 꾸준히 이어가는 것이다.

넷째, 스마트폰은 피하기

외근이 많아 모바일 환경이 필수인 경우가 아니라면, 스마트폰 앱으로 할 일을 관리하는 것은 오히려 집중력을 해칠 수 있다. 스마트폰은 알림과 메신저, 각종 앱의 유혹이 많다. 리스트를 확인하려다 다른 것에 빠져 시간을 빼앗기기 쉽다. 따라서 근무 중에는 책상 위에서 바로 확인할 수 있는 형태가 훨씬 효율적이다. 특별한 경우가 아니라면, 업무 중에는 스마트폰 대신 눈앞에서 바로 확인할 수 있는 수단을 택하도록 하자.

업무 리스트를 작성하는 루틴은 단순히 '해야 할 일'을 나열하는 행위가 아니다. 오늘 하루를 내가 주도하고 있다는 확신을 주는 가장 간단하면서도 강력한 장치다. 아침에 단 몇 분만 투자해 리스트를 작성하면, 하루의 방향이 정리되고 퇴근할 때는 성취감이 남는다. 중요한 일을 놓치지 않았다는 확신, 오늘 내가 무엇을 끝냈는지 분명히 아는 만족감은 하루를 깔끔하게 마무리하게 해준다.

분명하다. 업무 리스트를 쓰는 사람과 그렇지 않은 사람의 하루는 절대 같을 수 없다. 이 루틴을 지키는 순간, 당신은 더 이상 상황에 휘둘리는 직장인이 아니라 하루를 이끄는 주인공이 된다. 그리고 그 변화는 업무 효율 넘어, 일하는 태도 전체를 바꾸게 되는 경험으로 이어질 것이다.

아침에 겪는 작은 일로 그날의 기분이 흔들릴 때가 있다. 출근길에 버스를 놓치거나, 갑작스러운 교통 체증에 시달리며 지하철 안에 서 있다 보면 하루가 시작되기도 전에 마음이 무거워진다. 사무실에 도착해서도 이메일함에 쌓인 미처 처리하지 못한 메일이나, 출근과 동시에 울리는 메신저 알림을 보는 순간 마음이 더 무거워지기도 한다. 반대로 출근길에 지인이 건넨 짧은 안부 인사나 예상치 못한 작은 우연, 혹은 자리에 앉자마자 듣는 칭찬 한마디가 하루를 한결 가볍게 만들어 주기도 한다. 이렇게 사소한 순간들이 하루 전체의 무게를 좌우한다는 사실은 누구에게나 낯설지 않다.

이런 경험은 단순한 기분 문제가 아니다. 마음 상태는 우리의 사고와 행동 전반에 실질적인 영향을 미친다. 심리학 연구에서도 긍정적인 정서가 창의적 동기를 높이고, 문제 해결에 더 적극적으로 나서게 만든다는 결과가 반복해서 보고되고 있다. 2023년 『*Frontiers in Psychology*』에 실린 연구에서는 긍정적 정서가 사람들의 창의적 동기를 높이고 문제 해결을 행동을 촉진한다고 밝혔다. 또 2022년 『*Journal of Creativity*』에 실린 심리학 연구자들의 실험에서도 유머나 밝은 기분을 경험한 사람들이 그렇지 않은 사람들보다 새로운 아이디어를 더 많이 떠올리고, 사고의 폭이 더 넓은 경향을 보였다. 즉, 아침에 어떤 마음가짐으로 하루를 시작하느냐는 단순한 기분을 넘어 하루 전체의 효율과 성과에 직접적인 영향을 미친다는 것이다.

마음은 관리하지 않으면 금세 흔들리고 무너지기 쉽다. 하지만 다행히 마음은 타고난 성향으로만 결정되지 않는다. 매일 반복하는 방식에 따라 마음은 더 긍정적으로 변하고, 그 상태를 비교적 안정적으로 유지할 수 있다.

나 역시 이 마음 훈련의 필요성을 여러 번 실감했다. 시간 맞춰 나왔는데 버스가 눈앞에서 떠나버렸을 때나, 출근길에 괜히 발을 헛디뎌 머쓱함이 남았을 때, 유난히 지하철에 사람이 많아 내내 서서 출근해야 했던 날들처럼, 사소한 사건 하나가 아침의 기분을 송두리째 흔들곤 했다. 그런 날이면 짜증은 꼬리를 물고 이어져, 회사에 도착해서도 쉽게 가시지 않았다. 괜히 예민해져 동료와의 대화에서도 방어적으로 반응하고, 집중해야 할 업무도 손에 잘 잡히지 않았다. 작은 사건 하나가 하루 전체를 무겁게 만들곤 했던 것이다.

그러다 우연히 읽게 된 루이스 헤이의『하루 한 장 마음챙김』에서 한 구절이 눈에 들어왔다. '하루를 시작할 때 거울 속 자신에게 미소 지으며 긍정적인 말을 건네라.' 처음에는 다소 오글거리고 현실성이 없어 보였다. 하지만 출근길 짜증을 그대로 업무로 끌고 가고 싶지 않았던 나는, 밑져야 본전이라는 생각으로 그대로 시도해 보기로 했다. 출근 후 책상에 앉아 거울을 보며 억지로라도 웃고, '오늘은 좋은 하루가 될 거야'라는 말을 소리 내어 조용히 반복했다. 처음에는 어색했지만, 이 단순한 행동만으로도 기분의 방향이 조금씩 바뀌는 것을 느낄 수 있었고, 새로운 마음으로 하루를 시작하는데 분명한 도움이 되었다.

왜 반복적인 루틴이 필요한지는 뇌의 성향을 보면 알 수 있다. 우리 뇌는 본래 긍정적인 것보다 부정적인 것에 더 민감하게 반응한다. 심리학에서는 이를 '부정성 편향(negativity bias)'이라고 부른다. 그래서 우리는 좋은 일보다 불편했던 순간을 더 오래 기억하고, 사소한 부정적 사건에도 하루의 기분이 쉽게 흔들린다. 기분이 저절로 좋아지길 기다리는 건 무의미하다. 아침마다 작은 행동으로 스스로 마음을 다스리는 훈련이 필요한 이유다.

짧은 긍정 문장을 떠올리거나, 웃는 표정을 일부러 지어보고, 작은 성취를 기록하는 것은 단순한 기분 전환이 아니다. 이런 행동들은 반복을 통해 뇌가 반응하는 방향 자체를 바꾸는 훈련에 가깝다. 의식적으로 긍정적 자극을 선택하고 반복해야만 부정으로 기울어지는 뇌의 습관을 이겨낼 수 있다.

언제, 어떻게 실천할 것인가?

중요한 건 언제, 어떻게 실천하느냐이다. 시점으로 보면 하루가 본격적으로 시작되기 전이 가장 효과적이다. 사무실에 조금 일찍 출근해 자리에 앉은 뒤 이 루틴을 실천하길 권한다. 물론 아침에 막 일어나자마자 해도 좋다. 하지만 출근길에는 버스를 놓치거나 교통 체증에 시달리며 작은 짜증이 생길 가능성이 높다. 그 감정을 끌고 업무에 들어가는 대신, 사무실 도착 직후 잠깐 시간을 내어 긍정 마인드셋을 다지는 편이 하루 전체를 더 안정적으로 시작하는 방법이다.

방법은 의외로 단순하다. 마음을 다잡는 일은 복잡한 심리 훈련이 아니라 아침 몇 분의 작은 행동에서 시작된다.

첫째, 짧은 긍정 확언을 반복하라.

가장 간단하면서도 효과적인 방법은 스스로에게 짧은 긍정 문장을 들려주는 것이다. '오늘은 좋은 하루가 될 거야.', '나는 오늘 내 일을 해낼 수 있어.', '나는 일할 수 있음에 감사해.'와 같이 간결한 문장을 정해 아침마다 반복해보자. 중요한 것은 문장을 길게 늘어놓지 말고, 기억하기 쉽고 단숨에 말할 수 있게 만드는 것이다. 처음에는 오글거리거나 진심으로 느껴지지 않을 수 있다. 뇌는 반복되는 언어 자극을 사실에 가까운 정보로 받아들이는 경향이 있다. 이런 반복은 뇌의 신경 회로에 실제 변화를 만든다는 연구 결과가 이를 뒷받침한다. 하루 이틀이 아니라 꾸준히 해보면, 어느 순간 이 짧은 문장이 당신의 마음을 정말로 그렇게 만들어줄 것이다.

둘째, 억지로라도 웃어보라.

사람은 기분이 좋으니까 웃는다고 생각하지만, 사실 반대도 가능하다. 웃으니까 기분이 좋아지는 것이다. 출근 후 자리에 앉아 모니터를 켜기 전, 잠깐이라도 거울을 보며 입꼬리를 올려보자. 억지로라도 10초 정도 웃는 표정을 짓다 보면 뇌가 긍정적인 신호를 받아 실제로 기분이 나아진다. 나도 사무실에 일찍 도착해, 책상 위 거울 속 나를 보며 방긋 웃는 루틴을 꾸준히 지키고 있다. 가능하다면 "오늘도 좋은 하루!"라며 스스로에게 인사를 건네곤 했다. 처음엔 어색했지만, 그 작은 행동 하나로 출근길에 쌓인 짜증을 내려놓고 하루를 새롭게 시작할 수 있었다. 지금은 업무 전뿐 아니라, 중간중간 거울 속 내 얼굴을 보며 미소 짓는 루틴을 이어가고 있다.

셋째, 호흡으로 감정을 전환하라.

출근길의 피로와 불편한 감정이 유난히 남아 있는 날이라면 억지로 웃거나 긍정적인 말을 반복하기보다, 깊은 호흡으로 마음을 정리하는 것이 더 효과적이다. 자리에 앉아 등을 곧게 세우고, 코로 숨을 깊게 들이마신 뒤 천천히 내쉰다. 단 몇 번의 호흡만으로도 마음이 정리되고, 쓸데없는 감정의 꼬리를 끊을 수 있다. 이때 속으로 '그럴 수도 있지'라는 짧은 문장을 세 번 반복해보라. 이 문장은 부정적 상황을 있는 그대로 받아들이도록 돕는다. 중요한 것은 억지로 기분을 좋게 만들려 하기보다, 불편한 감정을 있는 그대로 흘러 보내는 것이다. 호흡은 단순하지만, 하루를 가볍게 시작하게 해주는 가장 빠른 리셋 버튼이다.

넷째, 작은 성취를 기록하라.

긍정적 마음은 막연한 낙관이 아닌 실제 경험에 기댈 때 더 오래간다. 아침마다 어제 잘했던 일이나 오늘 기대되는 일을 한 줄로 기록하길 권한다. 예를 들어, '어제 기한 내에 보고서를 마쳤다.', '오늘은 중요한 고객과의 계약을 성사시킬 것이다.'처럼 간단히 적어보자. 아무리 사소해 보여도 상관없다. 뇌는 이 짧은 기록을 긍정적인 단서로 받아들이고, 그 자체로 오늘 하루를 시작할 힘을 준다. 매일 쌓이는 이 기록은 작은 성취감을 이어주고, 스스로가 성장하고 있다는 확신을 강화해 줄 것이다.

업무 전 긍정 마인드셋을 만드는 이 루틴은 단순히 기분을 좋게 하는 데 그치지 않는다. 아침 몇 분의 확언, 미소, 호흡, 기록은 하루의 무게를 가볍게 하고, 흔들리지 않는 마음의 기준점을 만들어 준다. 중요한 것은 꾸준함이다. 긍정은 저절로 찾아오는 감정이 아니라, 매일 반복해서 만들어 내야 하는 태도이다. 매일의 운동으로 몸이 단련되듯이, 마음도 매일 같은 루틴으로 훈련할 때 습관이 되고, 그렇게 쌓인 습관은 작은 사건에도 쉽게 무너지지 않는 내면의 근력이 된다.

그렇기에 아침의 마음을 관리하는 일은 결코 가벼운 문제가 아니다. 하루를 시작하기 전, 작은 자극 하나에 휘둘리느냐 아니면 스스로 마음을 다잡고 하루를 설계하느냐의 차이가 하루 전체를 달라지게 한다. 마음은 눈에 보이지 않지만, 분명히 관리할 수 있는 영역이다. 준비된 마음가짐은 하루를 단단하게 세워주고, 반대로 흐트러진 마음은 일의 효율을 잠식해 버린다. 결국 하루의 출발점에서 가장 중요한 루틴은 '무엇을 먼저 하느냐'가 아니라, '어떤 마음으로 시작하느냐'다. 그리고 그 출발을 지켜주는 가장 확실한 힘이 바로 긍정 마인드셋이다.

'It is of the small joys and little pleasures that the greatest of our days are built.' Mary Anne Radmacher '위대한 하루는 작은 기쁨과 소소한 즐거움들로 이루어진다.' - 매리 앤 래드마허 (미국 작가·화가)

우리는 흔히 인생의 즐거움은 크고 특별한 순간에만 찾아온다고 생각한다. 승진이나 여행, 혹은 월급날처럼 오랫동안 기다려온 날에야 비로소 기쁨을 맛볼 수 있다고 여기는 것이다. 그러나 우리의 하루 대부분은 특별한 사건이 아닌 평범한 순간들로 채워진다. 그렇기에 작은 즐거움을 스스로 발견하고 선물하는 일이야말로 하루를 행복하게 만드는 힘이 된다.

많은 사람들은 보상 역시 큰 목표를 달성했을 때에만 주어져야 한다고 여긴다. 중요한 건 그렇게 하루의 시작이 '보상을 향한 여정'이 되어야만 자신을 보상할 자격이 있다고 생각하는 것이다. 하지만 그렇게 먼 보상만을 바라보면, 정작 오늘 하루를 지탱할 에너지를 잃기 쉽다. 그 결과 매일은 버티기의 연속이 되고 만다.

진짜 필요한 보상은 먼 미래를 버티게 하는 거창한 선물이 아니라, 매일 아침 내가 세운 루틴을 지켜낸 나 자신에게 주는 작고 즉각적인 보상이다. 평일이 다 끝나기를 기다릴 필요도, 주말이나 휴가 같은 특별한 날을 손꼽아 기다릴 필요도 없다. 아침에 일찍 일어나 내가 정한 루틴을 실천했다면, 그 자체가 이미 보상을 받을 만한 작은 성취다.

나는 이 원칙을 출근 후 업무 시작 전 아침 루틴에 적용했다. 회사에 도착하면 먼저 책상 정리와 오늘의 할 일 리스트 작성 같은 나만의 출근 전 루틴을 마쳤다. 그리고 업무에 들어가기 전에, 나에게 따뜻한 라떼와 빵 한 조각의 작은 보상을 선물했다. 사무실 한쪽에 놓인 에스프레소 기계에서 갓 갈린 원두 향이 퍼져 나오고, 짧게 추출한 진한 에스프레소 위로 오트밀크를 부어 따뜻한 라떼 한 잔을 완성하면, 그것은 단순한 커피 한 잔이 아니라 오늘도 아침 루틴을 지켜낸 나 자신에게 주는 선물처럼 느껴졌다. 라떼와 곁들이는 빵은 마들렌, 피낭시에, 소금빵, 크루아상이나 스콘 등 그날의 기분에 따라 매일 조금씩 바꿔가며 즐겼다. 워낙 빵을 좋아하다 보니 날마다 다른 것을 골라 먹는 즐거움이 있었고, '내일은 어떤 걸 고를까'하는 설렘은 아침을 기다리게 만드는 또 하나의 작은 기쁨이 되었다.

이 소소한 보상은 단순한 여유가 아니라. 아침 루틴을 마치고 본격적인 업무 모드로 자연스럽게 전환하도록 돕는 신호였다. 커피와 빵을 즐기는 그 짧은 시간은 단순히 맛있게 간식을 먹는 시간이 아니라, 오늘 하루를 시작할 준비가 끝났음을 알려주는 나만의 확실한 신호였다. '루틴을 지킨 끝에 보상이 기다린다'는 사실만으로도 아침의 실천이 훨씬 가벼워졌고, 무엇보다 다음날 아침 루틴을 설레는 마음으로 이어갈 수 있는 동력이 되었다.

심리학에서는 이런 작은 보상이 효과적인 이유를 '보상 체계(reward system)'로 설명한다. 우리의 뇌는 어떤 행동 뒤에 즐거운 경험이 따라올 때 도파민이라는 신경전달물질을 분비하며, 그 행동을 다시 반복하도록 학습한다. 이때 중요한 점은 이 보상이 반드시 크거나 특별할 필요가 없다는 것이다. 오히려 '즉각적 보상(Immediate reward)'이 동기를 강화하는 데 더 효과적이다.

실제로 2014년 『*Journal of Personality and Social Psychology*』에 실린 연구에서는 '즉시 보상'을 받은 사람들이 나중에 받을 보상을 기대한 사람들보다 새로운 습관을 더 꾸준히 유지하는 경향을 보였다. 이후 다른 심리학 연구에서도 보상의 크기보다 '언제 주어지는가'가 행동의 지속성과 내적 동기에 더 큰 영향을 미친다는 결과가 반복적으로 보고되었다. 즉각적인 보상은 단순히 과제를 끝내는 힘을 넘어, 과제가 끝난 이후에도 몰입과 흥미를 이어가게 만드는 역할을 한다.

결국 아침의 작은 보상은 단순한 기분 전환이 아니라, 뇌의 보상 회로를 자극해 하루 전체의 몰입과 집중을 강화하는 강력한 장치다. 그렇다면 이 원리를 실제 아침 루틴 속에 어떻게 적용할 수 있을까? 중요한 것은 거창한 방법이 아니라, 오늘 당장 실천할 수 있는 작은 보상부터 시작하는 것이다.

첫째, 보상은 크지 않아야 꾸준하다.

보상은 성대하고 특별한 이벤트일 필요가 없다. 오히려 작은 보상이 꾸준함을 만든다. 값비싼 디저트나 특별한 선물을 준비하려 한다면 며칠은 즐겁겠지만 오래가기 힘들다. 아침마다 쉽게 즐길 수 있고 부담 없는 것을 선택해야 한다. 예를 들어 따뜻한 차 한 잔이나 좋아하는 음악 한 곡, 혹은 작은 디저트 한 조각이면 충분하다. 어떤 날은 집에서 챙겨 온 삶은 달걀을 먹고, 또 어떤 날은 회사 근처 편의점에서 과일컵을 사 와도 좋다. 중요한 것은 '매일 아침에도 무리 없이 실천할 수 있는 보상'이라는 점이다. 내가 평소에 좋아하는 소소한 것 하나면 충분하다.

둘째, 아침 루틴과 자연스럽게 연결하라.

보상은 아침 루틴의 마지막 단계로 배치하는 것이 가장 효과적이다. 책상 정리와 역량 공부, 할 일 리스트 작성 등 업무 전 아침 루틴을 끝낸 뒤 보상이 기다리고 있다면, 아침 루틴 자체가 더 즐겁고 지속 가능해진다. 마치 운동 후 샤워의 상쾌함이 운동을 꾸준히 하게 만들 듯, 보상이 루틴의 자연스러운 '마침표'가 되어야 한다. 예를 들어, 루틴을 마친 뒤 준비해 둔 음료를 마시거나, 짧은 명상 후 좋아하는 노래 한 곡을 듣는 방식으로 연결하면 자연스럽게 이어진다. 이렇게 하면 루틴 자체가 '보상을 향한 길'이 되어 하루의 시작을 기다려지게 만든다.

셋째, 오감을 자극하는 보상을 선택하라.

작은 보상일수록 감각을 자극하는 힘이 크다. 향긋한 커피 향, 부드러운 빵의 식감, 좋아하는 음악의 멜로디 같은 요소들은 뇌의 보상 회로를 더욱 강하게 자극한다. 단순히 '먹는 것'에서 끝나지 않고, 향을 맡고 소리를 듣고 맛을 음미하는 과정 속에서 보상의 만족감은 배가된다. 아침에 특별히 좋아하는 잔을 꺼내 차를 마시거나, 평소보다 조금 더 좋은 빵집에서 산 소보로나 크루아상을 천천히 씹어보는 것도 좋다. 혹은 햇살이 들어오는 창가에 앉아 잠시 눈을 감고 음악을 듣는 것도 감각을 깨우는 좋은 방법이다.

넷째, 보상을 하루의 시작 신호로 삼아라.

보상은 단순한 즐거움이 아니라, 업무 모드로 전환하는 신호가 될 수 있다. 커피 한 잔을 마시면 '이제 일을 시작할 준비가 끝났다'라는 뇌의 암시가 되는 것이다. 보상이 '업무의 출발점'을 알려주는 신호가 될 때, 아침 루틴은 더 강력한 힘을 가진다. 예를 들어, '라떼 한 잔을 마시면 반드시 이메일함을 연다'라는 규칙을 만들거나, '빵을 다 먹고 나면 오늘의 첫 업무를 시작한다'는 식으로 연결해보자. 내일은 어떤 보상을 즐길지 기대하는 마음 역시 루틴을 꾸준히 지속하게 해주는 동력이 된다. 작은 보상을 '업무 시작 버튼'처럼 활용하면, 하루의 흐름이 한결 안정적으로 이어진다.

아침 루틴 끝에 스스로에게 주는 작은 보상은 사치가 아니라 그 루틴을 계속 이어가게 하는 힘이다. 따뜻한 라떼 한 잔, 달콤한 디저트, 잔잔한 음악 같은 소소한 순간들은 오늘도 잘 시작했다는 신호가 된다. 이런 즐거움이 쌓일수록 아침 루틴은 의무가 아니라 기다려지는 시간이 되고, 하루의 출발은 한결 가볍고 산뜻해진다. 위대한 하루는 거창한 이벤트가 아니라 이렇게 작지만 확실한 기쁨에서 비롯된다.

내일 아침, 루틴을 지킨 자신에게 어떤 작은 보상을 건넬지 한 번 떠올려보자. 어쩌면 그 작은 즐거움 하나가 하루 전체의 무게를 바꾸고, 아침을 기다리게 만드는 이유가 될지도 모른다. 작은 보상이 이어질 때, 아침은 더 활기차고, 그렇게 시작한 아침이 만들어주는 하루는 더 풍요롭고 충만해질 것이다. 당신의 아침이 매일 조금 더 빛나기를, 그리고 그 빛이 하루 전체를 따뜻하게 채우기를 응원한다.

업무 중 루틴:
집중-전환-효율을 올리는 스마트한 스킬

1 | 머리를 믿지 말고, 메모를 믿어라

회사 생활 초반, 나는 머릿속에만 오늘 할 일을 정리해 두곤 했다. 아침에 출근하면서 마음속으로 '상담 준비, 보고서 작성, 서류 점검, 파트너사 메일 분류' 같은 목록을 되뇌며 책상 앞에 앉았다. 정작 하루가 끝나면 꼭 중요한 일일수록 빠뜨리고 말았다. 급한 전화와 메신저에 쫓기다 보면, 머릿속 계획은 금세 사라지고, 퇴근길에는 "아 맞다!"하고 뒤늦게 떠올리는 순간이 반복됐다.

혹시 당신도 비슷한 경험이 있지 않은가? 하루 종일 바쁘게 일했는데도 정작 중요한 한두 가지는 빠지고, 오늘 처리해야 할 일 중 몇 가지는 늘 놓치게 된다. 기억만으로 하루를 버티면 같은 실수를 되풀이하기 쉽다.

머리에만 의존해 업무를 하기 시작하면 처음에는 아무 문제가 없어 보인다. 아침에 떠올린 일정과 업무들이 또렷하게 기억나는 듯하지만, 실제로는 그렇지 않다. 갑작스러운 전화, 메신저 알림, 요청이 몰려들면 머릿속 계획은 순식간에 밀려나고, 남아 있던 기억은 금세 희미해 진다. 정신 없이 일하다 퇴근 무렵이 되면 "오늘 꼭 챙겨야 했던 게 뭐였지?" 하고 스스로에게 되묻게 된다. 일은 분명 많이 했는데도 빠진 부분이 생기고, 처리하지 못한 업무가 한두 개씩 남는다. 기억에 의존한 하루는 결국 허술한 구멍을 남기고, 다음 날로 미뤄진 일들이 쌓여 간다.

문제는 기억력이 부족해서가 아니다. 애초에 머릿속만으로는 계속 들어오는 일과 요청들을 다 감당하기 어렵기 때문이다. 기억에만 의존하면 중요한 것일수록 놓치기 쉽고, 그때마다 집중력은 흔들리고 마음은 불안해진다.

이때 필요한 것이 바로 메모다. 머릿속에만 두면 금세 사라질 일을 메모로 옮겨 적는 순간, 상황은 달라진다. 기록해 둔 메모는 내 기억보다 훨씬 정확하다. 적어둔 메모를 다시 확인하는 것만으로도 업무의 누락을 막을 수 있고, 불필요하게 기억을 붙잡아 두지 않아도 된다. 그만큼 뇌는 중요한 판단과 실행에 더 많은 에너지를 쓸 수 있다. 동시에 '이 일을 잊어버리면 어떡하지?'라는 불안에서도 벗어날 수 있다. 메모는 단순히 기억을 대신하는 도구를 넘어 실수를 줄이고 집중을 유지하게 만드는 안전장치다.

심리학자들은 인간의 작업 기억(working memory)이 동시에 처리할 수 있는 정보가 3~5개에 불과하다고 말한다. 그 이상은 금세 흘러가거나 뒤섞인다. 아침에 떠올렸던 중요한 할 일이 오후쯤 되면 희미해져 빠뜨리기 쉬운 것도 이 때문이다. 작은 수첩이나 캘린더에 기록하는 루틴은 이 한계를 단순하면서도 확실하게 보완한다. 기록해 두는 순간 뇌는 더 이상 기억을 붙잡을 필요가 없어지고, 덕분에 더 깊은 몰입과 집중이 가능해진다.

무엇보다 메모의 강력한 장점은 해야 할 일이 눈앞에 '시각화'된다는 점이다. 머릿속에만 있을 때는 흐릿했던 일들이 리스트로 드러나면 즉시 구체적인 형태를 갖춘다. 오늘 처리해야 할 일, 미뤄둔 일, 그리고 중간에 새로 생긴 요청까지 모두 정리되어 있으면, 당장 어디서부터 시작할지 방향이 선명해 진다. 메모 몇 줄이 내 할 일의 우선순위를 잡아주고, 불필요한 고민을 줄이며 성취감까지 더해준다.

많은 성공한 인물들이 메모 습관을 강조한 것도 같은 이유다. 삼성전자의 전 부회장 윤종용은 늘 작은 수첩을 들고 다니며 회의 내용과 아이디어를 꼼꼼히 기록한 것으로 유명하다. 그는 수십 년 간의 메모를 모아 책으로 엮을 만큼, 기록 습관이 자신의 경영 스타일과 성과에 큰 밑거름이 되었다.

또 다른 예로, 발명가 토머스 에디슨은 떠오르는 아이디어를 절대 흘려보내지 않기 위해 항상 노트를 곁에 두었다. 그는 새로운 생각이 떠오를 때마다 빠짐없이 적어 두었고, 그렇게 쌓인 노트는 무려 수천 권에 달했다. 그의 위대한 발명들은 단순한 영감의 산물이 아니라, 오랜 기록과 메모 습관이 뒷받침된 결과였다.

마이크로소프트 창업자 빌 게이츠 역시 예외가 아니다. 그는 책을 읽을 때 중요한 대목과 자기 생각을 반드시 기록으로 남겼고, 그렇게 축적된 메모를 토대로 회의와 전략을 준비했다. 순간 떠오른 생각을 글로 정리해 두는 과정이, 단순한 기억 보관이 아니라 새로운 아이디어를 발전시키는 발판이 되었다.

이들의 사례는 국적과 시대를 막론하고 공통된 메시지를 전한다. 기록은 비단 경영자나 기업가에게만 필요한 능력이 아니다. 분야를 막론하고 꾸준히 기록하는 사람일수록 사고가 명료하고, 실행력이 높다. 또한, 뛰어난 기억력보다 꾸준한 기록 습관이 더 큰 성과를 만든다는 것이다.

메모의 중요성을 이해했다면, 이제는 실제 업무에 바로 적용할 수 있는 방법이 필요하다. 아래의 방법들은 내가 직접 활용해 보며 효과를 느낀 것들이다. 복잡한 도구가 아니라 누구나 당장 시작할 수 있는 방식이니, 오늘부터 실천해 보기를 권한다.

실천 방법 (1) 오늘의 할 일 관리: 다이어리로 세부 실행 잡기

업무를 가장 깔끔하게 정리하는 방법은 수기 다이어리를 활용하는 것이다. 업무 전 아침 루틴을 시작할 때 오늘의 날짜를 적고, 그날 반드시 해야 할 일들을 쭉 기록한다. 단순히 적어두는 것만으로도 하루의 할 일이 눈앞에 정리되며, 마음이 한결 차분해진다.

업무 리스트를 적을 때는 큰 업무를 작은 단계로 쪼개서 적는다. 예를 들어 '보고서 작성'이라고만 적어 두면 막연하지만, '오늘 초안 작성 → 내일 검토 → 마감일 제출'처럼 나누어 기록하면 훨씬 실천 가능성이 높아진다. 작은 단계마다 선을 그어 지워가는 과정에서 성취감이 빠르게 쌓이고, 어디까지 진행이 되었는지도 명확히 파악할 수 있다.

업무를 하다 보면 아침에 세운 계획대로만 흘러가는 경우는 드물다. 매일 새롭고 갑작스러운 요청이나 처리해야 할 일이 불쑥 생기곤 한다. 이럴 때 중요한 것은, 요청 받은 일을 즉시 처리하기보다 먼저 다이어리에 적어 두는 것이다. 이렇게 하면 지금 하던 일의 흐름이 끊기지 않고, 새로운 요청도 빠짐없이 관리할 수 있다. 오늘 안에 해야 할 일은 같은 페이지에, 내일이나 모레 처리해야 할 일은 해당 날짜 페이지에 미리 적어 두면 된다.

퇴근 시간이 되었을 때 다이어리에 줄이 죽죽 그어진 흔적을 확인하는 것은 생각보다 큰 만족감을 준다. 단순히 일을 끝냈다는 기쁨을 넘어, 하루의 성과가 눈앞에 시각적으로 남기 때문이다. 이 작은 성취가 다음 날의 집중력을 끌어올리고, 꾸준히 일의 흐름을 유지하도록 돕는다.

실천 방법 (2) 일정·마감 관리: 큰 그림 조율하기

단기 루틴이 정리됐다면, 이제 중장기 일정으로 시야를 넓혀보자. 하루 단위의 할 일 관리만으로는 부족하다. 장기적인 일정과 마감까지 함께 관리해야 업무 전체의 흐름을 놓치지 않는다. 이때 가장 유용한 도구가 바로 구글 캘린더다.

• 먼저 입력하고 동기화하기

구글 캘린더는 Gmail 계정 하나만 있으면 무료로 사용할 수 있다. 업무용으로 Gmail 계정을 하나 정해 두고, 그 계정을 기준으로 모든 기기를 동기화한다. PC에서 일정을 입력하면 자동으로 스마트폰에도 반영되고, 안드로이드폰은 위젯으로 홈 화면에서 바로 확인할 수 있다. 출근길 지하철에서 30초만 확인해도 오늘의 일정을 점검할 수 있을 만큼 간편하다.

• 일정 유형별 카테고리화 하기

일정을 입력할 때는 업무의 성격에 맞게 카테고리화 하는 것이 중요하다. 카테고리는 직무마다 다르기 때문에 정답은 없다. 영업직이라면 '외부 고객 미팅 / 내부 보고 / 출장 / 개인 일정'처럼 나눌 수 있고, 교육 직무라면 '수업 / 회의 / 강의 준비 / 개인 일정'으로 분류할 수 있다. 예로 들면 아래와 같다.

- 외부 고객 상담 및 미팅
- 내부 교육 및 미팅
- 파트너사와의 일정
- 개인 일정(연차·교육 등)

나는 이렇게 네 가지로 나누어 색상으로 구분해 두었다. 이처럼 카테고리를 설정해 두면 얻을 수 있는 장점은 분명하다.

준비의 방향이 달라진다. 외부 고객 미팅은 자료 준비와 이동 시간이 필요하고, 내부 교육은 발표자료나 회의 안건 정리가 우선된다. 일정의 성격이 한눈에 보이면, 미리 어떤 준비를 해야 하는지 바로 계획할 수 있다.

업무 조율이 쉬워진다. 일정을 확인할 때, 고객 일정이 몰려 있는 주는 내부 회의를 미리 조정하거나, 개인 일정을 옮겨둘 수 있다. 반대로 내부 일정이 많다면 외부 약속을 분산시킬 수 있다.

균형을 점검할 수 있다. 색상별 일정이 한쪽으로 치우쳐 있으면 내 업무가 지금 어디에 쏠려 있는지, 조율이 필요한지 객관적으로 파악할 수 있다.

즉, 단순히 일정을 기록하는 데서 그치지 않고, 업무의 성격을 구조적으로 관리하게 된다. 체계적으로 구분해 관리하면 시간과 에너지를 훨씬 전략적으로 배분할 수 있어 업무가 훨씬 효율적으로 정리된다.

실천 방법 (3) 기록 도구 선택: 나에게 맞는 방식 찾기

메모는 도구에 따라 효과가 달라진다. 중요한 것은 어떤 도구를 쓰는 것 보다, 매일 꾸준히 사용할 수 있는 방식을 정하는 것이다.

그날그날 달라지는 세부 업무를 관리하는 데에는 수기 다이어리가 가장 유용하다. 직접 손으로 적는 과정은 기억을 한 번 더 각인시켜 주고, 완료한 일을 하나씩 지워 나갈 때 성취감도 빠르게 느낄 수 있다. 또 미팅이나 상담 자리에서 스마트폰을 꺼내는 것보다 다이어리에 간단히 적는 편이 훨씬 자연스럽고, 업무에 몰입하고 있다는 인상도 준다.

반면 일정 관리에는 구글 캘린더를 추천한다. 구글 계정 하나만 있으면 사무실 PC, 집 PC, 노트북, 스마트폰 등 모든 기기에서 동기화를 할 수 있어서 편리하다. 특히 출근길이나 이동 중에도 오늘 일정을 30초 만에 훑을 수 있어 매우 실용적이다.

구글 캘린더와 비슷한 대안으로는 MS Outlook 캘린더, 애플 캘린더, 네이버 캘린더 등이 있다. 하지만 기능의 편의성과 접근성을 고려했을 때, 가장 보편적이고 다양한 기기에서 안정적으로 연동되는 도구는 여전히 구글 캘린더다. 핵심은 꾸준함이다. 수기 다이어리든, 캘린더든 중요한 것은 매일 같은 방식으로 기록하는 루틴을 지켜 나가는 것이다. 단순해 보여도 이 반복이 업무 누락을 줄이고, 일정을 훨씬 효율적으로 관리하게 만든다.

머리에만 의존하면 아무리 분주하게 움직여도 중요한 일을 놓치기 쉽다. 반대로 작은 메모 루틴 하나만으로도 하루는 훨씬 명확하고 안정적으로 흐른다. 다이어리에 할 일을 적고, 캘린더에 일정을 기록하는 단순한 루틴은 누구나 바로 시작할 수 있다. 완벽한 기억력이 없어도 괜찮다. 메모가 빠뜨릴 일을 막아주고, 일정과 우선순위를 정리해 준다.

내일 아침, 업무를 시작하기 전 다이어리를 펴고 오늘 해야 할 일을 한 줄이라도 적어보자. 그 작은 행동 하나가 하루를 정리하고, 일하는 방식을 조금씩 바꿔 놓을 것이다. 이 작은 변화들이 쌓이면 당신은 빠짐없이 일정을 챙기고, 더 효율적으로 일하는 자신을 경험하게 될 것이다. 그 변화는 하루가 아니라 앞으로의 성과 전체를 바꾸게 될 것이다. 이제 남은 과제는 하나다. 그 많은 일들 중 무엇을 먼저 할 것인가? 바로 우선순위다.

"어떻게 그렇게 매일 칼같이 퇴근할 수 있어요?"

내가 직장 생활을 하며 자주 들었던 질문이었다. 나는 아침마다 사무실 불을 제일 먼저 켜고 들어오는 직원이었지만, 저녁이 되면 늘 가장 먼저 인사하고 정확히 5시 정각에 퇴근했다. 그런데도 팀 안에서 맡은 역할은 많았고, 성과 역시 꾸준히 상위권을 유지했다. 단순히 일찍 퇴근하는 사람이 아니라, 누구보다 효율적으로 일하는 직원으로 평가받았다.

그 비결은 다름 아닌 '우선순위를 파악하는 힘'이었다. 수많은 업무와 요청이 몰려들었지만, 나는 그중 어떤 일을 먼저 처리하고, 어떤 일은 뒤로 미뤄도 되는지를 빠르게 구분했다. 덕분에 같은 시간을 쓰더라도 진짜 중요한 일에 집중할 수 있었고, 퇴근 시간 안에 오늘 해야 할 일은 대부분 깔끔하게 마무리할 수 있었다. 나에게 중요한 것은 단순히 시간을 지키는 데 있지 않았다. 업무의 무게와 순서를 읽어내는 능력. 그것이 내가 효율과 성과를 동시에 유지할 수 있었던 핵심 역량이었다.

많은 직장인들이 흔히 빠지는 함정이 있다. 바로 '급한 일 = 중요한 일'이라는 착각이다. 전화가 울리면 바로 받느라 손에 잡은 일을 놓치고, 메신저 알림이 뜨면 당장 답변을 보내느라 집중력이 끊긴다. 그렇게 눈앞의 급한 일들만 처리하다 보면 하루는 정신없이 흘러가지만, 정작 중요한 일들은 뒤로 밀린다.

늘 '시간이 부족하다'고 말하는 사람들이 많다. 실제로는 일이 너무 많아서가 아니라, 우선순위 없이 일을 처리하기 때문인 경우가 대부분이다. 급한 일에 끌려다니면 하루 종일 바쁘게 움직였다는 사실만 남고, 정작 가장 중요한 결과물은 빠져버린다. 같은 시간을 써도 어떤 사람은 성과를 남기고, 어떤 사람은 소진감만 남기는 이유가 바로 여기에 있다. 문제는 일이 아니라, 우선순위 없는 처리하는 방식이다. 이것이 효율을 가장 크게 무너뜨린다.

하루 성과를 가르는 사분면

구분	긴급함	긴급하지 않음
중요함	A 긴급하고 중요한 일	B 중요하지만 긴급하지 않은 일
중요하지 않음	C 긴급하지만 중요하지 않은 일	D 긴급하지도 중요하지도 않은 일

업무의 우선순위를 파악하는 가장 기본적인 방법은 일을 네 가지로 구분하는 것이다.

A. 긴급하고 중요한 일: 지체 없이 처리한다.

B. 중요하지만 긴급하지 않은 일: 매일 일정한 시간을 확보해 조금씩 진행한다.

C. 긴급하지만 중요하지 않은 일: 신속하게 처리하거나 가능하면 위임한다.

D. 긴급하지도 중요하지도 않은 일: 과감히 줄이고 정리한다.

이 방식은 중요함과 긴급함을 기준으로 일을 나누는 방법으로, 일명 '아이젠하워 매트릭스'로 널리 알려져 있다. 단순하지만 실무에서 바로 활용할 수 있을 만큼 강력하다. 내용을 자세히 설명하면, 다음과 같다.

(1) 긴급하고 중요한 일

바로 처리하지 않으면 큰 문제가 발생하는 업무다. 이 영역은 미루면 손해가 눈앞에 보이기 때문에 가장 먼저 집중해야 한다. 다만, 하루 대부분을 여기에만 쓰면 늘 긴급 상황에 끌려 다니는 패턴이 만들어진다.

예시: 오후까지 제출해야 하는 경영 보고서, 계약 마감일이 오늘인 클라이언트 미팅.

내 사례: 지원서 마감일이 오늘이라 추가 서류를 급히 제출해야 했던 경험, 출국을 앞둔 학생의 기숙사 배정 오류를 즉시 해결해야 했던 경우.

(2) 중요하지만 긴급하지 않은 일

당장은 시급하지 않지만, 장기적으로 성과와 성장을 좌우하는 업무다. 나는 이 영역을 '꾸준함의 영역'이라 부른다. '나중에 해도 된다'는 이유로 미루기 쉽지만, 커리어의 격차는 결국 이 영역에서 벌어진다. 매일 시간을 확보해 조금씩 쌓아가야 한다.

예시: 장기 프로젝트 기획, 자격증 공부, 주요 고객과의 관계 관리.
내 사례: 내년 모집 시즌 대비 설명회 기획, 상담 매뉴얼 개선 작업.

(3) 긴급하지만 중요하지 않은 일

빨리 대응은 필요하지만, 성과에 직접적인 영향을 주지 않는 일이다. 이 일들은 말 그대로 '시간 도둑'이라 불릴 만하다. 이런 일들은 오래 붙잡고 있을수록 오히려 방해되므로 신속히 처리하거나, 가능하다면 위임하는 것이 가장 좋다.

예시: 단순 서류 재출력, 사무용품(A4용지, 프린터 토너 등)주문
내 사례: 이미 정리된 탬플릿의 메일 발송, 단순 안내 메신저 발송

(4) 긴급하지도 중요하지도 않은 일

겉으로는 바쁘게 보일 수 있지만, 성과에는 아무런 기여를 하지 않는다. 의식하지 않으면 은근히 많은 시간을 빼앗기기 때문에 가장 경계해야 할 영역이다.

예시: 불필요하게 길어지는 미팅, 업무 중 반복적으로 확인하는 SNS
내 사례: 단순 홍보메일 읽기, 잡담으로 인해 길어지는 파트너사와의
        미팅

많은 사람들이 **A 긴급하고 중요한 일** 과 **C 긴급하지만 중요하지 않은 일**에 매달려 처리하느라 하루를 보낸다. 하지만 진짜 성과는 **B 중요하지만 긴급하지 않은 일**에서 나온다. 당장은 눈에 띄지 않아도, 꾸준히 시간을 투자한 B 영역의 업무가 미래의 차이를 만든다. 따라서 우선순위는 명확하다.

결국 일을 잘한다는 것은 더 많은 일을 하는 것이 아니라, 무엇을 먼저 하고 무엇을 하지 않을지를 선택하는 것이다. 이 선택하는 힘은 퇴근할 때 남는 성과를 결정짓는다.

내가 다니던 회사에서는 매달 독서 모임이 있었다. 업무와 직접적인 관련은 없어 보였지만, 그 시간을 우선순위에서 '중요한 영역'으로 분류하고 꾸준히 주어진 책을 읽으며 참여했다. 덕분에 다른 부서 동료들과 자연스럽게 교류할 수 있었고, 내가 속한 분야의 관점만이 아니라 다른 부서의 시각과 문제 해결 방식을 이해할 수 있었다. 또한 경영서나 자기계발서를 함께 읽으면서 단순히 직원으로서 시각을 넘어, 실제 운영자나 경영자의 관점으로 사고를 확장할 수 있었다.

물론 바쁜 업무 중에 시간을 내어 책을 읽고 이해하며, 내 삶에 어떻게 적용할지 고민하는 과정은 쉽지 않았다. 하지만 그 노력을 지속하자 업무에도 분명 도움이 되었다. 읽은 내용을 정리하며 사고가 또렷해 졌다. 또한, 고객 상담이나 프로젝트를 준비할 때 더 넓은 시야로 접근할 수 있었다. 문제 상황을 단기적 대응이 아닌 장기적인 전략 차원에서 풀어낼 수 있는 새로운 아이디어가 떠오르기도 했다.

간헐적으로 진행된 '저자와의 만남'이나 『*세븐 해빗(7 Habits)*』같은 내부 교육도 마찬가지였다. 처음에는 당장 눈앞의 보고서 작성이나 고객 상담 준비보다 덜 시급해 보였지만, 꾸준히 시간을 투자하자 효과가 분명히 드러났다. 실제로 저자 강연에서 들었던 사례나 교육에서 배운 원칙들은 고객 상담 시 설득력을 높여 주었고, 팀 프로젝트에서도 문제를 단순히 처리하는 데서 그치지 않고 더 전략적으로 접근하는 데 도움을 주었다.

이런 경험을 통해 나는 깨달았다. '급하지 않지만 중요한 일'에 시간을 꾸준히 투자해야, 오늘의 효율과 미래의 성장을 동시에 챙길 수 있다는 사실을. 우선순위를 정한다는 것은, 단순히 급한 일을 처리하는 기술이 아니라 미래를 준비하는 방식이기도 했다.

이제 중요한 것은 이 원칙을 매일의 루틴으로 만드는 것이다. 다음의 단계에서 그 방법을 살펴보자.

(1) 아침 5분, 오늘의 4분면 체크

업무 시작 전 다이어리를 펴고 각 업무리스트 옆에 A~D 를 적는다. 단순한 표기만으로도 오늘 무엇에 집중해야 하는지가 선명해진다.

혹은 다이어리 자체를 4사분면으로 나누어 놓고 업무리스트를 적으면서 동시에 분류해서 알맞은 칸에 넣는 것도 방법이다.

(2) A 영역(긴급하고 중요한 일) 빠르게 처리하기

보고서 마감, 고객 미팅, 시스템 장애 대응처럼 즉시 처리하지 않으면 큰 문제가 생기는 업무는 반드시 하루의 초반에 짧게 집중해 바로 처리해야 한다. 다만 여기에만 매달리면 늘 긴급 상황에 끌려 다니게 된다. 중요한 것은 '완벽하게'가 아니라 '빨리 끝내고 다른 영역으로 넘어가는 것'이다.

(3) B 영역(중요하지만 긴급하지 않은 일) 시간 확보하기

매일 최소 30분~1시간을 확보해 이 영역에 투자하는 것이 필요하다. 이 영역은 내가 시간을 따로 정해 의식적으로 지키지 않으면, 업무 특성상 계속해서 뒤로 밀리기 쉽다. 자기계발 독서, 프로젝트 구체화, 가망고객 관리 같은 일들이 여기에 해당한다. 당장은 성과가 보이지 않더라도, 이 시간이 꾸준히 쌓일 때 미래의 차이를 만든다.

(4) C 영역(긴급하지만 중요하지 않은 일) 신속 처리 또는 위임하기

이메일이나 메신저 답변(FAQ와 같은 단순정보)처럼 즉각적인 반응이 필요한 일들, 행정 업무나 사무용품 주문처럼 쌓이면 방해가 되는 일들은 신속히 처리하거나 여건이 된다면 위임하는 것이 바람직하다. 특히 반복되는 업무는 기준을 세워 자동화해 두면, 불필요한 시간 소모를 크게 줄일 수 있다.

(5) D 영역(급하지도 중요하지도 않은 일) 의도적으로 줄이기

불필요하게 길어지는 잡담이나 무심코 여는 SNS, 의미 없이 이어지는 인터넷 검색은 하루의 집중력과 시간을 갉아먹는다. 이 영역의 일들은 의식하지 않으면 쉽게 시간을 빼앗기기 때문에, 알림을 차단하거나, 미팅 안건을 미리 공유하는 등 의도적인 장치를 통해 관리하며 줄여 나가야 한다.

- 업무 중 요청 관리 -

업무 중 갑작스러운 요청이 들어와도 당장 처리하려 들지 말고 다이어리에 기록한다. A~D 중 어디에 해당하는지 표시한 뒤, 오늘 처리할지 내일로 넘길지 결정한다. 이렇게 하면 현재 하던 일의 흐름을 끊지 않으면서도 새로운 업무 역시 놓치지 않을 수 있다.

하루가 끝날 무렵 다이어리를 다시 열어 A~D 표시된 업무를 점검한다. 처리한 것은 체크하고, 남은 일은 내일 페이지로 옮겨 적는다. 이 과정을 통해 하루가 깔끔히 정리되고, 다음 날 아침 시작도 훨씬 가벼워진다.

우선순위를 정하지 않으면 하루는 언제나 급한 일에 끌려 다니며 흘러간다. 하지만 무엇을 먼저 하고, 무엇을 뒤로 미룰지를 의식적으로 구분하는 순간 하루는 달라진다. 같은 시간을 쓰더라도 성과가 남는 사람과 그렇지 못한 사람의 차이는 결국 이 판단에서 갈린다.

내일 아침, 업무 시작 전 오늘의 할 일들을 적을 때 옆에 A~D를 덧붙여 보자. 단순히 리스트를 만드는 데서 그치지 않고, 어떤 일을 먼저 처리할지 선택하는 순간 하루 전체의 방향이 달라진다. 작은 표시 하나가 집중력을 살리고, 불필요한 일에 끌려 다니지 않게 해줄 것이다. 꾸준히 이 루틴을 이어간다면, 당신은 바쁘기만 한 직장인이 아니라 성과를 주도하는 전문가로 자리 잡을 수 있다. 중요한 것은 시간을 얼마나 쓰느냐가 아니라, 시간을 어디에 쓰는가를 선택하는 힘이다.

기억하자. 일의 양이 아니라, 순서를 정하는 힘이 성과를 만든다.

3 │ 시간을 블록화해서 업무 집중 시간을 만들어라

심리학자 칼 뉴포트는『딥 워크』에서 이렇게 말했다. '몰입은 현대 사회에서 가장 희소한 자원이며, 집중된 단위 시간을 확보한 사람만이 성과를 낼 수 있다.'

하루를 돌아보면 우리는 분명 바쁘게 일했지만, 진짜로 몰입해 성과를 남긴 시간이 얼마나 될까? 결국 중요한 건 '얼마나 오래 일했느냐'가 아니라, '얼마나 깊이 집중할 수 있는 시간 블록을 확보했느냐'다. 같은 시간을 써도 효율과 성과는 전혀 달라진다.

우리가 하는 업무는 크게 두 가지로 나눌 수 있다. 하나는 '사고 계열 업무', 또 하나는 '작업 계열 업무'다. 이 두 가지를 구분할 수 있어야 하루의 시간을 더 효율적으로 설계할 수 있다.

사고 계열 업무는 높은 집중력과 창의적 사고가 필요한 일이다. 전략을 세우고, 새로운 아이디어를 발굴하고, 보고서를 쓰고, 중요한 문제를 분석하는 일들이 여기에 속한다. 이런 업무는 단순히 '자리에 오래 앉아 있는 시간'만으로 해결되지 않는다. 두뇌가 맑고 몰입이 가능한 상태에서만 비로소 성과로 이어진다.

사고 계열 업무는 한 번 방해를 받으면 다시 몰입하는 데 상당한 시간이 걸린다. 여러 연구에 따르면, 한번 방해를 받은 뒤 원래 업무로 돌아가 몰입 상태를 회복하는 데 평균 약 23분이 소요된다. 한창 기획안을 쓰다 갑자기 전화가 걸려오면, 대화를 마치고 다시 글을 이어가는 데 긴 시간이 걸리는 이유다. 이런 업무일수록 가장 집중력이 높은 시간 블록에 배치해야 한다.

반대로 작업 계열 업무는 반복적이고 절차적인 성격이 강하다. 이메일 답변, 고객 전화 응대, 문서 정리, 회의 일정 공유 같은 일들이다. 사고 계열만큼 깊은 사고력은 필요하지 않기 때문에 집중력이 다소 떨어지는 시간대에도 무리 없이 처리할 수 있다. 따라서 작업 계열 업무는 상대적으로 집중력이 덜 요구되는 시간대에 배치하면 좋다. 사람마다 리듬은 다르지만, 중요한 건 사고 계열과 작업 계열을 구분해 서로 다른 시간 블록에 배치하는 일이다.

회사에 다니던 시절에도 나는 이 원칙에 따라 하루를 블록화해 왔다. 중요한 것은 사고 계열과 작업 계열을 구분해 서로 다른 시간 블록에 배치하는 일이었다. 아침처럼 머리가 가장 맑은 시간에는 기획안을 작성하거나 보고서를 다듬는 사고 계열 업무를 배치했고, 오후에는 이메일 답변이나 고객 응대처럼 비교적 가벼운 작업 계열 업무를 처리했다. 같은 시간을 쓰더라도 어디에 배치하는가에 따라 진도와 집중도의 차이가 분명하게 나타났고, 하루의 흐름도 훨씬 안정적으로 유지됐다.

퇴사 후 지금의 생활에서도 이 원칙은 크게 달라지지 않았다. 원고를 집필하는 요즘에는 오전 시간을 글을 쓰고 아이디어를 정리하는 사고 계열 업무에 집중하고, 오후에는 은행 업무나 장보기처럼 실행 중심의 일을 배치한다. 일의 형태와 환경은 바뀌었지만, 사고가 필요한 시간과 실행에 적합한 시간을 구분해 사용하는 방식은 여전히 나의 집중력과 성과를 지켜주는 핵심 루틴으로 남아있다.

이러한 루틴은 단순한 개인 취향만은 아니다. 영국 버밍엄 대학 연구팀은 2018년 『Sports Medicine - Open』학술지 논문에서, 아침형 사람의 경우 기상 후 오전 시간대에 인지 기능과 집중력이 가장 높다고 밝혔다. 또

2023년『Frontiers in Psychology』에 실린 리뷰 논문 역시 기상 직후 몇 시간 동안 두뇌의 각성 수준과 사고력이 가장 활발하다고 정리했다. 이처럼 집중력은 의지의 문제가 아니라, 시간대에 따라 자연스럽게 달라지는 특성에 가깝다. 나 역시 '오전 집중 블록'이 내 업무에서 성과를 내는 데 큰 힘이 되었다.

내가 함께 일하던 한 동료는 늘 "오전에는 도무지 집중이 안 된다"고 말하곤 했다. 실제로 그녀는 오후 이후에 본격적으로 사고 계열 업무를 시작했다. 나는 사람마다 집중력이 발휘되는 시간대가 다를 수 있다는 점을 충분히 인정한다. 문제는 그녀가 오전 시간을 집중을 회복하거나 오후를 준비하는 시간으로 활용하지 않았다는 데 있었다. 잡담이나 인터넷 서핑, 간헐적인 고객 전화 응대 등으로 시간을 보내다 보니, 오후에 몰입을 해도 여전히 작업 계열 업무들이 남았다. 결국 그녀는 늘 야근을 하며 일에 끌려 다니는 패턴을 벗어나지 못했다.

사람마다 집중력이 오르는 시간대는 다르다. 어떤 이는 아침형이고, 또 어떤 이는 오후가 되어야 집중이 시작되기도 한다. 중요한 것은 어느 시간대가 더 좋으냐가 아니라, 그 리듬을 기준으로 일을 배치하고 유지하느냐는 점이다. 사고 계열과 작업 계열을 구분해 블록화하면 집중과 효율을 높이고, 성과가 남는 하루를 만들 수 있다.

또 하나 놓치기 쉬운 시간이 있다. 바로 퇴근 직전의 30~40분이다. 많은 사람들이 이 시간을 별도의 블록으로 남겨두지 않는다. 그러다 갑작스러운 요청이 몰리면 허겁지겁 정리하다가 퇴근이 늦어진다. 성과보다 에너지를 더 쓰게 되고, 하루의 마무리가 깔끔하지 않게 끝나 버린다.

오늘 해야 할 일의 시간을 블록화할 때 이 구간을 의도적으로 비워두면 좋다. 이 시간은 예기치 못한 일을 소화할 수 있는 여유 공간이 된다. 가장 급한 일을 정리하고 나면 하루를 내가 주도적으로 마무리했다는 확실한 결과를 가질 수 있다. 짧지만 꼭 필요한 이 한 블록이 하루 전체의 완성도를 높여준다.

이제 이 원칙을 하루의 일정 속에 실제로 적용해 볼 차례다. 시간 블록화는 거창한 계획이 아니라, 단순한 구분에서 시작된다. 오늘 하루를 더 주도적으로 만들고 싶다면 아래 단계를 따라가 보자.

1단계. 오늘 할 일을 분류한다.

아침에 할 일을 적은 업무 리스트를 보며 사고 계열과 작업 계열로 나눈다.

사고 계열: 보고서 작성, 고객 데이터 분석, 기획안 작성, 제안서 준비 등 높은 집중력이 필요한 일.

작업 계열: 이메일 답변, 회의 일정 공유, 문서 정리, 고객 응대 등 절차적이고 반복적인 일.

하루를 이렇게 나누는 것만으로도 '어떤 일을 언제 배치해야 할지'가 자연스럽게 눈에 들어온다.

2단계. 나의 리듬을 점검한다.

나는 아침형인가, 오후형인가? 내가 업무 시간 중 집중력이 가장 잘 발휘되는 시간대를 먼저 체크한다.

아침형이라면 출근 후 바로 오전 시간, 오후형이라면 점심 식사를 마친 오후 시간을 사고 계열 업무를 하는 블록으로 정하는 것이 적합하다.

'나에게 맞는 황금 시간대'를 알아내야 블록화가 힘을 발휘한다.

3단계. 집중 계열의 업무를 처리한다.

하루 중 가장 나의 머리가 맑은 시간대에 사고 계열 업무를 처리한다. 이때는 메신저 등의 알림은 꺼두고, 미팅 일정이나 잡무는 피한다. 90분 ~120분 정도로 비교적 길게 확보하면 몰입이 가능하다.

4단계. 작업 계열의 업무를 처리한다.

집중력이 떨어지는 시간대, 예를 들어 점심 직후나 회의가 많은 오후에는 작업 계열 업무를 배치한다. 작업 계열의 업무 역시 반드시 필요한 업무이다. 미뤄두지 말고, 블록화한 시간에 처리하면 시간 낭비를 줄이고 업무 전체의 효율을 높여준다.

5단계. 여유 블록을 남긴다.

업무 배치를 할 때 예상 시간을 생각해 퇴근 전 20~30분은 의도적으로 비워둔다. 이 시간은 갑작스러운 요청이나 긴급 업무를 정리하는 여유 블록이다. 처리가 필요한 모든 업무를 제 시간에 마무리하면, 퇴근 후에도 마음이 가볍고 다음 날 아침이 한결 수월하다.

6단계. 블록 단위로 하루를 돌아본다.

하루가 끝나면 '내가 만든 블록대로 움직였는가?'를 점검한다. 잘 지킨 블록은 무엇이고, 자꾸 깨지는 블록은 언제였는지 기록한다. 이 피드백이 쌓일수록, 나에게 맞는 블록 설계는 점점 정교해진다.

- 시간 블록은 꼭 1~2시간 단위일 필요가 없다. 30분 단위로 잘라 내도 충분하다.
- 중요한 것은 "업무를 구분해 적합한 시간대에 담는 습관"이다.
- 하루만 시도해도 시간이 더 길게 느껴지고, 성과가 눈에 보이는 경험을 하게 된다.

우리는 모든 시간에 똑같은 집중을 기대할 수는 없다. 누구나 피로가 쌓이고, 집중력이 오르락내리락하는 리듬을 가지고 있다. 중요한 것은 그 리듬을 억지로 바꾸려 애쓰는 것이 아니라, 이해하고 거기에 맞춰 시간을 배치하는 일이다. 사고 계열과 작업 계열을 구분해 블록화하여 업무를 하면, 같은 8시간이라도 성과는 분명히 달라진다.

내일부터는 단순하게 시도해 보자. 오늘의 사고 계열 업무 블록, 오늘의 작업 계열 업무 블록을 나누는 것만으로도 하루의 효율은 크게 달라진다. 마지막 30분을 여유 블록으로 남겨두는 것도 잊지 말자. 이렇게 블록을 구분해 두면, 불필요한 허비는 줄고 성과는 눈에 띄게 달라진다. 내일을 바꾸고 싶다면, 오늘의 블록부터 바꿔라. 성과는 그 작은 선택에서 시작된다.

아침에 컴퓨터를 켜고 제일 먼저 받은 편지함을 연다. 아직 오늘의 업무 계획도 세우지 않았는데, 벌써 수십 통의 메일이 눈앞에 쏟아진다. 사내 메신저와 PC에서 바로 뜨는 알림도 끊임없이 깜빡인다. 불과 몇 년 전만 해도 상사에게는 직접 보고를 하고, 고객 문의는 주로 전화로 받았다. 그러나 이제는 대부분의 소통이 이메일과 메신저로 이루어진다. 빠르고 간편해진 만큼, 시도 때도 없이 쏟아지는 요청 때문에 정신없이 하루를 시작하는 경우가 많다.

나 역시 얼마 전까지 다니던 회사에서 메신저와 이메일에 휘둘리는 경험을 자주 겪었다. 중요한 보고서를 작성하다가도 알림창이 뜨면 반사적으로 반응했고, 흐름이 끊겨 다시 집중하는 데 오랜 시간이 걸렸다. 가끔은 정작 처리해야 할 큰 과제는 그대로인데, 받은 편지함만 비워진 채 하루가 흘러가곤 했다. 하루 일과를 마치고 나면 "오늘 내가 제대로 한 일이 뭐였지?" 하는 허무함만 남았다. 이메일과 메신저가 업무 도구가 아니라 내 시간을 끊임없이 갉아먹는 방해물처럼 느껴질 때가 많았다.

혹시 당신도 하루의 절반을 이메일 확인과 메신저 응답에 쓰고 있지는 않은가? 알림에 즉각 반응하고, 메시지를 바로 처리하는 모습은 겉으로 보기에는 성실하고 책임감 있어 보인다. 하지만 이메일과 메신저의 문제는 그 존재 자체가 아니라, 우리가 그것들에 즉각 반응해야 한다고 믿는 태도에 있다. 새 알림이 뜨자마자 확인하고 답장을 보내는 습관은 집중의 흐름을 끊고, 성과를 내야 할 시간을 조금씩 잠식한다. 작은 업무를 처리했다는 안도감은 잠깐일 뿐, 정작 중요한 과제는 점점 뒤로 밀린다.

실제로 많은 직장인들은 하루의 상당 부분을 이메일과 메신저 응답에 쏟아붓고 있다. 마이크로소프트의 2025년『Work Trend Index』보고서에 따르면, 직장인들은 하루 평균 100통이 넘는 이메일을 받고 있는 것으로 나타났다. 국내에서도 비슷한 결과가 보고된다. 이스트소프트가 직장인 1,600여 명을 대상으로 진행한 설문조사(2015년)에서는 응답자의 66%가 '개인 메신저를 업무에 사용하면서 스트레스를 경험한다'고 답했다. 또, 취업포털 사람인 조사에서는 직장인 4명 중 1명꼴로 인터넷 메신저 때문에 스트레스를 경험한다고 밝혔다.

연구 결과 역시 이를 뒷받침한다. 마이크로소프트 연구팀은 직장인들의 이메일 사용을 분석해, 이메일에 많은 시간을 쓸수록 생산성은 낮아지고 스트레스 수준은 높아진다는 결과를 발표했다. 또한 2015년 국제 학술지『Computers in Human Behavior』에 실린 캐나다 브리티시 컬럼비아 대학교 연구진의 실험에서는 이메일 확인 빈도를 줄이면 스트레스 수준이 유의미하게 감소하는 것으로 나타났다. 즉, 이메일과 메신저를 자주 확인하는 습관은 단순히 업무 집중을 방해하는 것을 넘어, 성과와 정신적 건강 모두에 부정적 영향을 미친다.

이처럼 업무용이든 개인용이든 직장인들의 메신저와 이메일은 끊임없이 우리를 호출한다. 하루 종일 이런 자잘한 요청에 반응하다 보면 중요한 보고서나 기획안은 번번이 뒤로 밀린다. 결국 야근이 늘어나지만, 업무 시간이 길어진다고 성과가 함께 늘어나는 것은 아니다. 남는 것은 피로와 스트레스뿐, 집중력은 점점 떨어져 효율은 오히려 악화된다.

그렇다면 해법은 무엇일까? 알림을 무작정 무시할 수는 없다. 중요한 것은 확인 시점을 정해 주도권을 되찾는 것이다. 원칙은 단순하다. 알림이 울릴 때마다 반사적으로 반응하는 대신, 내가 확인할 시간을 정하고 그때 처리하는 것이다. 중요한 것은 알림에 끌려가는 것이 아니라, 내가 정한 시간에 반응하는 태도다.

나 역시 얼마 전까지 직장생활을 할 때 이 원칙을 루틴으로 정했다. 고객 관련 메신저와 이메일은 오전 1번과 오후 2번, 하루 세 차례 확인하는 고정 루틴을 만들었다. 그 외의 시간에는 알림을 꺼두고 중요한 업무에 몰입했다. 긴급하지 않은 메시지는 업무일지에 기록해 두었다가 정해진 확인 시간에 모아서 답변하거나 조치했다. 외부 고객들에게는 내가 메일과 메신저를 확인하는 시간이 정해져 있다는 점을 사전에 안내했다. 처음에는 혹시 불만을 표하지 않을까 걱정했지만, 실제로는 예상과 달랐다. 오히려 고객들은 약속된 시간에 정확히 답변이 오는 것을 더 신뢰했고, 나 역시 긴장감 없이 중요한 업무에 집중할 수 있었다.

나의 경험은 하나의 예시일 뿐이다. 중요한 것은 누구나 이메일과 메신저에 끌려 다니지 않고, 자신에게 맞는 확인 기준과 처리 방식을 설정해 주도권을 되찾을 수 있다는 점이다. 그렇다면 이 원칙을 일상에서는 어떻게 적용할 수 있을까? 지금부터 단계별로 실천할 수 있는 방법을 살펴보자.

1단계: 현재 패턴 기록하기

루틴은 현실을 직시하는 것에서 출발한다. 우선 자신이 이메일과 메신저를 얼마나 자주 확인하는지 객관적으로 기록해보자. 하루 동안 확인 횟수를 세어보거나, 스마트폰의 스크린 타임 기능을 활용하는 것도 방법이다. 대부분은 예상보다 훨씬 자주 확인하고 있다는 사실에 스스로 놀라게 된다. 이 단계에서 중요한 것은 자책이 아니라 현실을 있는 그대로 파악하는 것이다. 그래야 변화의 출발점을 정확히 알 수 있다.

2단계: 확인 시간 정하기

다음은 하루 중 이메일과 메신저를 확인할 시간을 정하는 것이다. 예를 들어 오전 한 번, 오후 두 번처럼 2~3차례가 적당하다. 고객 응대가 많은 직무라면 횟수를 늘릴 수도 있지만, 중요한 원칙은 '정해진 시간에만 확인한다'는 것이다. 각 확인 시간은 30분이내로 제한하면 효과적이다.

3단계: 알림 끄기

루틴을 지키려면 방해 요인을 차단해야 한다. 가장 먼저 해야 할 일은 알림을 끄는 것이다. PC와 스마트폰의 이메일·메신저 알림을 모두 꺼두자. 처음에는 "중요한 메시지를 놓치면 어쩌지?" 하는 불안감이 밀려올 수 있다. 그러나 실제로 정말 긴급한 일은 전화로 오는 경우가 대부분이다. 경험해보면, '긴급해 보이는' 메시지 상당수는 몇 시간 뒤에 처리해도 문제가 없다.

4단계: 미리 알리기

루틴의 목표는 단순히 나를 위한 약속에 그치지 않는다. 궁극적으로 일을 더 정확하고 효율적으로 잘하기 위한 방식이다. 그렇기 때문에 내 루틴이 동료나 고객과의 협업을 방해해서는 안 된다. 루틴은 혼자만의 편의를 위한 장치가 아니고, 협업을 방해하지 않도록 설계되어야 한다.

협업을 원활하게 하려면 내가 언제 메일과 메신저를 확인하는지 미리 알리고, 긴급한 상황에서 사용할 수 있는 대체 연락 수단을 함께 안내하는 것이 필요하다. 예를 들어 '이메일과 메신저는 오전·오후 일정 시간에 확인합니다. 긴급한 사안은 전화로 부탁드립니다.'라는 문구를 이메일 서명이나 메신저 상태 메시지에 남겨두는 방식이다. 이렇게 하면 불필요한 오해를 줄일 수 있을 뿐 아니라, 업무 방식에 대한 신뢰도 함께 쌓을 수 있다.

이 원칙은 내부 동류 뿐만 아니라 외부 고객에게도 동일하게 적용된다. 업무 효율성을 높이기 위해 메신저 확인 시간을 정해 두었다는 점을 사전에 공유하면, 고객 역시 언제 답변을 받을 수 있는지 예측할 수 있어 불필요한 불만이 줄어든다. 약속된 시간에 정확하게 답변을 주는 방식은 고객에게 신뢰감을 주고, 동시에 나에게는 중요한 업무에 몰입할 수 있는 여유를 보장한다.

5단계: 처리 방식 체계화하기

정해진 시간에 이메일과 메신저를 확인했다면, 이제는 처리 순서가 중요하다. 무작정 받은 순서대로 대응하기보다는, 업무 리스트와 중요도 기준을 활용해 처리 방식을 체계화해야 한다.

- 2분 내 응답 가능: 즉시처리
- 시간이 오래 걸리거나 사고가 필요한 사안: 할 일 목록으로 옮기기 -> 우선순위에 따라 다루기
- 단순확인 및 정보전달: 간단 답변 후 종료

여러 사람이 의견을 모아야 하거나 장시간 논의가 필요한 주제라면, 메신저 안에서 길게 이어가기 보다는 별도의 미팅이나 전화 통화로 전환하는 편이 낫다. 메신저는 빠른 확인과 간단한 조율에 쓰고, 중요한 논의는 별도의 시간 블록으로 배치하는 것이다.

이렇게 하면 확인 시간은 단순히 알림을 정리하는 시간이 아니라, 오늘 해야 할 일들을 재분류하고 우선순위를 조정하는 시간이 된다. 결과적으로 메신저와 이메일은 더 이상 '방해 요소'가 아니라, 업무 리스트를 보완해주는 관리 가능한 도구로 전환된다. 이제, 이 루틴을 실행할 때의 주의사항을 확인하자.

첫째, 점진적으로 줄이기

이메일과 메신저 확인 습관은 하루아침에 고치기 어렵다. 하루에 수십 번 확인하던 사람이 갑자기 세 차례로 줄이면 불안감이 커지고 금세 포기

하기 쉽다. 처음에는 절반으로 줄이는 것부터 시작해 점차 간격을 넓혀가자. 작은 변화가 쌓일 때 비로소 루틴이 습관으로 자리 잡는다.

둘째, 완벽주의 버리기

정해진 시간 외에 확인하게 되었다고 해서 실패한 것이 아니다. 중요한 건 100% 완벽하게 지키는 것이 아니라, 점진적으로 바꿔 나가는 것이다. 가끔 원칙에서 벗어나더라도 다시 돌아오면 된다. 루틴은 시험지가 아니라, 내 업무를 더 효율적으로 수행하기 위한 도구이기 때문이다.

셋째, 현실과 유연하게 조율하기

모든 원칙은 상황에 맞게 적용해야 한다. 특히 조직 문화나 팀의 업무 방식과 충돌한다면, 무리하게 고집하기보다 현실적으로 조율하는 태도가 필요하다. 예를 들어 상사가 즉시 답변을 기대하는 분위기라면, 그에 맞춰 일부는 바로 응답하고 나머지는 정해진 확인 시간에 처리하는 식으로 조정할 수 있다. 중요한 건 원칙을 완전히 버리거나 다른 사람을 불편하게 만드는 것이 아니라, 현재의 환경 속에서 협업에 도움이 되면서도 내 집중 시간을 지키는 하는 루틴을 꾸준히 유지하는 것이다.

이메일과 메신저는 직장인에게 없어서는 안 될 도구다. 잘 활용하면 빠른 소통과 효율적인 협업을 가능하게 하고, 필요한 정보를 신속히 주고받는 데 큰 힘이 된다. 그러나 그 도구에 끌려 다니는 순간 상황은 정반대가 된다. 하루는 끊임없는 알림에 잘게 쪼개지고, 정작 중요한 일은 뒤로 밀린 채 사소한 응답에 에너지를 소모하게 된다.

핵심은 단순하다. 도구를 내가 다루는가, 아니면 도구가 나를 지배하는가? 루틴은 바로 이 균형을 회복하기 위한 가장 확실한 방법이다. 확인 시간을 정하고, 알림을 끄고, 협업 상대에게도 원칙을 알리는 작은 습관은 이메일과 메신저를 방해물이 아니라 성과를 뒷받침하는 자원으로 바꿔 준다.

결국 '이메일과 메신저에 휘둘리지 않는 법'을 익힌다는 것은, 단순한 메시지 관리가 아니다. 내 시간을 스스로 선택하고, 집중할 수 있는 환경을 만들어가는 일이다. 내일부터 나만의 루틴을 정해 도구를 내가 다루는 첫걸음을 시작하자. 그 작은 변화가 성과와 여유를 동시에 가져올 것이다.

회사 화장실에서 종종 마주치던 직원이 있었다. 부서도 다르고 이름도 몰랐지만, 그녀는 늘 먼저 밝게 인사하며 눈을 마주쳤다. "안녕하세요!"라는 목소리는 유난히 밝게 들렸고, 나도 덩달아 기분 좋게 인사를 나누며 하루를 시작할 수 있었다.

몇 달 후, 까다로운 고객 컴플레인을 처리하기 위해 다른 부서와 협업해야 하는 상황이 생겼다. 메신저와 이메일로 업무를 조율하다가 알게 된 협업을 할 직원이 바로 그녀였다. '아, 그분!' 하고 얼굴을 알아본 순간, 괜히 마음이 한결 놓이며 묘한 안도감과 반가움이 밀려왔다. 실제로 일을 진행해 보니 차이가 확연했다. 복잡하고 민감한 고객 이슈였음에도 의견을 편하게 주고받을 수 있었고, 중간중간 어려운 상황이 생겨도 "이렇게 해보면 어떨까요?" 하며 자연스럽게해결 방안을 찾아갔다. 관계가 편안하니 성과도 달라졌다.

하루 몇 초의 밝은 인사가 쌓여 '신뢰'라는 자산이 되고, 결국 협업의 질과 성과까지 완전히 바꿔 놓았다. 이렇듯 직장에서의 소통은 단순히 친목을 위하거나 정보를 주고받는 차원이 아니라, 업무 성과와 직결되는 일이다.

그렇다면, 성과와 연결되는 소통의 기본적인 루틴은 무엇일까?

첫 번째 루틴: 관계의 문을 여는 인사

나는 그 답을 '인사'에서 찾았다. 회사 생활에서 가장 자주 반복되는 행동이 인사다. 하루에도 몇 번이고 오가는 말이지만, 대다수는 그 의미를 깊게 생각하지 않는다. 그러나 인사는 단순한 형식이 아니라 관계를 시작하는 신호이며, 협업의 분위기를 결정짓는 출발점이다. 상사가 먼저 인사를 건네는 팀은 대화의 벽이 낮아져 협업이 빠르고 유연하다. 반대로 후배가 먼저 인사를 했는데도 시큰둥하게 반응하는 상사 밑에서는 대화가 위축되고 관계는 차갑게 굳어지기 쉽다. 직장 안팎을 막론하고, 인사는 관계의 첫 인상뿐 아니라 이후의 결과를 모두 좌우한다.

이 원리는 고객 응대에서도 그대로 드러난다. 병원, 은행, 콜센터처럼 처음 인사 한마디가 서비스 만족도에 큰 영향을 미치는 현장들을 떠올려 보면, 직장 내에서도 인사는 단순한 형식이 아니라 관계와 성과를 연결하는 중요한 출발점이라는 사실을 알 수 있다. 작고 짧은 인사가 관계의 분위기를 만들고, 그 분위기가 결국 성과로 이어진다. 인사는 가장 기본적이지만 결코 가볍게 볼 수 없는 소통의 루틴이다.

두 번째 루틴: 대화의 방향을 잡는 질문

인사가 관계의 문을 여는 첫걸음이라면, 그 다음은 대화를 올바른 방향으로 이끄는 질문이다. 직장 내 소통에서 발생하는 많은 문제는 사실 질문이 부족하거나 모호해서 생긴다. 상사가 원하는 방향을 제대로 묻지 않아 밤새 만든 보고서가 엉뚱하게 완성되기도 하고, 마감 기한을 정확하게 확인하지 않아 급히 다시 손보는 경우도 적지 않다. 애쓴 만큼 결과가 어긋나는 건, 질문이 부족했을 때 생기는 일이다.

질문은 단순한 확인 절차가 아니라, 일을 정확하게 파악하고 오해를 막는 가장 확실한 소통 도구다. 직장생활에서 질문이 필요한 순간은 많다.

상사의 요청을 받을 때는 단순히 "네, 알겠습니다."로 끝내지 말고 언제까지, 어느 수준으로 마무리해야 하는지를 명확히 확인해야 한다. 동료와 협업할 때는 "자료가 언제까지 필요해요?" 같은 짧은 질문만으로도 불필요한 혼선을 줄일 수 있다. 후배에게 일을 맡길 때는 "이 부분 이해됐는지, 더 필요한 게 있는지" 묻는 한마디가 지시를 소통으로 바꾼다.

다만 질문은 내용만큼이나 방식도 중요하다. 같은 질문이라도 "왜 이렇게 했어요?"라고 묻는 순간 상대는 방어적으로 굳어 버리기 쉽다. 반대로 "이 부분은 무엇을 기준으로 한 건가요?"라고 물으면 상대방의 판단을 존중하면서도 필요한 정보를 얻을 수 있다. 고객을 응대할 때 역시 "가장 불편한 점이 무엇인지" 묻기보다는, "이번에 가장 기대하는 부분이 무엇인지" 또는 "우선순위로 두고 싶은 점이 무엇인지"를 묻는 것이 더 효과적이다. 긍정적인 질문은 상대의 마음을 열고, 대화의 흐름을 앞으로 나아가게 만든다.

결국 질문은 상대방의 시간을 아끼고, 불필요한 갈등을 예방하며 결과를 원하는 방향으로 이끌어주는 가장 효율적인 소통 루틴이다. 무엇을 묻느냐도 중요하지만, 어떻게 묻느냐가 성과와 관계 두 가지를 함께 지켜준다.

세 번째 루틴: 상대를 배려하는 간결한 소통

질문으로 방향을 잡았다면, 이제는 효율적으로 대화를 이어가는 방법이 필요하다. 직장 생활에서 피로감을 크게 만드는 순간 중 하나는, 대화가 불필요하게 길어질 때다. 내가 경험한 한 상사는 이야기를 시작하면 본론에 들어가기까지 한참이 걸렸다. 메신저로 간단히 끝낼 수 있는 내용도 꼭 전화를 걸어 장황하게 설명했고, 나는 중요한 요점을 찾기 위해 끝까지 들어야 했다. 이런 상황이 반복되니 어느새 그 사람의 요청이 올 때마다 '또 길어지겠구나'라는 피로감부터 앞섰다.

말이 길다고 해서 소통을 잘하는 것은 아니다. 오히려 상대가 핵심을 놓치게 만들고, 업무에 불필요한 부담을 더한다. 특히 자기 이야기를 과도하게 늘어놓는 습관은 업무 효율뿐 아니라 관계에도 부정적인 영향을 준다. 듣는 사람 입장에서는 불필요하게 시간을 빼앗긴다는 생각이 들고, '이 사람은 내 근무 시간을 존중하지 않는다'는 인식으로 이어지기 쉽다. 직장은 친목 모임이 아니라, 일을 하고 성과를 내기 위해 모인 공간이다. 대화의 목적은 관계를 부드럽게 유지하면서도 필요한 일을 명확하게 해내는 데 있다.

반대로 짧고 명확하게 말하는 태도는 단순한 표현 기술을 넘어, 업무 효율과 관계의 신뢰를 동시에 높인다. 결론을 먼저 말하고 필요한 이유를 덧붙이는 방식은 의사결정을 빠르게 만들고, 상대방에게 '이 사람과 대화하면 핵심이 분명하다'는 인식을 남긴다.

이 원칙은 회의뿐 아니라 메신저, 전화, 보고 등 직장 생활 전반에 적용된다. 메신저에서는 첫 줄에 결론을 쓰고, 그 다음에 배경을 덧붙이면 된다. 전화 통화에서는 불필요한 반복을 줄이고 핵심만 짚는 것이 중요하다. 보고서는 위로 갈수록 요약과 결론을 배치하고, 세부 내용은 아래에 정리하면 효과적이다. 채널이 무엇이든 공통의 원칙은 같다. 간결하고 명확한 말은 성과와 관계를 동시에 지켜 준다.

짧고 명확하게 말하는 역량은 타고나는 것이 아니라, 루틴으로 얼마든지 훈련할 수 있다. 다음 몇 가지 팁을 기억해 두자.

(1) 결론부터 말하고, 이유는 짧게 덧붙인다.

예를 들어 "오늘 안에 검토가 필요합니다. 이유는 내일 회의 안건으로 올라가기 때문입니다."처럼, 결론 → 이유 순으로 말하면 듣는 사람이 바로 이해할 수 있다.

(2) 말하기 전, 3줄로 요약한다.

회의나 보고 전에 하고 싶은 말을 미리 메모로 정리해 두면, 불필요한 말은 줄이고 핵심만 남길 수 있다.

(3) 짧되, 퉁명스럽지 않게 말한다.

"이건 아니에요" 대신 "이 부분은 이런 이유로 다른 방법이 더 나을 것 같습니다"라고 하면, 말은 간결하면서도 존중이 담긴다. 짧고 명확하되 상대를 배려하는 말투가 중요하다.

(4) 상대의 시간을 존중한다.

메신저로도 장문의 설명 대신 핵심만 전달하고, 필요할 때 추가 자료를 붙이면 된다. '내가 지금 이 말을 길게 늘어놓음으로써 상대의 근무 시간을 뺏고 있지는 않은가?'를 스스로 점검하는 습관이 필요하다.

짧고 명확하게 말하기는 단순히 말을 줄이는 기술이 아니라, 상대의 집중력과 시간을 존중하는 태도다. 예의 없는 퉁명함이 아니라, 상대가 가장 빠르고 편하게 이해할 수 있는 방식으로 말하는 것. 그것이 진짜 '스마트한 소통'이다.

네 번째 루틴: 소통의 장, 회의를 스마트하게

이렇게 갖춰진 소통의 기본기는 회의에서 진가를 발휘한다. 직장 생활에서 가장 많은 소통이 이루어지는 시간을 꼽으라면 단연 회의 시간이다.

그러나 회의가 항상 성과를 보장하는 것은 아니다. 오히려 불필요하게 늘어지고 피로만 쌓이는 경우가 현실에서는 더 흔하다.

각종 조사들도 이를 뒷받침한다. 대한상공회의소에 따르면 국내 상장기업 직장인의 회의 문화 만족도는 100점 만점에 45점에 불과했다. 성과보다 시간 낭비로 여겨지는 회의가 많다는 의미다. 잡코리아 조사에서도 직장인의 약 70%가 '불필요한 회의가 많다'고 답했다.

그렇다면 왜 이런 현상이 발생하는 걸까? 가장 큰 원인은 준비 부족과 진행 방식의 문제다. 의제가 불분명하거나 자료가 사전에 공유되지 않으면 참석자들은 회의실에서야 처음 상황을 파악하게 되고, 논의는 시작부터 산만해진다. 또 발언이 장황해지면 집중력은 급격히 떨어지고, 핵심은 흐려진다. 결국 시간과 에너지만 소모되는 자리가 되기 쉽다.

회의를 스마트하게 만들기 위해서는 내 역할을 자각해야 한다. 주관자인지, 참여자인지에 따라 실천방식은 다르다. 내가 주관자라면 핵심 의제를 미리 정리해 공유하고, 필요한 자료를 사전에 전달해야 한다. 내용을 회의실에서 처음으로 다루기 시작하면 논의는 길어지고 결론이 흐려지기 쉽다. 진행 중에는 중간마다 논의를 짧게 정리해 주어야 방향을 잃지 않는다. 내가 참여자라면 발언 습관을 점검해야 한다. 장황한 설명보다 결론부터 말하고, 불필요한 반복은 줄인다. 질문은 핵심만 짚고, 의견은 실행 가능한 방안으로 이어지도록 말하는 것이 좋다. 이렇게 하면 회의 진행을 방해하지 않으면서도 성과에 기여할 수 있다.

실용적인 팁도 있다. 회의 시간은 가급적 30분 단위로 끊어 집중력을 잃지 않게 한다. 발언할 때는 배경 설명을 길게 늘어놓기보다 결론 → 이유 → 필요한 요청 순으로 말하면 훨씬 명확하게 전달된다. 회의가 끝난 뒤에는 핵심 결론과 실행 과제를 간단히 정리해 공유한다.

회의는 단순히 시간을 채우는 자리가 아니다. 의사 결정을 내리고 실행 방향을 정하는 과정이며, 조직의 성과와 직접 연결되는 공간이다. 준비와 참여 태도에서의 작은 변화가 쌓이면, 회의를 피곤한 의무가 아니라 진짜 성과를 만드는 소통의 장으로 바뀐다.

직장에서의 소통은 결국 선택의 문제다. 화장실에서 먼저 인사를 건넬 것인가, 무표정하게 지나칠 것인가. 상사의 요청을 "네, 알겠습니다"로만 끝낼 것인가, "언제까지 어느 수준으로 마무리하면 될까요?"라고 명확히 확인할 것인가. 회의에서 장황하게 늘어놓을 것인가, 결론부터 간결하게 전달할 것인가. 이 작은 선택들이 모여 당신의 성과와 관계를 결정한다.

소통은 특별한 재능이 아니라 반복 가능한 루틴이다. 아침마다 밝게 인사하고, 필요한 질문으로 방향을 확인하며, 간결하고 명확한 말로 시간을 아끼는 것. 이 세 가지 루틴만 지켜도 당신은 자연스럽게 '함께 일하고 싶은 사람'이 된다.

내일 아침, 첫 번째 동료를 만날 때부터 시작해 보자. 먼저 밝게 인사하고, 업무 요청을 받을 때는 한 가지 질문을 더하며, 대화에서는 결론부터 말하는 것. 이 작은 변화가 쌓이면, 관계와 성과 두 마리 토끼를 모두 잡은 자신을 발견하게 될 것이다. 스마트한 소통은 거창한 기술이 아니라, 매일 반복하는 작은 루틴에서 완성된다.

"내가 누군지 알아? 홍혜진, 당장 해결책을 내놔. 내가 직접 찾아가겠다!"

입사한 지 얼마되지 않았을 때 들은 전화 한 통이었다. 그 순간 내 몸은 얼어붙었고, 전화기 너머로 쏟아지는 고함과 위협적인 어조는 곧장 가슴을 뒤흔들었다. 상대는 해외에 있는 아들의 문제로 이미 감정이 폭발한 상태였다. '이 분노는 아들을 향한 불안에서 비롯된 것이겠구나'하고 짐작했지만, 그렇다고 해서 내게 쏟아지는 폭언을 정당화될 수는 없었다. 무례한 태도에 당황스러우면서도 억울했다.

나중에 확인해보니 상황은 명확했다. 아들은 학교 규정을 계속 어기고 있었고, 결국 정해진 절차에 따라 제재를 받은 것이었다. 며칠 후 사건은 원인과 결과가 드러나며 일단락되었지만, 처음 전화를 받았던 충격과 긴장은 쉽게 가시지 않았다. 그날 퇴근길 내내 마음이 너덜너덜했고, '앞으로 이 일을 어떻게 계속하지'라는 불안이 스며들었다.

하지만 그 경험이 내 커리어를 끝내진 못했다. 업무를 오래 하다 보니 이런 통화는 드문 일이 아니었고, 오히려 나는 작은 원칙을 세우게 되었다. 감정적으로 대응하지 않을 것, 물리적으로 자리를 옮겨 심호흡 할 것, 그리고 마음이 가라앉은 뒤에 상황을 객관적으로 다시 검토할 것. 단순하지만 꾸준히 이어온 이 루틴 덕분에 비슷한 충돌을 겪어도 중심을 잃지 않을 수 있었고, 그 힘으로 15년에 가까운 시간을 이 일터에서 버텨낼 수 있었다.

직장 생활을 하다 보면 원치 않아도 감정적인 순간이 불쑥 찾아온다. 고객의 무례한 한마디일 수도 있고, 상사와의 의견 충돌일 수도 있다. 때로는 동료의 작은 말투 하나에도 마음이 상하거나, 분노가 치밀어 오르기도 한다. 누구도 피하고 싶지만, 일터에서는 감정의 영향에서 완전히 벗어나기 어렵다.

문제는 그 순간의 감정이다. 격앙된 상태에서는 아무리 좋은 말도 대화가 되지 않고, 아무리 냉정한 사람도 객관적인 판단을 내리기 어렵다. 이성보다 감정이 앞서며, 말과 행동은 쉽게 과장된다. 상대방의 말은 왜곡돼 들리고, 내 의도 역시 제대로 전달되지 않는다. 결국 사소한 불씨가 불필요한 갈등으로 번져가고, 감정의 골은 더 깊어진다.

이럴 때 같은 자리에 억지로 앉아 있으면 상황은 더 악화된다. 답답한 공간, 여전히 이어지는 시선과 긴장 속에서 감정은 식기보다 오히려 증폭된다. 머릿속은 점점 복잡해지고, 불안과 분노는 되레 더 커진다. 마치 끓는 물을 불 위에 그대로 두는 것 같이 감정은 저절로 가라앉지 않는다. 이럴 때 필요한 건 억지로 참고 버티는 것이 아니라, 감정의 온도를 낮출 수 있도록 틈을 주는 것이다.

그 틈을 만드는 가장 확실한 방법이 바로 장소를 전환하는 것이다. 자리를 옮기는 단순한 행동은 생각보다 큰 힘을 가진다. 물리적인 공간에서 벗어나면 긴장이 완화되고, 시선이 바뀌면서 마음이 환기된다. 같은 사무실 안에서라도 복도 끝 창가로 이동하거나 잠시 회의실에 들어가 숨을 고르거나, 가능하다면 건물 밖으로 나가 바람을 쐬는 것만으로도 감정의 강도가 달라진다.

심리학적으로도 이 효과는 분명히 입증된다. 환경 변화는 뇌의 주의(attention) 체계를 새롭게 자극한다. 같은 자리에 오래 머물면 부정적 감정이 반복적으로 증폭되지만, 다른 환경 자극을 받으면 뇌는 새로운 정보에 집중하면서 감정의 무게는 자연스럽게 줄어든다. 즉, 환경 전환이 곧 감정 조절(emotion regulation)로 이어지는 셈이다. 이 원리는 일상에서도 쉽게 실천할 수 있다.

특히 자연을 접할 수 있다면 효과는 배가된다. 최근 주목받는 개념 중 하나가 바로 '그린 엑서사이즈(Green Exercise)'다. 이는 숲이나 공원 같은 자연의 녹색 환경에서 이루어지는 신체 활동을 뜻하는데, 단순히 몸을 움직이는 운동 효과만이 아니라 자연 환경이 주는 회복력이 결합되면서 강력한 시너지를 낸다는 이론이다. 연구에 따르면 숲에서 15분간 걷는 것만으로도 불안과 우울이 줄고, 활력과 긍정적인 기분이 상승한다. 또한 긴장·분노·우울 같은 부정적 감정이 완화되는 결과가 보고되었다.

그린 엑서사이즈의 가장 큰 장점은 스트레스 회복과 정서 조절이다. 잠시 건물 밖으로 나가 바람을 쐬고 가로수의 초록을 바라보거나 혹은 복도 끝 창가에 서서 바깥을 바라보면 심장이 두근거리던 속도가 줄고, 긴장으로 얼어붙었던 생각이 조금씩 풀리기 시작한다. 특히 업무 중 감정이 격앙되거나 긴장이 높아졌을 때, 이처럼 짧은 시간 자연을 만나는 것만으로도 빠르게 회복 효과를 얻을 수 있다.

기업들이 사무실 공간을 설계할 때도 이 원리를 적극적으로 반영한다. 구글이나 애플 같은 글로벌 기업은 업무 공간 곳곳에 성격이 다른 구역을 두었다. 몰입이 필요한 순간을 위한 '포커스 존', 긴장과 피로를 풀 수 있는 '릴랙스 존', 그리고 자유롭게 이동하며 대화할 수 있는 오픈 라운지를 마련해 직원들이 업무 리듬에 맞춰 장소를 전환할 수 있도록 했다. 일부 캠퍼스는 아예 건물 내부에 녹지를 도입하거나 산책로를 만들기도 한다. 이는 단순한 인테리어가 아니다. 장소 전환이 직원들의 감정 조절과 성과에 직결된다는 연구 결과를 실무에 반영한 것이다.

이처럼 장소 전환은 연구와 기업 사례 모두에서 효과가 입증된 방법이다. 그렇다면 우리 같은 직장인들은 어떻게 이 원리를 일상 속에서 활용할 수 있을까?

(1) 바깥으로 나가기

가장 확실하고 빠른 방법은 잠시라도 건물 밖으로 나가는 것이다. 회사 앞 인도, 근처 가로수길, 건물 입구 그늘 아래 등, 멀리 가지 않아도 된다. 중요한 것은 스트레스 받던 그 자리를 벗어나 환경을 바꾸는 일이다. 업무 중 격앙된 순간에는 단 10분 정도라도 밖으로 나가 천천히 걷거나, 가만히 서서 하늘과 나무를 바라보자. 의도적으로 몸의 긴장을 풀며 숨을 고르면, 두근거리던 심장이 안정되고 사고가 차분히 정리된다. 나 역시 고객 항의를 받고 답답함이 가시지 않을 때 건물 밖으로 나와 10분 정도 혼자 걷는 루틴을 자주 활용했다. 바깥 공기를 마시며 걷다 보면 마음이 조금씩 가라앉고, 상황을 한 발 떨어져 바라볼 수 있었다. 그 덕분에 감정에 휘둘리기보다 어떻게 대응할지를 차분히 정리할 수 있었다.

(2) 사무실 안에서 공간 바꾸기

바깥으로 나가기 어려운 상황이라면, 같은 사무실 안에서도 작은 전환을 만들 수 있다. 빈 회의실이나 복도 끝 창가처럼 평소와 다른 장소로 옮겨보자. 의도적으로 공간을 바꾸는 것만으로도 감정은 숨을 고를 틈을 얻는다. 나는 바깥으로 나갈 수 없을 때, 빈 회의실로 가서 창문을 열고 바깥 풍경을 바라보며 천천히 호흡을 고르곤 했다. 들이마시고 내쉬는 단순한 호흡이지만, 답답하던 기분이 풀리고 머릿속이 정리되는 데 도움이 되었다. 가능하다면 목과 어깨를 가볍게 돌리거나 짧게 스트레칭을 더해 보자. 작은 움직임이 몸의 긴장을 풀어주고, 마음도 한결 차분해진다.

(3) 자리를 옮길 수 없을 때 작은 전환하기

때로는 상황이 허락하지 않아 자리를 벗어날 수 없는 순간도 있다. 마감 직전이거나 다음 일정이 이어져 잠시도 자리를 뜨기 어려운 때다. 이럴 때는 같은 자리에서라도 작은 전환을 만들어야 한다. 가장 간단한 방법은 눈을 감고 심호흡을 여러 번 반복하는 것이다. 짧은 호흡 조절만으로도 긴장된 신체가 이완되고, 마음이 진정되는 효과를 얻을 수 있다.

나 역시 자리를 옮길 수 없을 때는 컴퓨터에 열려 있던 모든 창을 닫고 구글 어스로 좋아하는 도시를 찾아 둘러보곤 했다. 잠시 다른 공간에 다녀온 듯한 환기를 통해 답답했던 기분이 누그러지고 감정이 한결 차분해졌다. 이처럼 작은 행동만으로도 효과는 충분하다. 예를 들어 창문을 열어 바깥 공기를 들이마시기, 바탕화면이나 휴대폰에 저장해둔 풍경 사진을 바라보기, 책상 위 화분이나 작은 소품에 시선을 두며 잠시 주의를 환기하기 등이 있다. 짧고 단순한 전환이지만, 감정의 흐름을 다잡고 다시 일로 돌아갈 여유를 만드는 데 충분하다.

(4) 장기적인 루틴으로 만들기

장소 전환은 한 번의 응급처방으로 끝내기보다, 꾸준한 습관으로 만들어야 효과가 크다. 직장 생활을 하다 보면 크고 작은 갈등이나 감정적 상황은 늘 반복되기 마련이다. 그럴 때마다 즉흥적으로 대처하는 대신, 나만의 회복 루틴을 정해두면 흔들림을 크게 줄일 수 있다.

나는 직장을 떠나 집필을 하는 지금, 타인으로 인한 감정적 충돌은 줄어들었지만 스스로를 다스려야 하는 순간들은 여전히 반복된다. 나는 지금도 하루 중 꼭 한 번은 일부러 자리를 옮기는 루틴을 지키고 있다. 바깥 공기를 쐬러 나가거나, 창가에 서서 잠시 숨을 고르거나, 책상 위의 작은 화분을 바라보는 짧은 루틴이다. 단순한 행동 같지만, 이 루틴을 꾸준히 이어오면서 감정적으로 흔들리는 순간을 다루는 힘이 눈에 띄게 커졌다. 또한 장소 전환 외에도 나만의 회복 방법을 장기적으로 갖추는 것이 필요하다. 나는 여러 가지 방법을 시도해 보았고, 특히 네 가지 방법이 꾸준히 도움이 되었다.

- **운동**: 몸을 움직이며 긴장을 해소하는 것
- **독서**: 시선을 전환하고 사고를 확장하는 것
- **감정일기 쓰기**: 마음을 글로 정리하며 스스로를 객관화하는 것
- **셀프 토킹**: 나 자신에게 소리 내어 말하며 감정을 정리하는 것

이런 습관들은 그때그때의 감정을 가라앉히는 데서 그치지 않고, 장기적으로 감정을 관리하고 마음의 균형을 지켜주는 힘이 되었다.

직장 생활은 늘 쉽지 않다. 원치 않게 감정이 격앙되는 순간들이 찾아오고, 때로는 억울함과 분노가 쌓여 스스로가 다치는 경험을 하기도 한

다. 그렇다고 해서 그때마다 감정대로 행동할 수도 없고, 그렇다고 일을 그만두고 도망칠 수도 없다. 그래서 더 힘들고 더 지치는 것이 직장인의 현실이다.

이럴 때 필요한 것은 완벽한 해법이 아니라 작은 균형을 지키는 힘이다. 자리를 옮겨 잠시 숨을 고르고, 바깥 공기를 마시며 마음을 가라앉히는 단순한 루틴이 바로 그 힘이 된다. 그렇게 매 순간 마음을 다잡고 다시 일에 집중하다 보면, 어느새 스스로도 놀랄 만큼 단단해진 자신을 발견하게 된다.

장소 전환은 사소해 보이지만, 결국은 직장 생활을 오래, 더 나아가 잘하게 해주는 중요한 루틴이다. 감정에 무너지는 대신 차분히 다스리며, 포기하지 않고 꾸준히 나아가는 힘. 그것이 당신을 지켜주고, 포기하지 않고 꾸준히 일과 삶을 끝까지 수 있게 하는 버팀목이 되어 줄 것이다.

나를 만나는 시간은 '남는 시간'이 아니라 반드시 '의도적으로 내어야 하는 시간'이다.

우리는 하루 종일 다른 사람들과 연결된 채 살아간다. 아침에 출근해 동료와 협업하고, 회의와 보고로 시간을 보낸다. 고객과의 상담과 응대에도 에너지를 쏟는다. 점심시간에는 동료와 함께 식사하며 대화를 이어가고, 퇴근 후에는 가족과 지인, 혹은 또 다른 약속이 기다리고 있다. 여기에 메신저와 SNS 알림까지 더해지면, 하루가 끝날 때까지 타인의 요구와 기대에서 완전히 벗어나기는 어렵다.

이렇게 늘 누군가와 얽혀 지내다 보면 정작 가장 중요한 '나 자신과의 만남'은 쉽게 뒤로 밀려난다. 내가 지금 어떤 상태인지, 무엇을 원하는지 돌아볼 겨를조차 없다. 다른 사람의 시선과 필요에 맞추다 보면, 나는 점점 내 삶의 주인이 아니라 반응만 하는 존재로 변해간다.

그래서 의도적으로 나를 위한 시간을 확보해야 한다. 단 몇 분이라도 오롯이 나와 마주하는 시간이 있어야, 내 삶의 중심을 잡고 내가 원하는 방향으로 이끌 수 있다. 그 시간을 나는 '밋:미(meet me) 타임'이라 부른다. 짧지만 강력한 루틴, 내 삶의 균형을 잡는 가장 확실한 방법이다.

내가 정의하는 '밋:미(meet me) 타임'은 단순히 잠깐 쉬는 시간이 아니다. 회의와 대화, 요청과 응답으로 가득한 하루 속에서 외부의 요구를 내려놓고, 오롯이 나 자신과 마주하는 시간이다. 이 시간에는 다른 사람의 시선이나 기대를 잠시 끊어내고, 내가 지금 어떤 상태인지, 무엇을 원하는지를 점검할 수 있다. 다시 말해, '밋:미 타임'은 자기 자신과 만나는 시간이다.

짧은 시간이라도 자신의 마음 상태를 돌아보고 생각을 정리하면, 내가 미처 몰랐던 나의 감정을 알아차리게 된다. 외면해 왔던 마음을 마주하게 되기도 한다. 그렇게 스스로를 점검하는 순간이 쌓이면 스트레스는 그만큼 조절할 수 있고, 불필요한 소진도 줄일 수 있다. 직장인처럼 하루 대부분을 타인과 얽혀 지내는 사람일수록 이런 짧은 자기 점검은 번아웃을 예방하는 현실적인 장치가 된다.

매일 꾸준히 시간을 내면 좋겠지만, 현실적으로 쉽지 않다. 일주일에 두 번이면 충분하다. 부담스럽지 않게 지킬 수 있으면서도, 효과는 분명히 체감할 수 있는 횟수다. 중요한 것은 길이나 횟수가 아니라, 의도적으로 나와 만나는 시간을 나의 일정에 포함시키는 것이다. 꾸준히 반복될 때, '밋:미 타임'은 단순한 휴식이 아니라 내 삶의 균형을 지켜주는 루틴으로 자리 잡는다.

직장인이라면 누구나 느끼듯, 퇴근 후에는 자기 시간을 확보하기가 쉽지 않다. 피곤에 지쳐서 집에 돌아가면 가족과의 시간이나 약속 등으로 하루는 금세 소진된다. 그래서 '나를 위한 시간'은 늘 머릿속에만 있고, 실제로는 미뤄지기 일쑤다. 나 역시 처음에는 '주말에 몰아서 하자' 혹은 '퇴근 후에 하면 되지'라고 생각했지만, 현실은 그렇게 흘러가지 않았다. 결국 시간을 따로 떼어내지 않으면 나만의 루틴은 자리 잡을 수 없다는 사실을 깨달았다.

그 대안으로 내가 찾은 방법이 바로 점심시간이다. 점심시간은 누구에게나 주어지는 고정된 시간이고, 업무와 일상 사이에서 잠시 숨을 고를 수 있는 가장 현실적인 틈이다. 동료들과 함께 식사하며 교류하는 시간도 물론 의미가 있지만, 일주일에 최소한 두 번은 의도적으로 혼자 보내기를 권하고 싶다. 단 두 번만으로도 머릿속이 정리되고, 마음이 리셋되는 감각을 분명히 느낄 수 있다.

실제로 잡코리아의 직장인 점심시간 활용 조사에 따르면, 응답자의 84.2%가 식사 외에도 다른 활동을 한다고 답했다. 그중 산책(49.3%)이나 휴식(35.8%)이 가장 많았고, 일부는 독서나 운동으로 시간을 보내며 만족감을 얻는다고 했다. 같은 점심시간이라도, 어떻게 활용하느냐에 따라 하루의 흐름과 컨디션은 크게 달라진다.

'밋:미(meet me) 타임'을 어떻게 보낼지는 정해져 있지 않다. 중요한 것은 타인과의 연결고리, 내가 해야 할 일들에서 잠시 벗어나 오롯이 나 자신에게 집중하는 것이다. 내가 해보았고 특히 효과가 컸던 세 가지 방법을 소개하고 싶다.

① 산책하기 – 생각이 정리되는 시간

가장 단순하면서도 강력한 방법은 걷기다. 책상 앞에서는 좀처럼 풀리지 않던 문제들이, 걸음을 옮기는 동안 서서히 정리되곤 한다. 나 역시 혼자 점심시간에 근처 거리를 걸으며 업무 아이디어가 불현듯 떠오르거나, 개인적인 고민의 해답을 찾은 적이 많았다.

걷는 동안에는 자연스레 시선이 옮겨가고, 주변의 소리와 공기가 뇌를 환기시킨다. 걷기와 같은 규칙적인 리듬은 과도한 긴장을 낮추고 사고를 한결 유연하게 만든다. 무엇보다 좋은 점은, 특별한 준비가 필요 없다는 것이다. 회사 앞 인도, 짧은 골목길, 건물 주변을 도는 것만으로도 충분하다.

② 서점 가기 – 마음을 점검하는 시간

내가 특히 좋아했던 '밋:미 타임' 루틴 중 하나는 회사 근처 중고서점을 찾는 일이었다. 책 냄새와 조용한 분위기 속에서 한두 권 책을 집어 들고 훑어보는 것만으로도 머리가 맑아졌다. 새 책 서점과 달리 화려한 이벤트나 홍보가 없어 내 시선을 빼앗기지 않고 오롯이 나만의 관심사에 집중할 수 있었던 것도 장점이었다.

흥미로운 건, 내가 어떤 책에 손이 가는지가 곧 내 상태를 보여준다는 사실이었다. 자기계발·커리어 관련 책을 고를 땐 동기부여가 필요할 때였고, 힘든 날엔 위로가 되는 에세이에 손이 갔다. 육아나 교육 관련 서적을 둘러보면 그만큼 일상 속 아이에 대한 고민이 많다는 신호였다. 즉, 서점에서의 시간은 단순한 취향 확인을 넘어, 지금 내 마음을 가장 솔직하게 마주할 수 있는 시간이었다.

③ 명상하기 – 숨을 고르는 시간

때로는 아무것도 하지 않고 그저 가만히 앉아 있는 것만으로도 충분하다. 조용한 카페 구석이나 빈 회의실에서 눈을 감고 가볍게 음악을 들으며 호흡에 집중해본다. 단 10분이라도 이렇게 멈추면, 흩어졌던 생각이 차분히 가라앉고 마음은 한결 고요해진다.

나 역시 직장 생활을 할 때, 조금 지쳤다 싶을 때면 사무실 근처 벤치에 앉아 바람을 맞으며 눈을 감거나, 아무도 없는 회의실로 들어가 창문을 열고 깊게 숨을 들이마시곤 했다. 그렇게 보내는 몇 분은 마음을 환기시키는 데 큰 도움이 되었고, 단순히 다시 업무로 돌아갈 힘을 주는 것에 그치지 않았다. 내 개인적인 고민을 차분히 돌아보고, 감정의 균형을 되찾는 데도 중요한 루틴이 되어주었다. 이 시간은 '아무것도 하지 않는 시간'이 아니라 '내 마음을 돌보는 시간'이었다. 업무와 대화에 치여 외면했던 감정들이 표면으로 떠오르고, 그 감정을 있는 그대로 바라보는 것만으로도 긴장이 풀렸다. 특별한 준비가 필요하지 않다는 것도 장점이다. 이어폰 하나와 잠시 자리를 비울 10분만 있으면 충분하다.

'밋:미(meet me) 타임'은 매일 해야만 효과가 있는 루틴이 아니다. 주 1~2회, 짧게라도 꾸준히 시간을 내는 것이 더 현실적이고 지속할 수 있다. 중요한 것은 횟수가 아니라, 의도적으로 나와 마주하는 시간을 일정 속에 확보하는 루틴을 지키는 것이다. 이렇게 주기적으로 나만의 시간을 갖다 보면, 자기 인식은 높아지고 감정 소진은 줄어들며 업무 효율도 자연스럽게 따라온다. 작은 루틴이지만, 일의 효율과 마음의 여유를 동시에 지켜주는 강력한 힘을 가진다.

이 시간을 지키는 태도 역시 중요하다. 타인과의 약속을 소중히 여기듯, '밋:미 타임'도 내 삶에서 우선순위를 가진 약속으로 다뤄야 한다. 중요한 업무를 위해 시간을 따로 확보하듯, 이번 주 달력에 스스로와의 만남을 가진 날짜를 미리 정해 체크해보자.

처음엔 어색하게 느껴질 수 있다. 하지만 그 루틴을 반복할수록 마음은 조금 더 단단해지고 하루는 조금 더 가벼워진다. 직장에서의 성과도, 삶의 균형도 결국 '내가 나를 얼마나 잘 돌보았는가'에서 출발한다. 그러니 주저하지 말고 시작해 보자. 분명 당신도 곧 그 변화를 느끼게 될 것이다. 나는 그것을 믿는다. 당신도 충분히 해낼 수 있다.

퇴근 후 루틴:
활기찬 다음 날을 위한 준비

1 │ 퇴근 전 10분, 정리와 복기의 시간

tvN의 드라마 〈미생〉에서 장그래는 회사 생활 속에서 자주 바둑 시절을 떠올린다. 특히 하루가 끝나거나 실수를 했을 때, 그는 바둑판 앞에서 반드시 했던 '복기(局後檢討)'의 시간을 기억한다. 복기는 한 판이 끝난 뒤 어떤 수가 좋았고 어디서 잘못 두었는지를 다시 짚어보는 과정이다. 단순히 결과를 확인하는 것이 아니라, 같은 실수를 반복하지 않기 위해 되새기고 기록하는 훈련이었다.

직장 생활 역시 이와 다르지 않다. 오늘 처리한 일과 놓친 부분을 되짚어보고, 내일의 한 수를 준비하는 시간이 있어야 한다. 복기가 없는 바둑이 실력 향상으로 이어지지 않듯, 회고 없는 하루는 성장을 남기기 어렵다. 퇴근 전 마지막 10분, 우리는 과연 직장인의 복기를 하고 있을까?

많은 직장인들은 퇴근 시간이 되면 시계를 흘끗 보며 컴퓨터를 급히 끈다. 오늘 해야 할 일을 모두 끝냈다기보다, 일단 시간이 되었으니 자리를 정리하는 것이다. 책상 위에는 처리하지 못한 서류가 남아 있고, 받은 편지함에는 답하지 못한 메일이 쌓여 있다. 마음속에는 '내일 와서 마저 하지 뭐'라는 말이 맴돌지만, 정작 무엇을 어디까지 했는지는 흐릿하다. 그렇게 사무실을 빠져나오면 몸은 자유로워졌는지 몰라도 머릿속에는 오늘 끝내지 못한 일들이 잔상처럼 남아 있다.

이런 퇴근 패턴은 하루를 제대로 정리하지 못한 채 끝나고, 그 흐름이 다음 날 아침까지 이어진다. 출근 후 우왕좌왕하며 하루를 불안하게 시작하게 되는 것이다. 하지만, 퇴근 직전 10분만 투자해 오늘의 일과를 정리하고 내일 해야 할 일들을 짚어두면, 하루가 비로소 깔끔하게 정리된다. 다음 날은 새로운 시작으로 자연스럽게 이어진다.

일을 시간에 쫓겨 마치는 것이 아니라, 내가 스스로 정리하며 마무리하는 것. 그 차이가 내일 아침을 가볍고 명확하게 열어 준다. 중요한 건 이 좋은 흐름을 일회성 다짐이 아니라 루틴으로 만드는 것이다. 퇴근 직전 10분을 어떻게 활용하면 될까?

퇴근 전 10분은 길지 않다. 이 시간을 어떻게 쓰느냐에 따라 내일의 하루가 달라진다. 중요한 건 복잡한 보고서가 아니라, 내가 오늘을 스스로 정리했다는 주도적인 마무리다. 이를 위해 작은 루틴을 만들어보자.

① 오늘의 업무 리스트 점검하기

퇴근 직전에는 곁에 두고 체크해 온 업무 리스트를 마지막으로 점검한다. 단순히 끝냈는지 여부만 확인하는 것이 아니라, 아침에 세운 우선순위와 시간 블록 계획대로 실행이 되었는지 돌아본다. 업무 중에는 예상치 못한 요청이나 급한 일이 끼어들 수 있다. 그래서 마무리 시점에 '내가 계획한 대로 중요한 일부터 처리했는가, 시간을 적절히 썼는가'를 확인하는 과정이 필요하다.

이미 처리한 일에는 선이 그어져 있을 것이다. 그 선들은 오늘 하루 내가 주도적으로 일했다는 증거다. 반대로 오늘 안에 끝내려 했지만 마치지 못한 일이 있다면, 그대로 남겨두지 말고 명확히 표시한 뒤 내일 오전 업무로 옮겨야 한다. 단순히 뒤로 미루는 것이 아니라, 내일의 첫 과제로 자리를 잡아주는 것이다. 이 과정을 거치면 오늘의 업무가 깔끔하게 정리되고, 내일 할 일을 명확히 인식한 상태로 하루를 마무리할 수 있다.

② 마감 기한 확인하기

퇴근 전 마지막으로 꼭 확인해야 할 것이 있다. 바로 오늘까지로 정해진 마감 기한이다. 보고서 제출, 결재 요청, 회의 후속 조치 같은 내부 업무는 물론이고, 고객에게 전달하기로 한 자료나 응답하기로 한 이메일까지 여기에 포함된다.

오늘 처리했어야 할 일이 제때 마무리되지 않았다면, 고객과의 신뢰가 깨질 수 있고, 업무가 누락되거나 실수로 이어질 위험이 크다. 사소해 보이는 작은 누락 하나가 팀 전체의 흐름과 성과에 영향을 주기도 한다.

이때 업무일지를 확인한 뒤, 캘린더도 함께 훑어보자. 앞서 마감일을 하루 전으로 입력해 두라고 했던 이유가 바로 여기에 있다. 오늘 일정으로 표시된 일은 실제로 하루 정도의 여유가 있는 상태다. 만약 깜빡해서 끝내지 못했다면, 내일 오전 가장 먼저 처리할 수 있도록 캘린더에서 기한을 조정한다.

반대로, 상황이 허락한다면 퇴근을 조금 늦추더라도 오늘 안에 마무리하는 편이 낫다. 중요한 것은 마감을 지켰는가다. 마감은 단순한 날짜가 아니라 신뢰의 약속이기 때문이다.

③ 나만의 노트 쓰기

업무 리스트 점검이나 마감 기한 확인은 많은 직장인들이 비교적 자주 하는 루틴이다. 하지만 '나만의 노트'를 쓰는 루틴은 의외로 잘 실천되지 않는 만큼, 더욱 추천하고 싶은 방법이다.

업무 현장은 늘 새로운 정보와 변수가 생긴다. 오늘 교육을 통해 알게 된 정책 변경이나 선배에게서 배운 작은 팁, 내가 시도하며 겪은 실수까지 하루에도 여러가지 정보가 쌓인다. 같은 업무라도 상황이 달라지면 전혀 다른 방식으로 풀어야 하고, 예외적인 경우가 생기기도 한다. 이런 것들을 머릿속에만 두면 금세 잊히기 마련이다. 하지만 노트에 그때그때 정리해 두면, 그것들이 쌓여서 결국 나만의 '업무 자산'이 된다. 단순한 기록이 아니라, 훗날 비슷한 상황에 다시 마주했을 때 빠르게 참고할 수 있는 나만의 매뉴얼이 되는 것이다.

나 역시 회사에서 관리자 역할을 할 때, 팀원들에게 이 루틴을 자주 강조하곤 했다. "오늘 새롭게 알게 된 정보나, 직접 겪은 사례는 꼭 기록해 두라." 처음엔 번거롭게 여겼던 팀원들도, 몇 달 뒤 비슷한 상황이 생겼을 때 자기 노트를 열어보고 빠르게 해결하는 경험을 하면서 이 루틴의 힘을 실감했다.

나 또한 이 루틴을 내 업무에 그대로 적용했다. 학생들의 해외 학교 진학을 돕는 업무 특성상, 각 나라와 학교마다 입학 요건, 비자 규정, 장학금 조건이 자주 바뀌곤 했다. 나는 새로운 정보를 접할 때마다 나만의 노트에 빠짐없이 기록해 두었다. 덕분에 몇 달 뒤, 혹은 몇 년 뒤 비슷한 경우가 생기면 나는 교육 자료나 공지를 다시 뒤적이는 대신, 내 노트만 열면 바로 답을 찾을 수 있었다. 그만큼 고객에게 더 빠르고 정확한 안내가 가능해졌다.

노트에 남길 내용은 거창할 필요가 없다. 오늘 새롭게 알게 된 정보, 작은 팁, 겪은 경험, 실수에서 얻은 교훈, 예외적으로 처리해야 했던 사례까지 무엇이든 담아내면 된다. 중요한 것은 '오늘의 경험은 오늘 정리한다'는 원칙이다. 그래야 생생한 맥락이 살아 있고, 시간이 지나도 다시 활용할 수 있는 가치 있는 자료가 된다. 이 루틴은 단순한 기록이 아니다. 나만의 업무 비밀 노트이자, 곁에서 조언을 건네는 선배이며, 필요할 때마다 펼쳐 볼 수 있는 교과서다.

④ 내일 업무 미리 체크하기

퇴근 전 10분의 마지막 단계는 내일의 업무를 미리 점검하는 것이다. 오늘 끝내지 못한 일, 우선순위와 중요도를 고려해 의도적으로 내일로 미룬 일들을 분명히 확인해 두어야 한다. 막연히 "내일 해야지" 하고 머릿속에만 두면, 다음 날 아침 책상을 마주했을 때 무엇부터 시작해야 할지 혼란스러워지기 쉽다.

그래서 미뤄진 일들은 반드시 업무 리스트에 내일 가장 먼저 할 일로 다시 적어 둔다. 특히 마감이 임박한 일이라면 캘린더에서 기한을 다시 확인하고, 내일 업무의 첫 순서로 자리를 잡아 주어야 한다. 여기에 더해 캘린더에 이미 적어 둔 내일의 일정도 한 번 훑어본다. 회의, 고객상담, 외부약속처럼 정해진 일정을 미리 확인하면, 내일 하루의 전체 흐름속에서 우선순위를 조정하기가 훨씬 수월하다. 이렇게 하면 내일 해야 할 일이 이미 눈앞에 정리되어 있기에, 출근 후 시간을 허비하지 않고 곧바로 집중할 수 있다.

퇴근 전 10분의 루틴은 단순한 시간관리 기법이 아니다. 하루를 주도적으로 닫고, 다음 날을 명확하게 준비하는 성장의 루틴이다. 바둑에서 복기가 실력을 키우는 핵심이듯, 직장에서도 이 작은 루틴이 쌓이면 업무 역량의 차이를 만든다. 오늘 업무를 정리하고, 마감을 확인하며, 배운 것을 기록하고, 내일을 준비하는 이 짧은 시간은 그저 시계만 보고 퇴근하는 것과 스스로 하루를 완료하며 사무실을 떠나는 것 사이의 결정적인 차이를 만든다.

처음에는 번거롭게 느껴질 수 있다. 이 루틴이 자리 잡으면 퇴근길이 한결 가벼워진다. 머릿속에 맴돌던 잔상은 말끔히 정리되고, 막연한 불안 대신 선명한 계획이 남는다. 그리고 다음 날 아침, 책상에 앉으면 어디서부터 시작할지 고민하지 않아도 된다. 곧바로 집중할 수 있다는 사실만으로도 하루의 무게가 달라진다.

퇴근 전 10분, 복기의 루틴을 시작해 보라. 당신의 내일을 더 명확하게, 그리고 당신의 커리어를 한층 더 단단하게 바꿔 놓을 것이다.

2 | **퇴근 시간을 활용한 스트레스 해소 루틴**

퇴근 시간은 누구에게나 쉽지 않다. 퇴근길은 평균 한 시간 이상이 걸린다. 특히 오후 5시에서 7시 사이에는 수많은 사람들이 한꺼번에 길 위로 쏟아져 나온다. 지하철과 버스는 발 디딜 틈이 없고, 집으로 향하는 길이지만 정작 마음과 몸은 더 지쳐버린다. 하루의 업무가 끝났다는 안도감보다, 피로와 긴장이 더 크게 다가오는 시간. 이 아이러니가 바로 퇴근길의 진짜 모습이다. 많은 직장인들에게 퇴근길은 또 하나의 전쟁터다.

나 역시 크게 다르지 않았다. 얼마 전까지 회사에 재직하던 시절, 나에게 퇴근길은 늘 시간과의 전쟁이었다. 아이 하원을 내가 맡고 있었기에 칼퇴근은 선택이 아니라 의무였다. 5시 정각이 되면 서둘러 인사를 하고 곧바로 사무실을 나섰다.

첫 번째 고비는 건물의 엘리베이터였다. 퇴근 시간마다 가득 찬 엘리베이터를 기다리며 초조하게 시계를 보는 순간부터 전쟁은 시작됐다. 두 번째 고비는 강남역까지 달려가 지하철을 타는 일이었다. 몇 분만 늦어도 전철 몇 대를 그냥 보내야 겨우 탈 수 있었고, 그렇게 한 번 늦기 시작하면 다음 환승 전철과 버스까지 줄줄이 밀려 늦어지곤 했다. 그래서 늘 숨을 몰아쉬며 뛰어야 했다. 세 번째 고비는 중간 환승이었다. 복잡한 인파 속에서 줄을 바꿔 서고, 빠져나간 후 다시 지하철을 갈아타야 했다. 마지막 고비는 집으로 가는 버스였다. 도착 시간이 조금이라도 늦어지면 학원 문 닫기 직전이 되었고, 그럴 때마다 혼자 기다리던 아이는 어김없이 뾰

로통한 얼굴로 나를 맞았다. 그리고 나는 늘 미안함을 안고 집으로 향해야 했다.

돌이켜보면, 이 전쟁 같은 퇴근길은 하루의 피로를 배로 키우는 시간이기도 했다. 문제는 이 시간 동안 '뭔가 생산적인 일을 해봐야지'라고 마음먹어도 현실적으로 쉽지 않다는 것이다. 이미 하루 종일 업무로 소진된 몸과 머리는 새로운 공부나 일에 집중할 여력이 없다. 억지로 무언가를 채워 넣으려 하면 오히려 더 지치고, 집에 도착했을 때 남아 있어야 할 에너지도 바닥나 버린다. 게다가 계획만 세우고 지키지 못하면 또 스스로를 탓하며 기분이 더 가라앉는다.

나도 처음에는 이 시간을 어떻게든 생산적으로 써야 한다는 압박을 많이 받았다. 퇴근길에 영어 단어장을 외우거나, 자기계발서를 읽고, 재테크 온라인 강의를 듣는 등 '의미 있는 일'을 해보려고 시도했다. 하지만 현실은 달랐다. 이미 하루 종일 업무에 시달린 몸과 마음은 새로운 지식을 받아들일 여력이 없었고, 복잡한 지하철과 버스 안에서는 집중이 도저히 되지 않았다. 계획만 세우다 결국 못 지키는 날이 반복되면서, 스스로를 탓하고 더 피곤해지는 악순환에 빠졌다.

발상을 바꾸기로 했다. 어차피 퇴근길은 집중이 어렵고, 변수가 많은 시간이다. 차라리 온전히 나를 위한 회복과 힐링을 하는 시간으로 쓰자고 마음먹었다. 꽉 막힌 지하철과 버스 안에서 뭔가 대단한 걸 하기는 어렵다면, 그 시간만큼은 그냥 나를 위한 해소의 시간으로 정해 버리는 것이 훨씬 현명하다. '오늘은 피곤하니 아무것도 하지 못했다'가 아니라, '오늘은 퇴근길에서 스트레스를 풀었다'라고 말할 수 있다면 그 자체로 충분히 가치 있는 시간이다.

중요한 건 이 시간을 '허비했다'고 자책하지 않고 '잘 보냈다'고 느낄 수 있도록 나만의 작은 해소 루틴을 갖는 것이다. 퇴근길은 더 의미 있는 일을 해야 하는 시간이 아니라, 마음을 가볍게 하고 내일을 위해 숨을 고르는 시간이 되어야 한다. 그렇다면 어떻게 하면 퇴근길을 나만의 작은 회복의 공간으로 만들 수 있을까? 이어지는 네 가지 루틴은 누구나 퇴근길에 바로 실천할 수 있는 작은 전환들이다.

① 좋아하는 콘텐츠 즐기기

퇴근길은 이미 하루 종일 업무로 소진된 몸과 마음을 달래야 하는 시간이다. 이때 무심코 손이 가는 쇼츠나 피드 스크롤링은 잠깐의 자극은 될 수 있어도 남는 게 없다. 대신 OTT에서 보고 싶었던 드라마나 영화, 혹은 다큐멘터리를 틀어보자. 작은 휴대폰 화면이지만, 짧게라도 몰입할 수 있는 서사가 주는 즐거움은 다르다. 단순히 시간을 흘려보내는 것이 아니라, '오늘 퇴근길에는 이걸 보자'라는 작은 기대감이 하루의 마무리를 더 가볍게 만든다.

나는 미국 드라마를 한 편씩 이어 보면서 이야기에 빠져들었다. 짧은 에피소드 속에서 다른 세계로 몰입하다 보면, 하루 종일 쌓였던 긴장이 조금은 풀렸다. 때로는 유튜브 채널을 보면서 혼자 키득거리기도 했다. 별것 아닌 장면에 웃음이 터질 때, 무거웠던 마음이 한결 가벼워졌다. 그러다 보니 의외의 변화도 있었다. 퇴근길에 드라마나 TV 프로그램을 미리 챙겨보니, 집에 와서 밤늦게까지 또 다른 콘텐츠를 보고 싶은 유혹이 오히려 줄어든 것이다. 퇴근길을 나를 위한 오락의 시간으로 쓰자, 저녁은 더 여유롭게 온전히 쉴 수 있는 시간이 되었다.

② 가볍게 할 수 있는 게임

다른 시간대에 했다면 '시간 낭비'처럼 느껴졌을 활동도, 퇴근길에는 충분히 의미가 있다. 짧게 즐길 수 있는 모바일 게임이나 퍼즐, 퀴즈 앱은 머리를 복잡하게 쓰지 않으면서도 스트레스를 내려놓게 해준다. 하루 종일 긴장했던 마음을 풀고, 단순한 즐거움만으로도 큰 회복을 준다. 또한 지루한 이동 시간을 조금은 가볍고 즐겁게 채워주는 역할을 한다. 오히려 이렇게 정해진 시간에 즐기는 것이, 무의미하게 시간을 보내는 것보다 낫다. 단, 게임은 다른 활동보다 중독성이 있을 수 있으니 퇴근길에만 즐기고 다른 시간대에는 하지 않는다는 나만의 규칙을 세우는 것이 필요하다.

③ 오디오북이나 팟캐스트 듣기

지하철이나 버스처럼 붐비는 공간에서는 책을 펼치기도 어렵다. 이럴 때는 오디오북이나 팟캐스트를 듣는 것도 좋은 방법이다. 시각적으로 피로한 하루를 보냈다면, 귀로 듣는 콘텐츠가 부담 없이 뇌를 자극해 준다. 출퇴근길의 단조로운 리듬 속에서 새로운 이야기나 배움을 들으면, 머릿속이 전환되며 기분이 가벼워진다. 특히 팟캐스트는 주제 선택의 폭이 넓고, 오디오북은 이야기에 대한 몰입감을 높여준다. 짧은 시간이라도 흥미로운 주제를 들으며 나의 관심사를 확장하면, 퇴근길은 더 이상 지루한 이동이 아니다. 힘들기만 한 이동 시간에서 벗어나 나만의 배움과 휴식이 공존하는 시간으로 바뀐다.

④ 음악으로 리듬 바꾸기

음악은 퇴근길을 가장 간단하면서도 확실하게 바꿔주는 루틴이다. 출근길에는 힘을 주는 업비트 음악이 필요하다면, 퇴근길에는 긴장을 풀어주는 부드러운 선율이 더 어울린다. 이어폰을 꽂고 창밖 풍경을 바라보며 음악에 몸을 맡기다 보면, 복잡한 지하철 소음이나 하루의 잔상이 서서히 사라진다. 좋아하는 곡 몇 개만으로도 마음의 리듬이 바뀌고, 집에 도착했을 때 훨씬 더 편안한 상태로 전환할 수 있다.

나는 특히 퇴근길에 잔잔한 팝송이나 클래식을 들으며 마음을 차분히 가라앉히는 시간을 가졌다. 음악이 흘러나오는 동안 창밖을 바라보며 자연스럽게 하루를 되돌아보고, 내일을 대하는 마음가짐을 다잡곤 했다.

이렇게 나는 이 시간을 의도적으로 '해소의 루틴'으로 정해 두었다. 억지로 생산성을 끌어내려 애쓰는 대신, 콘텐츠를 즐기며 스트레스를 풀고 마음을 가볍게 하는 시간으로 바꿨다. 전쟁 같던 퇴근길이 단순한 이동이 아니라, 드라마의 다음 내용이 기다려지고, 좋아하는 음악과 함께하는 나만의 작은 해방구로 바뀌었다. 퇴근길이 회복의 시간이 되면서, 하루를 마무리하는 내 마음도 훨씬 가벼워졌다.

무엇보다 중요했던 건 이 시간을 '허비했다'는 죄책감 없이 '잘 활용했다'고 느낄 수 있게 된 것이다. 예전에는 퇴근길에 아무것도 하지 못했다는 자괴감에 빠지곤 했지만, 이제는 '오늘도 퇴근길에서 좋은 시간을 보냈다'고 만족할 수 있게 되었다. 이런 퇴근길의 작은 변화가 직장인으로서의 삶의 만족도를 크게 높여주었다.

퇴근길은 어차피 피할 수 없는 시간이다. 누군가에게는 또 하나의 전쟁터이지만, 시각을 바꾸면 하루의 피로를 풀고 마음을 한결 편안하게 하는 루틴이 될 수 있다. 억지로 생산성을 강요하기보다, 좋아하는 콘텐츠나 작은 즐거움으로 스트레스를 풀고 마음을 가볍게 만드는 것. 그 작은 차이가 집에 도착했을 때의 표정과, 다음 날 아침의 컨디션을 달리한다. 오늘도 어차피 달려야 할 퇴근길이라면, 지쳐 쓰러지는 길이 아니라 나를 다시 충전하는 길로 만들어 보자. 그 선택이 하루를 더 견디기 쉽고, 여유롭게 만들어 줄 것이다.

아이가 네 살 무렵의 일이다. 어린이집 선생님께서 아이가 이런 말을 했다며 전해주셨다. "우리 엄마는 멋있어요. 사람들에게 많은 것을 알려주고, 야구 방망이 같은 바지를 입고 회사를 가는데 정말 멋있어요." 그 말을 듣는 순간 웃음이 터졌다. 아이가 말한 '야구 방망이 같은 바지'는 내가 즐겨 입던 통이 넓은 바지를 뜻하는 말이었다. 별것 아닌 일상조차 아이의 눈에는 특별하게 보였다는 사실이 기특하고 사랑스러웠다.

당시 나는 주말마다 회사 일정이 이어져 아이와 함께하는 시간이 부족하다는 죄책감을 느끼고 있었다. 그래서인지 그 말이 더 깊이 내 마음에 남았다. 지치고 힘들 때마다 나의 붙잡아 준 것은 아이의 그 한마디였다. "우리 엄마는 멋있다." 아이가 건넨 짧고 솔직한 말은 내게 큰 위로이자 다시 힘을 내게 하는 원동력이 되었다.

돌아보면, 내가 열심히 살아가는 이유는 여러 가지가 있지만, 그 중에서도 가장 크고 변함없는 힘은 가족에게서 나온다.

가족은 단순히 함께 사는 존재가 아니다. 지친 하루 끝, 마음이 머물 수 있는 가장 따뜻한 안식처다. 힘든 하루를 보내고 집에 돌아왔을 때 건네는 배우자의 짧은 한마디, 아이의 웃음소리, 부모님의 안부 전화 한 통은 마음의 무게를 덜어주고, 다시 내일을 살아갈 힘을 준다.

연구 결과도 이를 분명히 보여준다. OECD 행복도 조사에 따르면 가족이나 친구와 보내는 시간이 많을수록 삶의 만족도가 높다고 응답한 비율이 높았다.

하버드 대학의 장기 연구로 잘 알려진 성인 발달 연구『Grant & Glueck study』역시, 무려 80년 동안 수천 명을 추적한 끝에 돈이나 명예가 아닌 좋은 인간관계, 특히 가까운 가족 관계가 건강과 행복을 결정짓는 가장 강력한 요인이라고 결론지었다.

국내에서도 유사한 결과가 나온다. 잡코리아·인크루트 직장인 조사에 서는 가족과 보내는 시간이 부족할수록 직무 스트레스가 높고, 이직을 고 려하는 비율이 뚜렷하게 증가하는 것으로 보고했다. 결국 가족과 함께하 는 시간은 단순한 정서적 안정 뿐 아니라 직업적 지속성에도 직접적인 영 향을 미친다.

더 나아가 가족의 식사 시간의 분위기까지도 직무 성과와 연결된다는 연구가 있다. 칠레의 맞벌이 부모 473명을 대상으로 한 연구에 따르면, 가족 식사의 긍정적인 분위기는 직무 만족도와 직접적으로 연결되었고, '가족-직장 풍요로움'을 통해 긍정적 영향을 주는 것으로 나타났다. 즐거 운 식사 자리는 단순한 끼니가 아니라 정서적 지지를 제공하고 스트레스 에 대처하게 하며, 그 긍정적 경험이 직무 영역으로 이어진다는 의미다.

이처럼 가족과의 시간은 개인의 행복을 높일 뿐 아니라, 직장에서의 몰 입도와 성과를 지탱하는 힘이 된다.

짧은 저녁 식사, 하루를 나누는 대화 같은 소소한 순간이야말로 번아웃 을 예방하고 직무 만족도를 높이는 가장 확실한 회복 루틴이다. 결국 가 족과의 시간을 지킨다는 것은 잘 쉬고 회복해서 더 잘 일하기 위한 가장 현명한 선택인 셈이다.

그러나 현실 속 우리의 일상은 연구 결과와 달리 흘러가곤 한다. 야근 과 회의, 업무 후에도 이어지는 회식과 모임 탓에 저녁 식탁을 가족과 함 께하는 일이 드물어졌다. 함께 모여 대화하는 시간은 줄어들고, 집은 휴 식처라기보다 잠시 몸을 눕히는 공간으로 변해 버리기도 한다. 그렇게 가족과의 시간은 점점 줄어들고, 가족과 마주 앉는 시간이 부족해질수록 관계는 느슨해진다. 정작 우리가 일하는 이유와 의미는 더 흐려진다.

물론 모든 사람이 가족과 함께 살거나, 매일 얼굴을 마주할 수 있는 것은 아니다. 타지에서 생활하거나, 1인 가구로 지내는 경우도 많다. 그러나 그렇다고 해서 회복의 루틴이 불가능한 것은 아니다. 물리적으로 떨어져 있더라도, 전화나 영상통화, 짧은 메시지 한 줄만으로도 마음을 나눌 수 있다.

또한 가족이라는 이름은 반드시 혈연으로만 정의되지 않는다. 가까운 친구, 신뢰할 수 있는 동료, 취미를 함께 나누는 모임, 반려동물까지도 충분히 '마음의 가족'이 될 수 있다. 중요한 것은 혼자가 아님을 느끼고, 누군가와 정서적으로 연결되는 경험이다. 그 연결이야 말로 바로 마음을 회복시키는 가장 일상적인 루틴이다.

짧은 대화, 함께하는 식사, 가벼운 산책, 혹은 멀리서 전하는 안부 전화 같은 소소한 교류가 우리의 삶을 지탱하는 힘이 된다. 내 곁의 누군가와 연결되는 그 시간은 하루의 무게를 덜어내고, 다시 내일을 살아갈 원동력을 만들어 준다.

가족과의 시간을 늘리겠다고 거창한 계획을 세울 필요는 없다. 오히려 작지만 꾸준히 지킬 수 있는 루틴이 더 오래 가고, 실제로 관계를 단단하게 만들어 준다. 하루 중 잠깐이라도 의식적으로 가족과 연결되는 순간을 만드는 것이 중요하다.

나의 경우, 어떤 상황에서도 아이와 저녁 식사만큼은 반드시 함께하려고 한다. 식탁에 앉는 순간에는 휴대폰을 내려놓고 아이와 이야기를 나누는 시간을 지켜 왔다. 대단한 대화가 아니어도 좋다. 학교에서 있었던 일, 좋아하는 음식, 요즘 관심 있는 것들에 대해 이야기를 나누다 보면 자연스럽게 아이의 마음을 들여다볼 수 있고, 나 역시 하루의 피로가 풀린다.

남편의 경우는 퇴근 시간이 늦어 현실적으로 평일에 함께 저녁 식사를 하기는 어렵다. 그래서 평일에는 최소 한 번은 시간을 맞추고, 주말에는 꼭 온전히 함께하는 시간을 가지려 한다. 단순히 같은 공간만 공유하는 것이 아니라, 눈을 마주치고 대화를 나누는 시간을 의식적으로 확보하는 것이다.

함께 있는 시간이 부족할 때는 작은 연결이 큰 힘이 된다. 우리는 카카오톡 같은 메신저로 하루 종일 짧게라도 소식을 주고받는다. 최근에는 내가 회사를 그만두고 집필 작업을 하게 되면서, 남편의 직장이 집 근처라 점심시간에 함께 시간을 보내는 날도 생겼다. 예전에는 상상하기 어려웠던 소중한 시간이 새롭게 찾아온 셈이다. 하지만 이런 여건이 누구에게나 가능한 것은 아니다. 결국 핵심은 꼭 함께 앉아 있지 않더라도 대화하는 시간을 지켜내려는 노력, 그 하나다.

또 하나 우리가 자주 하는 루틴은 가족 산책이다. 집 근처 수목원을 남편과 아이와 함께 걷는 시간을 자주 가진다. 특별한 대화가 없어도 좋다. 같은 길을 나란히 걸으며 아이와 이야기를 나누고, 함께 웃으며 걷는 그 순간만으로도 가족 간의 유대가 깊어진다. 짧은 산책이지만, 그 시간이 하루의 긴장을 풀어주고 다시 내일을 준비하게 한다.

만약 가족과 물리적으로 떨어져 있다면, 전화나 영상통화가 좋은 대안이 된다. 요즘은 기술이 발달해 언제 어디서든 쉽게 연결될 수 있다. 퇴근 후 집에 돌아와 하루를 마무리하기 전에 안부 전화를 걸거나, 짧게 얼굴을 보며 영상통화를 하는 것만으로도 충분하다. 중요한 건 '얼굴을 보고, 목소리를 나누는 시간'을 꾸준히 이어가는 일이다.

이처럼 작지만 꾸준히 이어가는 루틴은 단순한 습관이 아니다. 가족과의 시간은 사소해 보여도 삶 전체를 지탱하는 기둥이 된다. 그 기둥이 튼튼할수록 우리는 더 흔들림 없이 일과 삶을 이어갈 수 있다.

우리가 이렇게 바쁘게, 때로는 지치도록 열심히 살아가는 이유는 결국 사랑하는 가족과 함께 더 행복한 삶을 누리기 위함이 아니겠는가. 하루의 무게를 덜어내고 다시 내일을 살아갈 용기를 주는 것은 멀리 있는 성과나 목표가 아니다. 곁에서 함께 웃고 대화하는 가족의 존재다.

저녁 식탁에서 나누는 짧은 이야기, 함께 걷는 산책길에서의 웃음소리, 하루를 마치고 건네는 따뜻한 안부 한마디가 삶을 지탱하는 가장 든든한 힘이 된다. 결국 가족과의 시간은 단순한 휴식이 아니라, 우리가 왜 일하는지, 무엇을 위해 애쓰는지를 다시 깨닫게 해 주는 순간이다. 그 시간은 행복의 본질을 되새기게 하는 귀한 여백이자, 바쁘게 흘러가는 일상 속에서 마음의 중심을 다시 세워주는 쉼표다.

진짜 성취는 멀리 있는 목표가 아니라, 곁에 있는 가족과 함께하는 일상의 순간 속에서 피어난다.

자, 오늘 이 책을 덮은 후에는 잠시 휴대폰을 내려놓고 가족과 눈을 마주하며 짧은 대화를 나눠 보자. 그 작은 시간이 당신의 하루를 위로하고, 내일을 살아갈 힘을 건네 줄 것이다.

1) 매일 할 수 있는 작은 루틴

- **함께 식사하기:** 하루 한 끼라도 휴대폰 없이 대화하며 먹기
- **짧은 산책:** 집 근처를 함께 걸으며 자연스럽게 이야기 나누기
- **잠자리 인사:** 하루를 마무리하며 서로 안부 묻고 고마운 마음 전하기

2) 가족과 떨어져 있을 때

- **일정한 시간 정하기:** 매일 같은 시간에 안부 전화나 영상통화
- **작은 메시지:** 바쁜 중에도 짧은 메시지로 관심과 사랑 표현하기
- **사진 공유:** 일상의 소소한 순간들을 사진으로 나누기

3) 혈연 가족이 없다면

- **마음의 가족 만들기:** 가까운 친구, 동료, 반려동물과의 시간 늘리기
- **정기 모임:** 취미나 관심사를 함께 나누는 모임에 참여하기
- **이웃과 인사:** 같은 동네 이웃들과 작은 인사라도 주고받기

거창한 계획보다는 작고 꾸준한 연결이 더 큰 힘이 된다. 매일 10분이라도 의식적으로 누군가와 마음을 나누는 시간을 갖는 루틴을 실천해 보자.

요즘 직장인들의 퇴근 후 풍경은 과거와는 확연히 달라졌다. 단순히 집에서 쉬는 시간을 넘어, 자기계발이나 취미 활동으로 오히려 퇴근 후가 더 바쁜 사람들이 많아졌다. 인크루트 조사에 따르면 직장인 10명 중 7명 이상(75.2%)이 본업 외에도 자기계발을 하고 있다고 답했다. 사람인 조사에서도 절반이 넘는 응답자가 '퇴근 후 시간을 자기계발에 쓴다'고 밝혔다. 운동, 외국어 공부, 자격증 준비, 블로그나 유튜브 운영 등 활동의 범위도 매우 다양하다. 그만큼 직장인들은 퇴근 후의 시간을 단순한 휴식이 아니라 또 다른 성장의 기회로 인식하고 있다.

나 역시 이런 흐름을 긍정적으로 바라본다. 퇴근 후 운동을 하거나 관심 있는 분야에 몰두하는 일은 자존감을 지켜주고, 직장에서의 작은 스트레스를 가볍게 넘길 수 있는 마음의 힘이 되어준다. 직장은 삶을 위한 중요한 수단이지만, 결코 삶의 전부가 아니다. 퇴근 후 시간을 어떻게 쓰느냐에 따라 삶의 균형이 달라지고, 내일을 살아갈 에너지가 채워진다.

문제는 '욕심'이다. 퇴근 후 시간을 알차게 보내겠다는 마음에 운동을 하고, 온라인 강의로 공부도 하고, 취미까지 챙기려 들면 금세 지쳐 버린다. 퇴근길에 헬스장에 들렀다가 집에 와서는 재테크와 부동산 강의를 듣고, 잠들기 전에는 영어 모임 과제를 억지로 마무리한다면? 이렇게 하루를 보내고 나면 겉보기엔 무언가 많이 해낸 것 같지만, 몸은 피곤하고 마음은 허전하다. 잠시 버틸 수 있어도 곧 체력이 바닥나고, 결국 어느 것도 꾸준히 이어가지 못한 채 포기하게 된다. 오히려 더 잘 살고 싶었던 노력이 또 다른 의무가 되어, 퇴근 후 시간마저 나를 압박하는 경우가 많다.

실제로 멀티태스킹의 부정적 영향은 여러 연구에서 반복적으로 드러난다. 미국심리학회(APA)는 멀티태스킹이 생산성을 최대 40%까지 떨어뜨린다고 보고했다. 스탠퍼드 대학 연구 역시 여러 일을 동시에 하려는 사람들이 집중력과 정보 파악 능력이 현저히 낮다고 밝혔다. 특히 영국 런던대학교 연구 결과는 더 극적이었다. 여러 작업을 동시에 수행하도록 한 실험에서 참가자들의 지능지수(IQ)가 평균 15점 떨어졌는데, 이는 성인의 인지 능력이 8세 아동 수준으로 낮아진 것과 유사한 수치였다. 심지어 연구팀은 멀티태스킹 상태의 IQ가 '하룻밤을 꼬박 새운 사람'이나 '마리화나를 사용한 사람'과 유사한 수준이었다고 지적했다. 이는 다소 충격적인 결과이지만, 멀티태스킹이 단순한 비효율을 넘어 사고력과 정신적 건강에까지 부정적인 영향을 미친다는 사실을 보여준다.

이런 패턴은 결국 본업에도 부정적인 영향을 끼친다. 아침에 일어나면 이미 전날 밤의 과로로 피로가 누적되어 있고, 낮 시간대에는 업무에 몰입하지 못해 작은 실수들이 잦아진다. 새로운 프로젝트를 맡아도 에너지가 부족해 창의적인 아이디어가 잘 떠오르지 않고, 중요한 회의 자리에서도 집중력이 흐트러진다. 업무와 무관한 활동들에 힘을 과도하게 쓰다 보니 정작 가장 중요한 '내 업(業)'에 쏟을 에너지가 남아 있지 않은 것이다. 결국 퇴근 후의 자기계발이 성장의 발판이 되기는커녕, 오히려 본업을 흔드는 역효과로 돌아올 수 있다.

퇴근 후의 시간을 바꾸는 한 가지 원칙

그렇다면 퇴근 후 시간을 어떻게 써야 할까? 답은 의외로 단순하다. 여러 가지를 동시에 하려 하기보다는, 한 가지에 집중하는 것. 바로 싱글 태스킹이다. 퇴근 후는 '많이 하는 시간'이 아니라, '하나를 꾸준히 하는 시간'이 될 때 진짜 가치가 있다. 하나에 몰입할 때 느껴지는 만족감, 성취감, 그리고 회복감은 여러 가지를 억지로 해내려 할 때보다 훨씬 크다.

나 역시 처음에는 마음만 앞서 있었다. 운동도 하고 싶고, 공부도 하고 싶고, 취미도 다시 시작하고 싶다는 생각이 한꺼번에 밀려왔다. 하지만 결국 욕심을 줄이고, 딱 한 가지에 집중하기로 했다. 내가 선택한 건 운동이었다. 처음에는 주 2회 정도, 1시간씩 시간을 내서 필라테스를 등록했다. 아이와 함께하는 저녁 시간이 줄어드는 것 같아 죄책감이 들기도 했지만, 남편의 권유로 시작한 운동은 생각보다 큰 힘이 되었다. 몸이 한결 가벼워지고 스트레스도 줄었으며, 아이와 함께할 때도 더 여유를 가질 수 있었다.

그러다 아이가 조금 크면서 숙제를 봐주거나, 엄마가 함께 있어 주어야 하는 시간이 늘었다. 자연스럽게 저녁 시간을 아이와 더 보내야겠다는 마음이 커졌고, 운동 방식을 다시 조정할 필요가 생겼다. 그래서 강도는 높이고 시간은 줄여, 아파트 단지를 10~15분 뛰고 집에서 스트레칭으로 마무리하는 짧은 루틴으로 바꿨다. 겉보기엔 단순하지만 꾸준히 이어가니 효과는 충분했고, 오히려 내 생활에 더 잘 맞았다. 지금도 이 습관은 계속되고 있다. 이 경험을 통해 깨달은 건, 결국 욕심을 덜고 꾸준히 지킬 수 있는 '한 가지'를 찾는 것이 가장 중요하다는 점이었다.

퇴근 후 시간을 더 가치 있게 쓰고 싶다면, 욕심내어 많은 일을 동시에 시작하기보다 딱 한 가지를 선택해 꾸준히 이어가는 것부터 해보자. 중요한 건 '매일 조금씩 할 수 있는가, 그리고 본업에 무리가 없는가'다. 작은 습관이라도 꾸준히 이어가면 생각보다 큰 변화를 만들어낸다.

하고 싶은 게 많다면, 한 달 단위로 나누는 것도 좋은 방법이다. 이번 달은 운동, 다음 달은 독서, 그 다음 달은 온라인 강의처럼 말이다. 급할 필요는 없다. 하나씩 차근차근 시도하면 된다.

중요한 건 루틴화다. 퇴근 후 일정 시간에는 오직 그 활동에만 몰입하는 것이다. 나머지 하고 싶은 것들은 메모해 두었다가, 여유가 생기면 차례로 시도하면 된다. 이렇게 하면 현재는 하나에 집중하면서도, 미래의 가능성은 열어둘 수 있다.

루틴을 정할 때는 내 상황을 꼼꼼히 살펴보는 게 중요하다. 야근이 잦아서 퇴근 시간이 일정하지 않다면 퇴근 후에는 쉬거나 자기 전에 할 수 있는 15~20분 정도의 짧은 활동이 현실적이다. 체력적으로 지치는 날이 많다면, 격한 운동보다는 가볍게 몸을 풀거나 스트레칭하며 긴장을 내려놓는 시간이 더 잘 맞을 수 있다. 아이가 어리다면, 집에서 함께 책을 읽거나 짧게 대화를 나누는 시간이 오히려 더 꾸준히 이어지기 쉽다. 어떤 날에는 간단한 메모로 하루를 정리하는 것만으로도 충분할 수 있다.

핵심은 내 상황에 맞게, 무리 없는 범위에서 정하는 것이다. 어떤 사람에게는 하루 20분이 가장 알맞을 수 있고, 또 다른 사람에게는 가족과 함께하는 짧은 시간이 최선일 수 있다. 중요한 건 크고 거창한 계획이 아니라, 꾸준히 지킬 수 있는 작은 루틴 하나에서 시작하는 것이다.

한 가지 팁은, 처음부터 많은 것을 욕심내지 말고 하나를 루틴화한 뒤 필요하다면 하나씩 추가하는 것이다. 예를 들어, 퇴근 후 20분 정도 가볍게 몸을 풀며 하루를 마무리하는 루틴이 자리를 잡았다면, 그 다음에는 짧은 독서나 정리 시간을 덧붙여 볼 수 있다. 혹은 저녁 식사 후 15분 정도 조용히 나만의 시간을 보내는 것이 익숙해졌다면, 주말에는 다음 주를 준비하는 간단한 정리 루틴을 더해보는 식이다. 중요한 건, 동시에 여러 개를 붙잡지 않고, 단계적으로 늘려가는 것이 꾸준히 할 수 있는 비결이라는 점이다.

한 달 정도 지나면, 이런 질문들을 스스로에게 해보자. '이 루틴이 나에게 실제로 도움이 되고 있는가? 스트레스가 줄어들고 만족감이 늘었는가? 본업에도 긍정적인 영향을 주고 있는가? 만약 답이 '예'라면 계속 이어가면 되고, 조금이라도 억지스럽거나 부담스부담스럽게 느껴진다면 과감히 조정하거나 다른 활동으로 바꿔도 된다. 루틴은 나를 옭아매는 게 아니라 도와주는 도구이어야 한다. 무엇보다 퇴근 후 시간은 나를 더 바쁘게 만드는 시간이 아니다. 오히려 내일을 살아갈 에너지를 충전하고, 본업에서 더 힘 있게 나아갈 수 있도록 돕는 회복의 시간이어야 한다.

결국 퇴근 후 루틴에서 중요한 것은 욕심이 아니다. 내가 지킬 수 있는 한 가지를 선택해 꾸준히 이어가는 것, 그 단순한 원칙이 가장 강력하다. 여러 가지를 동시에 붙잡으려다 지쳐 포기하는 것보다, 작은 습관 하나를 끝까지 지켜내는 편이 훨씬 더 큰 힘을 만든다. 그렇게 쌓인 꾸준함은 단순한 취미나 자기계발을 넘어, 나의 자존감과 회복력,더 나아가 본업에서의 성과까지 지탱하는 토대가 된다.

우리가 퇴근 후 시간을 더 현명하게 쓰고자 애쓰는 이유는 결국 더 잘 살고, 더 행복하게 일하기 위해서다. 그러니 오늘부터는 욕심을 조금 덜고, 하나를 정해 차근차근 지켜보자. 하루의 끝에서 맛보는 작은 성취가 내일의 에너지가 되어, 다시 우리를 앞으로 나아가게 할 것이다.

나는 루틴을 만들어 생활하는 데 집중하면서, 시간을 '잘 활용해야 한다'는 생각에 늘 사로잡혀 있었다. 하루하루를 어떻게 보내야 더 생산적인지를 고민하다 보니, 어느 순간 그것은 목표가 아니라 강박이 되어 있었다. 본업에서 성과를 내야 하는 것은 물론이고, 커리어를 더 준비해야 한다는 생각에 나는 쉼 없이 나를 몰아붙였다. 물론 그 과정에서 좋은 기회로 첫 번째 책을 출간할 수 있었다. 책 출간은 큰 성취였고, 나에게 분명히 값진 경험이었다. 그 성취는 곧 새로운 출발점이 되었다. '이제는 또 어떤 목표를 세우고, 어떻게 더 나아가야 할까?'라는 생각이 끊임없이 이어졌고, 나는 스스로에게 한 번도 충분하다고 말해주지 못했다.

그러면서 삶의 모든 영역을 단 하나도 놓치지 않으려 애썼다. 아이 엄마로서 육아와 교육도 중요했고, 직장인이라면 누구나 그렇듯 재테크와 부동산 같은 현실적인 과제도 끊임없이 신경 써야 했다. 결국 나는 늘 '뭔가를 하고 있어야 한다'는 압박 속에서 하루를 보냈다. 가만히 있는 시간은 허비라고 여겼고, 멍하니 보내는 순간은 곧 나태함으로 느껴졌다. 무언가를 이루지 못한 하루는 곧 무가치한 하루처럼 느껴졌다.

어느 날, 몸은 마음보다 먼저 한계에 도달했다. 자고 일어나 거울을 본 순간, 얼굴 전체가 염증으로 뒤덮여 있었다. 이유를 알 수 없는 급격한 변화였다. 여러 병원을 다녔지만, 뚜렷한 원인이나 확실한 처방은 없었다. 돌아오는 대답은 늘 비슷했다. "면역력이 떨어졌어요", "스트레스가 원인

일 수 있어요"라는 말 뿐이었다. 상황은 점점 심각해져 출근조차 버거웠고, 얼굴 상태 때문에 일상적인 외출마저 망설여야 했다.

결국 내가 할 수 있는 것은 하나였다. 잠시 멈추는 것. 쉬면서 회복하는 것이었다. 당시에는 재택근무로 업무 강도를 낮추고, 시간을 두며 휴식을 취하자 조금씩 피부가 회복되었다. 그때 비로소 깨달았다. 내가 그토록 외면했던 '아무것도 하지 않는 시간'이야말로 내 몸과 마음을 살리는 루틴이라는 사실을. 지금도 스트레스가 쌓이면 어김없이 피부가 먼저 신호를 보낸다. 덕분에 나는 '쉼'을 게으름이 아니라, 나를 지키기 위한 필수 루틴으로 받아들이게 되었다.

많은 직장인들이 '시간 관리'를 잘한다는 것을 곧 하루 종일 무언가를 해내는 것과 동일시한다. 퇴근 후에도 운동, 공부, 자격증 준비, 재테크 등으로 하루를 빽빽하게 채워야 생산적인 삶을 산다고 믿는다. '쉬는 건 게으른 사람이나 하는 것'이라는 생각이 은근히 자리 잡아, 소파에 잠시라도 누워 있으면 곧바로 죄책감이 밀려온다. 그래서 멍하니 있는 시간을 허비로 여기고, '오늘은 아무것도 못했다'는 자책으로 하루를 마무리하곤 한다.

이런 강박은 오히려 삶을 더 지치게 만든다. 일터에서 이미 하루 종일 에너지를 쏟아낸 뒤에도, 퇴근 후까지 성과를 내야 한다는 압박은 몸과 마음 동시에 소진 시킨다. 결국 '나를 발전시키기 위해' 시작한 자기계발이 어느새 나를 더 옥죄는 굴레가 되는 것이다. 쉬지도 못하고, 그렇다고 만족스러운 성취도 느끼지 못하는 악순환이 이어진다.

우리 뇌에는 흥미로운 기능이 하나 있다. 마치 컴퓨터가 절전 모드로 전환되듯, 뇌도 '자동모드'로 바뀌는 순간이 있다는 것이다. 뇌과학에서는 이를 *디폴트 모드 네트워크(Default Mode Network, DMN)*라고 부른다. 업무나 문제 해결처럼 집중할 때는 잘 드러나지 않지만, 멍하니 있거나 산책을 할 때처럼 의식적인 노력이 멈춘 순간에 오히려 활발하게 작동한다.

마치 정리정돈을 하는 사람처럼, 이때 뇌는 단기 기억을 정리하고 감정을 조율하며, 새로운 아이디어와 창의적인 연결을 만들어 낸다. 즉, 우리가 겉으로는 아무 일도 하지 않는 것처럼 보일 때, 뇌는 보이지 않는 곳에서 중요한 작업을 수행하고 있는 것이다. 이처럼 뇌가 '멈춤의 순간'에 스스로를 정리하듯, 우리의 마음도 짧은 회복의 시간을 통해 다시 에너지를 채운다.

심리학에서는 마이크로 리커버리(Micro recovery)라는 개념에 주목한다. 이는 하루 중 짧은 휴식만으로도 스트레스를 완화하고 에너지를 재충전할 수 있으며, 장기적으로는 업무 성과와 집중력을 높일 수 있다는 이론이다. 실제 연구에 따르면, 이런 짧은 회복의 순간은 피로를 줄이고 활력을 높이며, 직장에서 회복 탄력성을 높여 번아웃을 예방하는 효과가 있다. 흥미로운 점은, 단 몇 분간의 가벼운 활동, 예를 들어 짧은 산책, 음악 감상처럼 특별한 준비가 필요 없는 행동만으로도 우리의 심리적 자원을 회복시키는 데 충분한 도움을 준다는 사실이다.

의학적으로도 휴식은 기본이다. 충분히 쉬지 못하면 면역력이 떨어지고, 번아웃이 더 빠르게 찾아온다. 결국 쉼은 낭비가 아니라, 꾸준한 루틴을 유지하며 성과를 내기 위한 필수 조건이다.

문제는 우리가 이 사실을 알면서도 정작 제대로 쉬지 못한다는 데 있다. 퇴근 후 집에 돌아오면 '무엇을 해야 잘 쉰 걸까?'라는 고민 끝에서 또다시 스마트폰이나 TV로 시간을 흘러 보내기 쉽다. 그래서 휴식 역시 구체적인 방법과 기준을 가진 루틴으로 만들어 설계해야 한다. 그래야 비로소 죄책감 없이 쉴 수 있고, 다음 날을 위한 에너지도 확실히 회복할 수 있다.

(1) 내게 맞는 쉼 찾기

퇴근 후 나에게 진짜 쉼이 되는 방식을 찾아보자. 어떤 사람은 조용히 불을 낮추고 멍하니 앉아 있는 것만으로도 충분하다. 또 어떤 사람은 따뜻한 차를 마시며 음악을 듣거나, 친구를 만나 가볍게 이야기를 나누는 시간 속에서 비로소 쉼을 느낀다. 누군가는 간단한 간식을 챙겨 먹거나 반려동물과 보내는 순간에서 충전감을 얻는다. 중요한 것은 무엇을 하느냐가 아니라, '그 시간이 나에게 온전한 회복감을 주는가'이다. 작은 시간이라도 나를 편안하게 하는 방식을 꾸준히 찾고, 의식적으로 반복하다 보면 '나는 이렇게 쉴 때 가장 회복이 된다'는 나만의 리듬을 발견할 수 있다.

(2) 휴식과 시간 낭비 구분하기

휴식은 충전감을 남기지만, 시간 낭비는 허무함을 남긴다. 스마트폰, TV, 무의미한 웹서핑처럼 끝나고 나서 '도대체 뭐 했지?'라는 공허함이 남는다면, 그것은 휴식이 아니다. 반대로, 짧은 시간이라도 몸과 마음이 가벼워지고 다시 움직일 힘이 생긴다면 그것은 진짜 쉼이다. 하루를 마무리하며 '오늘은 짧지만 제대로 쉬었다'라는 감각이 들면 성공이다. 이처럼 휴식과 시간 낭비의 차이를 분별할 수 있게 되는 것만으로도 우리는 스스로에게 필요한 쉼을 더 의식적으로 선택할 수 있다.

(3) 스마트폰 디톡스 실천하기

스마트폰은 휴식과 시간 낭비의 경계를 가장 쉽게 흐리는 도구다. 사실 우리 대부분은 자신도 모르는 사이에 스마트폰에 과도하게 의존하고 있다. 잠깐 확인만 하자는 생각으로 손에 들었다가도, 어느새 SNS, 영상, 뉴스에 빠져들어 시간을 잃는다. 특히 휴식 시간에는 긴장이 풀리기 때문에 스마트폰에 더 쉽게 끌려 들어간다.

가장 좋은 방법은 스마트폰을 아예 시야에서 치우는 것이다. 휴식을 시작할 때 서랍 속에 넣어두거나, 다른 방에 두고 오면 훨씬 효과적이다. 하루 종일 참을 필요는 없다. 단지 20분~30분, 휴식하는 그 시간만큼은 절대 보지 않는다고 정해두면 된다. 이 작은 원칙만으로도 휴식의 질은 눈에 띄게 달라진다. 처음에는 불안하게 느껴질 수 있지만, 익숙해지면 오히려 머릿속이 한결 가벼워지고 '쉼다운 쉼'을 경험할 수 있다.

(4) 쉼을 루틴화하기

휴식도 하나의 루틴으로 만들어야 죄책감 없이 온전히 쉴 수 있다. 예를 들어, 소파에 누워 20분 낮잠을 자거나, 자기 전 조용히 음악을 듣거나 따뜻한 차를 마시며 멍하니 있는 시간을 일정에 의도적으로 넣어보자. 더 나아가, 격주에 한 번쯤 은 가까운 친구를 만나 가볍게 웃고 이야기하는 시간도 좋은 루틴이 된다. 이런 작은 쉼을 미리 약속처럼 기록해 두면, '이건 정해진 내 루틴이다'라는 인식이 생겨 불필요한 죄책감 없이 마음 편히 쉴 수 있다.

무엇보다 중요한 것은 조급해 하지 않고, 다른 사람과 비교하지 않는 태도다. 누군가는 운동을 하고, 누군가는 자기계발을 한다고 해서 나 역시 반드시 그래야 하는 것은 아니다. 나에게 회복을 주는 방식을 알고, 그것을 꾸준히 반복하는 것. 그것이 핵심이다. 그렇게 할 때 비로소 휴식은 나를 지켜주는 확실한 루틴으로 자리 잡는다.

아무것도 하지 않는 것도 루틴이다. 우리는 흔히 일을 더 많이 하고, 더 배우고, 더 채워 넣어야 성장한다고 생각한다. 사실 잘 쉰 하루가 있어야 내일의 성과도 가능하다. 휴식은 멈춤이 아니라, 나를 앞으로 나아가게 하는 숨 고르기다.

오늘 저녁, 단 20분만이라도 스마트폰을 내려두고 의도적으로 '아무것도 하지 않기'를 해보면 어떨까. 조용히 앉아 창밖을 바라보거나, 눈을 감고 호흡에 집중하는 것만으로도 충분하다. 짧은 순간이지만 그 속에서 몸과 마음은 차분히 회복되고, 내일을 위한 에너지를 다시 채우게 된다.

혹시 마음 한구석에서 '이렇게 쉬어도 괜찮을까?라는 불안이 올라온다면, 이렇게 스스로에게 말해 주자. "나는 지금 잘 쉬고 있고, 이 시간이 나를 지켜주고 있다." 아무것도 하지 않는 그 순간이야말로, 당신이 더 오래, 더 단단하게 버틸 수 있도록 돕는 가장 강력한 루틴이 된다.

"어젯밤, 잠들기 전 당신은 무엇을 하며 하루를 마무리했습니까?"라는 질문에 답해보자.

많은 사람들이 퇴근 후 TV 앞에 앉아 있다가 그대로 잠들거나, 스마트폰을 들여다보다가 하루를 끝낸다. 겉보기에는 편안해 보일지 몰라도, 사실은 오늘 하루의 감정과 생각이 정리되지 않은 채 그대로 남은 채 하루가 끝난다. 해야 할 일, 대화 속에서 남은 기분, 풀리지 않은 고민들이 마무리되지 못한 상태로 다음 날로 이어진다.

하루의 마지막 시간을 어떻게 보내느냐는 사소해 보이지만, 오늘의 일과 감정을 깔끔히 정리해야만 비로소 내일 하루를 가볍게 시작할 수 있다. 하루의 끝을 어떻게 보내느냐에 따라, 내일의 기분과 성과는 분명히 달라진다. 하루 정리 루틴을 통해 '오늘은 여기까지'라는 확실한 마침표를 찍으며, 마음까지 정리해야 한다.

하루를 정리하는 루틴은 단순히 오늘의 일을 기록하는 것이 아니다. 마음속에 남아있는 감정을 정돈하고, 하루의 경험을 차분히 마무리하는 과정이다. 심리학 연구에서도 하루를 돌아보는 행위는 스트레스를 완화하고 정서적 안정을 높이는 데 효과적이라는 사실이 여러 차례 입증되었다.

미국 심리학자 제임스 페니베이커(James Pennebaker)의 연구에 따르면, 하루의 사건과 감정을 글이나 말로 표현한 사람들은 그렇지 않은 사람들보다 불안 수준이 낮고 회복탄력성이 높았다. 그는 참여자들을 두 집단으로 나누었다. 하나는 스트레스 사건을 단순히 마음에 담아 두는 집단, 다른 하나는 그것을 글로 쓰는 집단이었다. 그 결과 글을 쓴 집단은 몇 주가 지난 후에도 우울과 불안 수준이 눈에 띄게 낮았고, 면역 기능과 같은 신체 건강 지표도 개선되었다. 결국 감정을 억누르기보다 밖으로 표현하는 과정이 마음의 짐을 덜어내고, 신체적 회복으로 이어진다는 사실을 확인할 수 있었다.

또한 하루를 정리하는 습관은 수면의 질에도 직접적인 영향을 준다. 마음속에 남은 일이나 감정이 정리되지 않으면, 뇌는 여전히 일을 처리 중인 상태로 남아 깊은 잠에 들지 못한다. 반대로 오늘 있었던 일과 감정을 짧게 라도 정리하면, 뇌는 '오늘은 끝났다'는 신호를 받아 비로소 편안한 휴식 상태로 전환된다.

결국 하루 정리 루틴은 단순한 기록이 아니라, 내 마음을 가볍게 하고 내일을 위한 에너지를 회복하는 심리적 리셋 장치다. 오늘의 감정과 생각을 정돈하면, 마음은 한결 가벼워지고 다음 날을 새롭게 시작할 힘이 생긴다.

나 역시 한때는 하루를 그냥 넘겼다가, 다음 날까지 마음이 무거워지는 경험을 자주 했다. 특히 '유학'이라는 특수한 업무 특성상, 고객과 긴 호흡으로 소통하며 일을 진행하다 보니 예민하고 민감한 상황이 잦았다. 고객의 작은 말 한마디에도 감정이 쉽게 소진됐고, 업무를 마치고 나면 유난히 큰 피로감이 남았다. 그 감정이 집까지 따라오고, 심지어 아침까지 이어지니 하루가 더 버겁게 시작되곤 했다.

처음에는 친구나 남편에게 털어놓으려 했다. 하지만 막상 말을 꺼내려면, 내가 하는 업무의 절차부터 길게 설명해야 했다. 그런 노력과는 달리 듣는 사람은 이해하기도 어려워, 대화가 길어질수록 오히려 내가 더 지쳐버렸다. 동료에게 말하는 것도 쉽지 않았다. 내 부정적인 감정에 함께 빠지게 할까 걱정됐고, 혹시 감정이 격해진 채로 말실수를 하게 될까 불안했다. 결국 어디에도 제대로 풀지 못한 감정이 그대로 쌓여만 갔다.

내가 선택한 방법은 '나에게 털어놓기'였다. 그날 있었던 일과 내 감정을 글로 정리하며 하루를 마무리했다. 신기하게도 머릿속이 한결 가벼워졌다. 단순히 기록을 남기는 것이 아니라, 마음을 솔직히 털어놓고 스스로 정리하는 과정이었다. 글로 쓰다 보니 감정이 객관적으로 정리되었고, 동시에 나를 다독이는 힘도 생겼다.

중요한 건 완벽하게 기록하는 게 아니었다. 몇 줄이라도 솔직하게 적는 것만으로도 충분했다. 그렇게 하루를 정리하는 루틴을 이어가다 보니, 쌓여 있던 감정은 점점 가벼워졌다. 좋은 일까지 함께 기록하면서 작은 성취감도 느낄 수 있었다. 작은 기록이 쌓일수록 하루를 정리하며 얻는 안정감 역시 커졌다. 이 과정을 어떻게 실천할지는 각자 다를 수 있지만, 몇 가지 기본적인 방법을 참고해도 누구나 자신만의 하루 정리 루틴을 만들 수 있다.

하루 정리 루틴 만들기 실천방법

(1) 감사 노트 쓰기

"지금부터 파란 토끼를 생각하지 마세요"라고 하면 어떤가? 오히려 머릿속에는 파란 토끼만 떠오른다. 이렇듯 '짜증내지 말아야지', '걱정하지 말아야지'라고 다짐할수록, 오히려 부정적인 생각이 더 강해진다. 대신 오늘 감사했던 일, 행복했던 순간을 떠올리면 마음은 훨씬 부드럽고 긍정적인 방향으로 정리된다.

하루를 마무리할 때 감사한 일 세 가지를 적어보자. 하루의 끝에 감사한 일을 적는 이 습관은 생각보다 큰 힘을 발휘한다. 세 가지를 적을 수 있다면 가장 좋지만, 단 한 가지라도 괜찮다. 처음에는 억지로 끄적이는 것 같아 유치하게 느껴질 수도 있지만, 꾸준히 이어가다 보면 마음의 결이 조금씩 달라지는 걸 느끼게 된다.

지금 내가 감사하는 것들을 예로 들어보면 이렇다.
- 오늘 아침에 루틴대로 6시 30분에 일어나, 운동을 하고 이렇게 책 집필을 할 수 있는 상황에 감사하다.
- 오후에 운전을 해야 할 일이 있는데, 밤새 많이 내리던 비가 그쳐서 감사하다.
- 어제 청소를 하다 허리를 살짝 삐끗했는데, 하루 만에 괜찮아진 것에 감사하다.
- 늦잠 자지 않고 함께 일어나 옆에서 책을 읽고 있는 아들의 모습 역시 감사하다.

이렇게 사소한 것들을 적기 시작하면, 내 삶 속에 이미 충분히 감사할 만한 일들이 많다는 사실을 새삼 발견하게 된다. 작은 감사가 쌓일수록 하루의 끝은 더 따뜻해지고, 불필요한 걱정 대신 감사했던 장면들이 떠올라 편안하게 하루를 마칠 수 있다.

흥미로운 점은, 감사를 기록할 때 뇌에서 세로토닌·옥시토신·도파민 같은 호르몬이 분비되어 안정감, 유대감, 만족감을 높여 준다는 사실이다. 단순히 기분이 좋아지는 것을 넘어 몸과 마음이 실제로 회복되는 효과가 있는 셈이다. 억지로 시작해도 괜찮다. 적다 보면 점점 감사할 거리가 늘어나고, 하루는 훨씬 따뜻하게 마무리된다.

(2) 감정 일기 쓰기

하루를 살다 보면 누구나 힘든 일, 속상한 일, 아픈 순간을 마주하게 된다. 직장 내 갈등, 가족과의 오해, 예상치 못한 문제들, 건강에 대한 걱정 등 다양한 상황에서 복잡한 감정이 생긴다. 상황 속에서 감정은 쉽게 복잡해지고 마음은 금세 지친다. 그러나 '괜찮아지겠지'하며 감정을 회피하거나 덮어두면 오히려 그 감정은 더 오래, 더 깊게 남는다. 이때 필요한 것은 회피가 아니라, 내 감정을 있는 그대로 마주하는 것이다. 그럴 때 선택할 수 있는 효과적인 방법이 바로 '나에게 털어놓는 감정 일기'다.

감정 일기는 시간 순서대로 사건을 정리하는 일기와는 다르다. '무슨 일이 있었고, 그때 내가 어떤 감정을 느꼈는지'를 솔직하게 적는 것이다. 예를 들어, 나는 다음과 같은 내용들을 적곤 했다.

- 오늘 고객이 준비 서류가 늦어진 것을 내 탓처럼 이야기했다. 사실 학교에서 답변이 늦어진 것이었는데, 괜히 내가 일을 지연시킨 것처럼 들려 억울하고 답답했다.
- 비자 심사 과정에서 생긴 문제를 두고 고객이 내가 제대로 챙기지 않았다고 말했다. 사실은 규정상 어쩔 수 없는 상황이었는데, 괜히 내가 부족해서 일이 꼬인 것처럼 느껴져 속상했다.

또 다른 날은
- 가족 모임에서 내 일에 대해 계속 걱정 섞인 조언을 들었다. 좋은 의도인 건 알지만, 마치 내가 잘못된 선택을 한 것처럼 느껴져 위축되고 서운했다.

이처럼 단순히 사건과 감정을 적는 것만으로도 머릿속이 훨씬 가벼워진다. 중요한 건 글을 잘 쓰는 것이 아니라, 내 마음을 있는 그대로 내려놓는 행위 그 자체다.

이렇게 쌓인 기록을 돌아보면 내가 반복적으로 어떤 상황에서 어떤 감정을 느끼는지 패턴이 보이기 시작한다. 스스로를 더 잘 이해하게 되고, 내 감정을 한 발 떨어져 객관적으로 바라볼 수 있어 회복이 훨씬 빨라진다. 나의 경우, 내 잘못이나 실수가 아닌 상황에서 중개자 역할에서 생긴 문제를 고객이 지적할 때 억울함을 크게 느낀다는 점을 발견했다. 그런데 이런 기록을 통해 오히려 '이 부분이 내가 더 단단해 져야 할 부분이구나' 라고 받아들일 수 있게 되었다.

그 뒤로는 고객이 헷갈리기 쉬운 부분, 놓치기 쉬운 절차, 혹은 예상 가능한 리스크를 미리 점검하고 안내하는 습관이 생겼다. 단순히 감정을 풀어내는 것에서 그치지 않고, 나의 업무 방식과 태도까지 함께 발전시킨 것이다.

또한 감정 일기는 부정적인 감정만 털어놓는 공간이 아니다. 오늘 있었던 작은 성취나 기분 좋았던 순간을 함께 적으면, 그 기쁨과 뿌듯함이 기록되며 더 또렷하고 오래 남는다. 예를 들어 '오늘은 퇴근 전에 미뤄둔 일을 끝냈다, 스스로 대견하다'라고 쓰는 것만으로도 긍정적인 감정이 배가 된다. 결국 감정 일기는 단순한 기록이 아니라, 내 삶을 정리하고 성장으로 이어지게 하는 루틴이다.

하루를 정리하는 루틴은 결코 거창하거나 길 필요가 없다. 단 5분이라도 그 시간을 마련해 꼭 실천해보기를 추천한다. 잠들기 전 짧게라도 마음을 정리하면, 하루의 감정은 다음 날로 이어지지 않고 오늘 안에서 정돈된다.

처음에는 루틴으로 정착되기까지 어색하거나 번거로울 수 있다. 이럴 때는 다음과 같은 방법들을 시도해보자.

- **침대 옆에 노트와 펜을 미리 준비해두기**
- **매일 같은 시간에 알림을 설정해두기**
- **한 번에 많이 쓰려 하지 말고, 한두 줄이라도 꾸준히 이어가기**
- **며칠 빠뜨렸다고도 스스로 탓하지 말고 다시 시작하기**

감사 노트와 감정 일기는 단순한 기록을 넘어 나를 돌보고 성장시키는 도구다. 감사 일기는 부정적인 생각의 고리를 끊어주고, 하루 속 작은 기쁨을 더 또렷하게 느끼게 해준다. 감정 일기는 쌓여 있던 마음을 풀어내는 통로가 되어, 내가 어떤 순간에 흔들리는지, 어떤 지점에서 회복이 필요한지를 깨닫게 한다. 꾸준히 적어가다 보면, 하루하루가 그저 흘러가는 시간이 아니라 '나를 이해하고 채워가는 과정'으로 바뀌게 된다.

오늘 자기 전, 단 5분만 시간을 내어보자. 감사한 일 한 가지와 오늘 느낀 감정 한 줄을 적어보는 것, 그것이면 충분하다. 처음에는 사소하고 유치하게 느껴질 수도 있다. 작은 기록이 쌓일수록 마음은 점점 정리되고, 스스로를 대하는 태도는 더 단단해진다. 그렇게 하루를 정리하는 습관이 이어질 때, 당신의 하루는 더 안정적이고, 내일은 더 가볍게 열린다.

지속 가능한
성과를 위한 루틴 리셋

1 | 루틴이 무너지는 3가지 함정

　루틴을 이어가다 보면, 이유 없이 몸이 무겁고 마음이 따라주지 않을 때가 찾아온다. 며칠 전까지만 해도 자연스럽게 일어나던 알람이 오늘은 유난히 버겁게 들리고, 습관처럼 펴던 노트 앞에 앉는 일도 괜히 귀찮게 느껴진다. 의욕이 사라지고, 집중이 흐트러지며, '왜 이렇게 됐을까' 하는 자책이 마음을 짓누른다. 하지만 이런 흔들림은 누구에게나 찾아오는 자연스러운 흐름이다.

　루틴은 한 번 세우면 끝까지 똑같이 유지되는 기계적인 습관이 아니다. 매일의 컨디션과 감정, 환경에 따라 변하는 '살아 있는 생활 패턴'이다. 그래서 아무리 잘 지켜오던 루틴이라도, 어느 날은 피곤함 때문에 놓치기도 하고, 당장의 편안함에 마음이 흔들리기도 한다. 때로는 꾸준히 이어가던 루틴이 금세 흐트러지며, '나는 역시 꾸준하지 못한 사람인가?' 하는 자책이 들기도 한다.

　이런 경험은 실패가 아니다. 루틴을 지키는 과정에서 누구나 겪는 자연스러운 과정이다. 문제는 루틴이 무너지는 데 있는 게 아니라, 그 순간 나를 탓하며 완전히 포기해 버리는 태도에 있다.

- 열정이 줄어들어 아무것도 하기 싫은 무기력한 시기.

- 편안함과 즉각적인 즐거움에 마음이 끌리는 유혹의 순간.

- 며칠 지키다 흐트러졌다고 의욕을 잃는 작심삼일의 패턴.

이 세 가지는 루틴을 유지하는 사람이라면 누구나 한 번쯤 마주하게 되는 벽이다.

중요한 건 이 벽을 피하는 것이 아니라, 넘어졌을 때 어떻게 다시 일어설지를 아는 일이다. 루틴은 한 번에 완성되지 않는다. 무너지고 다시 세우는 과정이 반복되며, 비로소 내 삶 속에 단단히 자리 잡는다.

첫번째 함정: 무기력

루틴을 잘 지켜오던 사람에게도 어느 날 갑자기 찾아오는 시기가 있다. 이전에는 자연스럽게 일어나 준비하던 일상이 어느 순간부터 버거워진다. 해야 할 일 앞에서도 마음이 쉽게 움직이지 않는다. 무언가를 특별히 많이 하지도 않는데 계속 피로하고, 아무것도 하기 싫어진다. 의욕이 떨어지고, 집중이 되지 않으며, 괜히 모든 것이 무의미하게 느껴진다면, 그건 바로 무기력한 시기, 이른바 슬럼프다. 이 시기를 마주했을 때 가장 먼저 해야 할 일은 스스로를 다그치지 않는 것이다.

우리는 흔히 이런 상태를 나약함이나 게으름으로 판단하지만, 심리학에서는 누구에게나 일정한 주기로 감정과 에너지의 리듬이 변한다고 설명한다. 에너지를 많이 쏟은 시기에는 자기조절 자원이 일시적으로 고갈되어 집중력이나 의지력이 떨어질 수 있고, 이는 매우 자연스러운 현상이다. 스포츠 심리학에서도 꾸준히 경기력을 유지하던 선수들이 피로 누적이나 동기 저하로 일시적인 부진을 겪는 시기를 '슬럼프'라고 부른다. 즉, 슬럼프는 잘못이 아니라, 잠시 멈추고 회복이 필요하다는 신호다.

이럴 때는 억지로 모든 루틴을 유지하려 애쓰기보다, 기본 루틴만 남겨 지키는 것이 도움이 된다. 루틴을 완전히 끊어내지 않도록 '최소한의 루틴'만 남겨두자. 평소 30분 운동하던 사람이라면 단 5분 스트레칭만 해도 좋고, 아침 독서를 대신해 하루 한 문장만 적는 것도 충분하다. 이렇게 작은 행동이라도 꾸준히 이어가면, 완전히 '멈추지 않았다'는 안정감이 생기고, 다시 시작할 힘을 잃지 않게 된다.

또한 휴식 자체를 루틴의 일부로 받아들이는 태도도 필요하다. 무기력할수록 우리는 쉬는 것을 '게으름'으로 오해하지만, 사실 충분한 휴식이 있어야 다음 단계를 위한 에너지가 채워진다. 짧은 낮잠, 산책, 조용한 음악 듣기 같은 회복 루틴은 아무것도 하지 못했다는 죄책감 대신 '지금은 충전 중'이라는 명확한 안정감을 얻을 수 있다.

무기력한 시기에는 속도가 느려져도 괜찮다. 중요한 건 완벽하게 달리는 게 아니라, 천천히라도 루틴의 끈을 이어가는 것이다. 하루 동안 실행하는 루틴이 줄어들 수는 있다. 하지만 방향만 잃지 않는다면, 루틴은 여전히 살아 있다. 이 시기는 멈춘 것이 아니라 잠시 속도를 조절하는 시기일 뿐이다. 이 시간을 인정하고 받아들이면, 자연스럽게 다시 리듬을 되찾게 된다.

두 번째 함정: 유혹

무기력이 에너지 고갈의 문제라면, 유혹은 선택의 문제다. 해야 할 일을 알고, 하고싶은 마음도 있지만, 지금 이 순간의 편안함과 즐거움이 더 달콤하게 느껴질 때가 있다. 의지를 다잡으려 해도 자꾸만 손이 스마트폰으로 가고, 무심코 SNS를 둘러보다 시간을 흘러 보낸다. 드라마 한 편만 보려던 것이 밤 늦게까지 이어질 때도 있다. 혹은 그냥 소파에 몸을 눕히고 아무것도 하지 않은 채, '조금만 더 쉬자'는 마음으로 시간을 보내다 루틴을 놓치기도 한다. 이처럼 당장의 편안함이 루틴을 밀어내는 순간, 그것이 바로 두 번째 함정, 유혹이다.

많은 사람들은 이런 상황을 두고 '내 의지가 약하다'고 생각한다. 유혹은 단순히 의지의 문제가 아니다. 심리학과 행동경제학 연구에 따르면,

사람은 눈앞의 즐거움을 미래의 보상보다 더 크게 느끼는 '현재편향'을 보인다. 눈앞의 즐거움이 먼 미래의 목표보다 훨씬 현실적이고 생생하게 느껴지기 때문이다. 그래서 우리는 루틴보다 당장의 편안함에 쉽게 끌린다. 지금 휴식을 택하면 바로 편안함을 느낄 수 있지만, 루틴을 지켰을 때 얻게 되는 성취감은 시간이 지나야 다가온다. 따라서 의지 하나로 유혹을 이기려는 방식은 오래가기 어렵다. 진짜 해결책은 환경을 바꾸는 것이다.

가장 먼저, 유혹거리를 물리적으로 멀리 두는 것부터 시작해보자. 루틴에 집중해야 할 시간이라면, 스마트폰을 다른 방에 두거나 알림을 꺼두는 것만으로도 방해 요인을 크게 줄일 수 있다. 집중이 필요한 책상 위에는 필요한 도구만 남기고, 눈에 띄는 곳에는 '목표'나 '다짐' 대신 '차분한 메시지'를 붙여두자.

두 번째는 즉각적인 보상 체계를 설계하는 것이다. 루틴을 지킨 후 짧은 휴식이나 좋아하는 음료 한 잔처럼 작고 긍정적인 보상을 미리 약속해두면, 유혹을 이기기 위한 동기가 생기고 만족감도 높아진다. '끝나고 나면 내가 좋아하는 걸 할 수 있다'는 기대는 지속적으로 루틴을 이어가게 하는 강한 힘이 된다.

마지막으로, 시각화 된 기록을 활용하자. 달력에 체크하거나, 작은 스티커를 붙이는 단순한 방식이라도 '오늘도 해냈다'는 성취감을 눈으로 확인할 수 있다. 이러한 시각적 성취는 즉각적인 보상의 효과를 주어, '미루고 싶은 마음'보다 '계속 이어가고 싶다'는 동기를 강화한다.

유혹은 누구에게나 찾아온다. 이럴 때 필요한 것은 의지만으로 버티려 하기보다, 루틴을 지키기 쉽게 만드는 환경을 갖추는 일이다. 방해 요소를 줄이고 실행에 집중할 수 있는 환경으로 바꾸면, 루틴은 더 이상 의지력에만 기대지 않는다. 그런 환경 속에서는 매일의 실천이 한결 수월해지고, 작은 행동이 꾸준히 이어지며 루틴은 생활의 일부가 된다.

세 번째 함정: 작심삼일

무기력과 유혹을 이겨냈다 해도, 또 다른 벽이 기다리고 있다. 바로 '나는 원래 안 돼'라는 자기 낙인이다. 며칠 잘하다가 한 번 놓치면, 그것을 실패로 받아들이고 아예 포기해버리는 패턴이다. 내가 루틴을 권유할 때마다 가장 많이 들었던 말이 있다.

"난 작심삼일이라서."

의욕적으로 시작했지만 며칠이 지나면 흐트러지고, 한두 번 놓친 뒤엔 '역시 난 안 돼'라며 포기해버렸다는 이야기였다.

사실 나 역시 예외는 아니었다. 새로운 계획을 세울 때마다 처음 며칠은 열정적으로 시작하지만, 어느 순간 흐름이 끊기고 다시 일상에 휩쓸릴 때가 많았다. 하지만 그런 경험을 실패라고 생각하지 않는다. 작심삼일은 의지 부족이 아니라, 새로운 시도를 반복하며 루틴을 내 삶에 맞춰 가는 과정이다.

작심삼일이 반복되는 이유는 우리가 '완벽한 실행'에 집착하기 때문이다. 앞서 아침 루틴에서도 살펴봤듯이, 루틴을 지키지 못한 하루를 '실패'로 규정하는 올 오어 낫싱(All or Nothing) 사고는 작은 실수를 완전한 실패로 확대 해석하게 만든다. 100% 완벽하게 하지 못하면 0%와 같다고 여기는 극단적 사고방식이다. 이런 생각은 결국 루틴을 포기하게 만든다.

루틴을 놓친 하루보다 지켜낸 3일에 주목하자. 루틴을 3일동안 지키고 하루를 놓쳤다면, 이미 3일을 잘한 것이다. 100% 지키지 못했다고 해서 루틴이 무너진 것은 아니다. 하루를 놓쳤다면 자책하기보다, 그 다음 날 다시 시작하면 된다. 루틴을 다시 시작할 때는 처음보다 목표를 낮춰보는 것도 좋다. '매일1시간 운동'이 부담스럽다면 '주3회 30분 운동'으로 바꾸는 것이다. 목표를 달성 가능한 수준으로 조정하면, 성공 경험이 쌓이면서 자신감이 생긴다. 그 자신감은 다시 루틴을 이어가는 동력이 된다.

비교 역시 루틴을 흔드는 큰 요인이다. 타인의 속도와 성취에 자신을 맞추기 시작하면, 지켜야 할 기준이 불필요하게 높아지고 실망감만 커진다. 루틴은 경쟁이 아니라 나만의 리듬을 찾는 과정이다. '나는 왜 저 사람처럼 못 하지?'가 아니라 '나는 어떤 속도로 계속 이어갈 수 있을까?'를 묻는 것이 중요하다.

루틴이 끊겼을 때는 그대로 포기하지 말고 아주 작은 행동으로 다시 시작해보자. 노트를 펴서 오늘 날짜를 적고, '다시 시작한다'는 한 문장을 기록하는 것만으로 충분하다. 핵심은 멈춤이 아니라, 다시 움직이려는 시도 그 자체다. 이렇게 다시 행동을 시작하면, 루틴을 놓쳤다는 느낌은 줄어들고, 지금 다시 이어가고 있다는 실감이 생긴다.

매번 완벽할 필요는 없다. 더 중요한 건, 다시 실행에 나서는 것이다. 결국 꾸준함은 멈추지 않는 것이 아니라, 다시 이어가는 힘이다. 루틴은 포기하지 않는 의지가 아니라, 쉬어가더라도 다시 이어갈 수 있는 유연한 태도에서 완성된다.

루틴을 열심히 지키고, 누구보다 성실하게 해내고 있을 때조차 가끔은 회의감이 찾아온다. "내가 이렇게까지 해야 하나?" 정해진 시간에 움직이고, 해야 할 일을 빠짐없이 수행하지만 어느 순간 즐거움보다 피로가 먼저 느껴지고, 성취감보다 의무감이 앞설 때가 있다. 노력은 계속되는데 마음이 따라주지 않을 때, 문득 '이 루틴이 나를 위한 게 맞을까?' 하는 의문이 스친다.

그럴 땐 잠시 멈춰, 루틴의 목적을 다시 떠올려보자. 루틴의 목표는 성과 그 자체가 아니라, 삶의 만족과 행복을 높이는 것이다. 현재의 행복을 희생하면서까지 버텨야 하는 루틴이라면, 방향을 다시 점검할 필요가 있다. 우리가 일을 잘하려는 것도, 성장하려는 것도 결국은 더 나은 삶을 위해서다.

무기력할 때는 속도를 늦춰도 좋다. 유혹에 흔들릴 때는 환경을 바꿔보자. 작심삼일을 반복한다면, 다시 시작하는 연습을 하자. 루틴은 나를 지치게 하는 의무가 아니라, 나를 돌보는 약속이어야 한다. 흔들려도 괜찮다. 오늘 놓쳤다면 내일 다시 시작하면 된다. 그렇게 천천히, 하지만 꾸준히 나만의 리듬을 만들어가는 것. 그것이 진짜 루틴의 힘이다.

2 | 완벽함 보다 실현 가능한 범위 정하기

닐 피오레(Neil Fiore)의 『내 시간 우선 생활습관』에서는 사람들이 일을 미루는 행위를 '어떤 일이나 결정을 시작하고 마치는 데 대한 불안을 감당하기 위한 일종의 방어 기제'로 정의한다. 그에 따르면, 우리는 마음속 깊이 감춰진 두려움에서 벗어나기 위해 일을 미룬다. 그 두려움은 실패에 대한 두려움, 불완전함에 대한 두려움(완벽주의), 그리고 스스로의 기대를 충족하지 못할 것에 대한 압박감에서 비롯된다.

루틴을 세울 때도 마찬가지다. '제대로 해야지', '완벽하게 해야 의미가 있지'라는 생각이 강할수록 시작은 늦어지고, 결국 더 쉽게 미루게 된다. 하지만 루틴의 목적은 완벽함이 아니라 지속성이다. 완벽하려는 욕심이 루틴을 시작하지 못하게 하고, 이어가지 못하게 만든다면, 지금 할 수 있는 만큼, 꾸준히 이어갈 수 있는 방식을 찾는 것이 훨씬 중요하다.

많은 사람이 루틴을 설계할 때 '제대로 해야 의미가 있다'고 생각한다. 운동은 최소 40분 이상 해야 효과가 있고, 영어 공부는 하루 한 시간은 해야 한다는 식이다. 처음에는 동기부여가 되는 것 같지만, 이런 기준은 오히려 실행을 더 어렵게 만든다. '오늘은 시간이 부족하니 내일부터 해야겠다'는 생각이 쌓이며 시작이 계속 미뤄지고, 한두 번 놓치면 흐름이 끊기면서 루틴은 쉽게 중단된다.

심리학 연구에서도 이러한 경향이 확인된다. Pychyl과 Flett(2012)는 완벽주의가 높을수록 행동을 시작하기 전 불안이 커지고, 완벽하지 못할 것'에 대한 두려움 때문에 과제 착수 자체를 미루는 경향이 강하다고 설명한다. 즉, 완벽주의는 동기가 아니라 행동을 회피하게 만드는 심리적 요인이다.

루틴에서도 같은 패턴이 반복된다. 처음부터 완벽한 계획을 세우면 작은 흔들림도 실패처럼 느껴지고, 조금이라도 일정에 어긋나면 '이젠 의미가 없다'는 생각에 금방 포기하기 쉽다. 결국 루틴이 지속되지 못하는 이유는 의지 부족이 아니라 처음부터 너무 높은 기준을 세운 완벽주의에 있다.

루틴에서 중요한 것은 나를 몰아붙이는 것이 아니라, 지속 가능한 실행을 만드는 것이다. 루틴을 오래 유지하고 싶다면, 완벽한 기준을 세우기보다 현실적인 범위에서 시작할 수 있는 계획이 필요하다.

루틴의 가치는 크기보다 지속성에 있다. 한 번에 많은 시간을 투자하기보다, 매일 실행할 수 있는 작은 범위에서 꾸준히 반복하는 것이 더 큰 효과를 낸다. 작은 루틴은 부담이 적어 쉽게 시작할 수 있고, 한 번의 실천이 '나도 할 수 있다'는 확신과 성취감으로 이어진다.

나 역시 경험을 통해 이 사실을 깨달았다. 회사 업무와 육아, 집안일을 병행하다 보면 루틴에 투자할 수 있는 시간이 많지 않았다. 당시 나는 '자기계발 독서'라는 루틴을 만들고 싶었다. 처음에는 '평일엔 어렵더라도 주말에 몰아서 2시간씩 집중해서 읽자'고 계획했다. 하지만 막상 주말이 되면 밀린 집안일과 가족 일정으로 계획이 번번이 어긋났다. 토요일 오전엔 장 보기와 청소, 오후엔 아이와 약속한 외출. 일요일엔 다음 주 준비와 예상치 못한 다양한 가족 및 지인 행사들이 이어졌다. '다음 주말엔 꼭'이라고 다짐했지만 같은 패턴이 반복됐다. 한 달이 지나도록 책장에 꽂힌 책은 그대로였다. '한 번 읽더라도 제대로 읽어야 의미가 있다'는 생각 때문에 시작이 자꾸 미뤄졌고, 결국 실행보다 계획만 남았다.

그때부터 접근 방식을 바꿨다. 짧더라도 꾸준히 해보자고 마음먹었다. 출근길 지하철 안에서 단 10분만 책을 읽는 루틴을 만들었다. 처음엔 '겨우 10분으로 뭘 읽겠어'라는 생각도 들었다. 하지만 매일 아침 같은 시간, 같은 장소에서 책을 펼치자 작은 변화가 시작되었다. 시간은 짧았지만 하루의 일정 속에 자연스럽게 들어갈 수 있었고 '오늘도 실행했다'는 감각이 작은 만족을 주었다.

어떤 날은 한 페이지밖에 못 읽었고, 어떤 날은 내용이 잘 들어오지 않았다. 중요한 건 '얼마나 읽었냐'가 아니라 '책을 폈다'는 사실 자체였다. 그 짧은 시간이 쌓여 한 달이 지나자 책 한 권을 완독할 수 있었다. 주말 몰아서 읽기로 한 달 동안 한 페이지도 못 읽었던 것과 비교하면 분명한 변화였다. 출근길 지하철이 나만의 독서 시간이 되었고, 지금도 이 틈새 독서는 나의 습관으로 자리 잡고 있다.

하루의 10분 독서가 미비하게 느껴지는가? 하루 10분 꾸준히 독서하면 1년이면 약 60시간, 책 10권 이상을 읽는 시간과 맞먹는다. 하루 10분 스트레칭이면 연간 60시간, 전문 필라테스 수업 120회 분량과 같다. 하루 5분 외국어 듣기면 연간 30시간, 초급 회화 강좌 한 학기 분량을 소화하는 셈이다. 하루 3분 정리 습관이라면? 연간 18시간, 대청소 9번을 매일 조금씩 나눠서 하는 효과와 같다.

놀라운 점은 이 작은 시간이 '부담 없이' 쌓인다는 것이다. 하루 10분은 지치지 않는다. 미루지 않는다. 핑계 댈 여지도 없다. 그래서 멈추지 않고 이어진다. 반면 하루 1시간 루틴은 한 번 놓치면 '오늘은 시간이 없어서'라는 핑계가 생기고, 이틀 놓치면 '이번 주는 망했으니 다음 주부터'가 되고, 결국 흐지부지된다. 루틴의 효과는 크기에서가 아니라 매일 이어지는 반복의 힘에서 만들어진다.

작은 루틴의 힘을 알았다면, 이제 중요한 것은 어떻게 설계하느냐이다. 처음부터 완벽하게 지키는 루틴이 아니라 현실 속에서도 끊기지 않고 이어질 수 있는 루틴을 만드는 것이 핵심이다. 이제 이 작은 루틴을 꾸준히 이어가기 위해 필요한 설계 방법을 살펴보자.

(1) 할 수 있는 만큼 작게 시작하기

루틴은 처음부터 잘하기보다 지금 당장 실행할 수 있는 수준으로 시작하는 것이 중요하다. 처음부터 시간을 많이 잡거나 높은 목표를 세우면 부담이 커져 금세 포기하게 된다. 하루 10분 스트레칭, 출근길 5분 독서처럼 조금 부족하다고 느껴질 정도의 실천이 오히려 오래간다. 작게 시작해야 꾸준히 이어갈 수 있고, 쌓이는 성취가 자신감을 만든다.

예를 들어 영어 회화 실력을 키우고 싶다면, '하루 1시간 회화 공부' 대신 '출근길 영어 팟캐스트 5분 듣기'부터 시작하는 것이다. 글쓰기 루틴을 만들고 싶다면 '매일 한 페이지 일기' 대신 '오늘의 한 문장 기록하기'로 시작한다. 이렇게 작은 단위로 시작하면 '오늘은 시간이 없어서'라는 핑계가 사라진다. 5분은 누구에게나 있는 시간이고, 한 문장은 누구나 쓸 수 있는 분량이기 때문이다.

(2) 완벽하게 지키려 하지 말고, 다시 시작하는 힘을 기르기

루틴은 매일 빠짐없이 지키는 것이 아니라, 놓치더라도 다시 돌아오는 힘이 중요하다. 하루를 건너뛰었다고 해서 실패가 아니다. 실제로 영국 유니버시티 칼리지 런던(University College London)의 습관 형성 연구에 따르면, 루틴을 한 번 놓쳐도 습관 형성 과정에 큰 영향을 미치지 않는다. 다시 실행하면 자동성 증가가 곧 재개된다고 한다. 중요한 건 놓친 사실이 아니라, 얼마나 빨리 다시 돌아오느냐다. 이틀 연속 루틴을 놓쳤다면, 셋째 날 다시 시작하면 된다. '이미 이틀이나 놓쳤으니 이번 주는 그냥 쉬고 다음 주부터 새로 시작하자'는 생각이 루틴을 완전히 무너뜨린다. 반면 '어제는 못했지만 오늘은 한다'는 마음가짐이 루틴을 살아있게 만든다.

(3) 성과보다 실행에 집중하기

루틴의 핵심은 눈에 띄는 성과가 아니라 매일 실행하는 습관을 만드는 데 있다. 오늘 운동을 10분밖에 못 했더라도, 그 10분은 내일의 실행을 더 쉽게 만드는 자산이 된다. 결과가 기대에 미치지 않아도 괜찮다. 매일 같은 시간, 같은 방식으로 실행하다 보면 어떤 날에는 시간이 늘어나고, 어떤 날에는 자연스럽게 강도가 높아진다. 이렇게 실행 자체를 중심에 두는 태도가 루틴을 오래 지속시키는 힘이 된다.

운동 루틴을 예로 들어보자. 오늘 10분 스트레칭을 했다면, 칼로리 소모량이나 몸의 변화를 재지 않아도 된다. '오늘 스트레칭 매트를 깔고 몸을 움직였다'는 사실 자체가 성공이다. 이 실행의 반복이 몸에 패턴을 만들고, 어느 날 10분이 자연스럽게 15분이 되고, 20분이 된다. 강도도 마찬가지다. 처음엔 간단한 동작만 하다가, 몸이 익숙해지면 자연스럽게 동작이 다양해지고 깊어진다. 이 모든 변화는 '매일 실행한다'는 습관에서 시작된다.

실제로 꾸준히 루틴을 이어가는 사람들의 공통점은 단순하다. 처음부터 거창하게 시작하지 않고, 지금 생활 속에서 할 수 있는 작은 실천부터 했다는 점이다. 하루 10분 명상, 잠들기 전 간단한 일기, 퇴근길 5분 정리 같은 루틴은 성과가 눈에 띄게 크지 않아도 일상에 자연스럽게 스며든다. 이 작은 반복이 쌓여 자신감이 생기고, 조금씩 범위와 깊이가 넓어지며 결국 큰 변화를 만든다.

루틴은 완벽하게 지키기 위한 약속이 아니다. 하루도 빠짐없이 해내야만 의미가 있는 것이 아니라, 현실 속에서 이어갈 수 있을 때 비로소 힘을 발휘한다. 중요한 것은 완벽한 하루가 아니라 다시 돌아오는 하루다. 오늘 계획을 다 지키지 못했더라도 괜찮다. 내일 다시 시작하는 순간, 루틴은 살아난다.

우리가 루틴을 세우는 이유는 스스로를 통제하기 위함이 아니라, 더 나은 하루를 살기 위해서다. 루틴은 내 일상을 지탱해주는 구조이며, 삶의 에너지를 일정하게 유지하도록 돕는 장치다. 그러니 완벽하지 않아도 괜찮다. 작게라도 시작하고 잠시 멈췄다면, 다시 이어가면 된다. 현실 속에서 꾸준히 이어지는 루틴이 결국 더 균형 잡힌 하루와 만족스러운 삶으로 이끌어줄 것이다.

주말은 쉼표(,)이지, 마침표(.)가 아니다. 쉼표는 문장을 멈추기 위한 표식이 아니라, 다시 이어가기 위한 숨 고르기다. 주말도 마찬가지다. 그런데 많은 사람들은 주말을 '끝'으로 받아들인다. 금요일 퇴근과 함께 모든 루틴을 끊고, 아무 계획 없이 시간을 보낸다. 잠시의 자유는 달콤하겠지만, 그렇게 흘러 보낸 주말은 오히려 월요일을 더 무겁게 만든다.

심리학에서는 이런 시간을 '전환 휴식(Transition Rest)'이라 부른다. 이는 단순한 휴식이 아니라, 다음 단계로 전환하기 위해 에너지와 마음을 정리하는 시간을 뜻한다. 진짜 쉼은 '휴식'이지, 결코 '방치'가 아니다. 의미 없이 흘러가는 시간 대신, 나를 회복시키고 다음을 준비하는 전략적인 쉼이 필요하다. 주말을 마침표가 아닌 쉼표로 쓸 때, 우리는 다시 한 주를 시작할 힘을 얻게 된다.

평일에는 업무와 약속에 쫓기느라 시간을 온전히 통제하기 어렵다. 주말은 다르다. 하루 전체를 내가 선택한 방식으로 설계할 수 있다는 장점이 있다. 업무와 약속 등 외부의 요구와 타협하며 루틴을 지켜야 하는 평일과 달리 주말만큼은 나의 선택이 하루의 방향을 결정한다.

이 시간을 어떻게 활용하느냐가 회복의 깊이와 다음 주의 에너지가 좌우한다. 그렇기 때문에 주말은 단순히 늦잠과 즉흥적인 일정으로 보내기보다, 나를 회복시키고 에너지를 충전하는 데 써야 한다. 또한, 다음 주를 준비할 수 있는 루틴으로 의도적으로 설계해야 한다. 쉬는 날이라고 해서 아무 계획 없이 시간을 보낸다면, 오히려 공허함과 피로만 남기기 쉽다.

그렇다고 주말을 평일처럼 빽빽하게 채워 넣는 것은 또 다른 피로를 만든다. 일정이 많다고 만족도가 높아지는 것은 아니다. 핵심은 의식적인 계획과 균형 잡힌 여유를 찾는 데 있다. '언제쯤 일어나고, 하루 동안 어떤 일을 할지' 몇 가지 꼭 하고 싶은 일을 미리 정해두는 것만으로도 주말은 훨씬 의미 있어진다. 동시에 너무 엄격한 스케줄로 자신을 몰아붙이지 않아야 한다. 중요한 일이나 꼭 하고 싶은 활동 위주로 정하고, 컨디션에 따라 순서를 바꾸거나, 시간을 줄이는 유연함을 남겨 두는 것이 좋다. 계획한 일을 모두 해내지 못하더라도 스스로를 탓하지 말고, 몸과 마음의 상태에 맞춰 조정하며 쉬어 가는 것이 중요하다. 이렇게 주말을 스스로 설계하면서도 부담을 줄이면 쉬면서도 만족감을 느낄 수 있고, 다음 한 주를 위한 에너지도 자연스럽게 채워진다.

주말 루틴 설계의 3가지 원칙

주말을 다음 한 주를 위한 회복과 리셋의 시간으로 만들기 위해서는 완벽한 계획보다 방향을 잡아주는 기준이 필요하다. '무계획'으로 보내는 것도, 빽빽하게 일정을 채우는 것도 아닌, 쉬면서도 에너지를 채우는 주말을 만들기 위해 세 가지 원칙을 기억하자.

(1) 완전한 쉼보다 '의식적 여유'

주말은 평일처럼 촘촘한 일정으로 채울 필요는 없다. 아무 계획 없이 보내면 오히려 피로가 남는다. 핵심은 '어떻게 쉴지'를 스스로 선택하는 것이다. 오전에는 가벼운 산책이나 정리로 몸을 깨우고, 오후에는 취미나 가족 혹은 친구와의 시간을 보낸다. 저녁에는 조용한 개인 시간을 갖는 식으로 큰 틀만 잡아도 충분하다. 이렇게 하루의 틀을 대략적으로 세워두면 주말이 흘러가는 방향이 잡히고, 허무함 없이 만족감을 얻을 수 있다.

(2) '해야 할 일'을 완전히 미루지 않기

주말은 휴식의 시간인 동시에 생활을 정비하는 시간이다. 빨래, 청소, 장보기 같은 생활 루틴을 모두 미루면 다음 주의 피로를 배로 키운다. 주말 일정 중 한 두 시간을 활용해 집을 정리하거나 필요한 준비를 해두어도 새로운 한 주를 시작할 때 훨씬 안정된 마음을 유지할 수 있다. 정돈된 공간은 단순히 눈에 보이는 청결을 넘어, 마음을 차분하게 하고 일상의 질서를 회복하게 한다. 특히 일요일 오후에 가벼운 정리 루틴을 두면, 주말의 마무리가 한결 깔끔해 지고 월요일의 부담도 줄어든다.

(3) 휴식과 리셋의 균형

진짜 휴식은 단순히 몸을 쉬는 데서 끝나지 않는다. 몸의 피로는 잠으로 풀리지만, 마음의 피로는 '정리'와 '준비'를 거쳐야만 비로소 가라앉는다. 따라서 주말은 충전과 리셋이 균형을 이루는 시간이 되어야 한다. 낮에는 가벼운 휴식과 내가 좋아하는 활동으로 에너지를 채우고, 저녁에는 다음 주를 간단히 점검하며 계획을 세우는 루틴을 두자. 이렇게 주말을 '쉬는 시간'에서 '다시 시작을 준비하는 시간'으로 전환하면 월요일 아침의 부담이 훨씬 가벼워진다.

이 세 가지 원칙을 바탕으로, 주말을 설계해보자. 특히 아침 시간과 일요일 오후는 회복과 준비를 위한 핵심 구간이다.

주말 아침 루틴 – 하루의 회복력을 높이는 시작

주말의 아침은 하루 중 가장 회복력과 집중력이 높은 시간이다. 수면으로 신체가 충분히 회복된 직후이기 때문에 에너지와 인지 기능이 가장 안정된 상태에 있다. 심리학 연구에 따르면 기상 직후에는 코티솔 각성 반응(Cortisol Awakening Response)이 일어나며, 이 시기 신체와 뇌는 하루를 시작할 준비가 가장 잘 갖춰진다.

또한 아침 시간대의 여가 회복 경험이 하루의 만족도와 몰입도를 높인다는 연구도 있다. (Seibel 등, 2021) 즉, 아침은 단순한 하루의 시작이 아니라 회복과 집중을 동시에 얻을 수 있는 최적의 시간대다.

이 소중한 시간은 주말이 되면 쉽게 흘러가 버리기 쉽다. 평일에는 출근 시간과 업무에 따라 일정이 어느 정도 강제되지만, 주말은 온전히 스스로의 선택에 맡겨지기 때문에 루틴이 무너지기 쉽다. '평일엔 피곤했으니 오늘만큼은 늦잠 좀 자자'는 생각으로 오전을 통째로 잠으로 보내면 시간은 순식간에 사라지고 주말의 절반이 허무하게 지나간다. 그러나 이 시간을 조금만 계획적으로 사용한다면, 주말 아침은 단순한 휴식이 아니라 회복과 준비가 함께 이뤄지는 시간이 된다.

평일보다 약 1~2시간 늦게 일어나더라도 일어날 시간을 미리 정하고 가벼운 루틴을 실행해보자. 짧은 산책, 가벼운 스트레칭, 차 한 잔과 함께 책 몇 쪽을 읽거나 집을 간단히 정리하는 것만으로도 하루가 한결 정돈되고 안정감 있게 시작된다. '오늘 하루를 스스로 계획대로 시작했다'는 작은 만족이 생기고, 이 감정이 하루 전체를 긍정적으로 이끈다. 주말 아침을 어떻게 보내느냐가 주말의 질과 다음 주의 출발을 좌우한다.

일요일 오후는 주말의 마무리이자 다음 주의 출발점이다. 휴일의 끝이라는 아쉬움에 외출이나 약속을 이어가다 보면 에너지를 채우기보다 오히려 소모하게 되기 쉽다. 아무리 외향적이라 타인과의 교류에서 활력을 얻는 사람이라도, 주말 마지막 날까지 바쁘게 움직이면 몸은 피곤하고 마음은 어수선한 채로 월요일을 맞이하게 된다. 따라서 일요일 오후만큼은 가능한 한 집에 머무르며 몸과 마음을 정리하고 다음 주를 준비하는 루틴을 두는 것이 좋다. 이때 중요한 것은 완벽한 계획을 세우는 것이 아니라, 다음 주를 '예측 가능한 흐름'으로 만들어두는 것이다. 30분이면 충분하다.

먼저 10분은 공간을 정리해보자. 책상 위나 컴퓨터 데스크톱처럼 눈에 자주 띄는 공간을 간단히 정돈하는 것만으로도 마음이 한결 안정된다. 여기에 내일 사용할 가방도 함께 점검하면 더욱 좋다. 가방 속은 생각보다 불필요한 물건이 쌓이기 쉽다. 영수증, 사용하지 않는 필기구, 임시로 넣어둔 서류 등 쓸모없는 물건을 빼내고 필요한 물품만 정리해두면 다음 날 아침 준비 시간이 훨씬 가벼워진다. 정돈된 환경은 시각적 질서를 만들어줄 뿐 아니라, '새로운 한 주를 시작할 준비가 되어 있다'는 심리적 안정감을 준다.

이어서 10분 동안 단기 계획을 점검한다. 다음 주에 해야 할 일 몇 가지와 중요한 일정을 확인하고 필요하다면 메모해두면 된다. 이 짧은 점검의 목적은 완벽한 일정표를 만드는 것이 아니라 '이번 주는 이런 흐름으로 흘러 가겠구나'라고 미리 그려보는데 있다. 이렇게 한 주의 큰 그림을 미리 그려두면 월요일 아침의 불안이 줄어들고 준비된 마음으로 하루를 시작할 수 있다.

마지막 10분은 장기 방향을 점검하는 시간으로 쓴다. 한 달 혹은 분기 단위의 목표를 다시 한 번 떠올리며 '올해 내가 집중하려는 것은 무엇인가', '지금 가고 있는 방향이 맞는가'를 스스로 묻고 다이어리에 한 줄 기록해보자. '내가 어디쯤 와 있나'를 확인하는 이 짧은 루틴만으로도 심리적 통제감이 높아지고 새로운 한 주를 맞이할 마음의 여유가 생긴다.

이러한 리셋 루틴은 거창할 필요가 없다. 핵심은 하루를 마무리하기 전에 나를 정리하는 짧은 시간을 확보하는 것이다. 공간을 정돈하며 주변을 정리하고 마음을 가라앉히는 일만으로도 충분하다. 다음 주의 주요 일정과 목표를 간단히 적어보면 '해야 할 일의 큰 흐름을 파악하고 있다'는 확신이 생기고 주말의 끝을 안정감 있게 만든다. 이런 짧은 정리 루틴은 월요일을 맞이할 준비가 되어 있다는 심리적 여유를 주고, 휴식과 업무 사이의 경계를 부드럽게 이어주는 전환의 역할을 한다.

주말 루틴의 핵심은 정답을 따르는 것이 아니라, 나의 생활과 성향에 맞는 비율을 찾는 것이다. 누구에게나 똑같이 적용되는 일정표는 없다. 중요한 것은 휴식·정리·준비의 비율을 스스로 조정하며 자신만의 리듬을 만들어 가는 일이다.

예를 들어 휴식 40%, 정리 30%, 준비 30%의 비율로 구성해보면 균형 잡힌 주말을 설계할 수 있다. 오전에는 느긋한 휴식, 오후에는 생활 정리, 저녁에는 다음 주를 위한 준비처럼 큰 틀을 세워두면 계획에 얽매이지 않으면서도 주말이 흘러가는 방향을 잡을 수 있다.

성향에 따라 루틴의 구성도 달라질 수 있다. 외향적인 사람이라면 토요일에는 야외 활동이나 사람들과의 교류를 충분히 즐기고, 일요일 오후에는 집에서 정리와 준비에 더 비중을 두는 방식이 좋다.

반면 내향적인 사람이라면 주말 전반을 조용한 휴식과 독서, 개인 취미 중심으로 설계한다. 일요일 저녁에는 일기 작성이나 가벼운 계획 점검으로 마무리하는 것이 더 큰 안정감을 준다. 정답 같은 루틴이 아니라 나에게 맞는 방식을 찾는 게 핵심이다. 남의 방식에 얽매이지 않고, 나의 에너지 흐름과 생활 리듬을 기준으로 설계할 때, 주말은 진짜 쉼과 준비의 시간으로 재탄생 한다. 또한 한 번 정한 루틴이라도 계절과 환경, 일상의 변화에 따라 유연하게 조정할 수 있어야 한다. 봄에는 야외 산책, 여름에는 가벼운 독서와 실내 활동, 연말에는 정리와 점검에 집중하는 식으로 변화를 주면 주말은 매번 새롭게 활력을 주는 시간이 된다. 중요한 것은 일관된 원칙 안에서 스스로에게 맞는 속도와 방식을 찾아가는 것이다.

주말은 단순한 쉼이 아니라 다음 주를 준비하는 발판이다. 계획한 일을 모두 해내지 못해도 괜찮다. 필요한 만큼 쉬고, 해야 할 일 중 일부만 마쳤더라도 그 주말은 충분히 의미 있다. 스스로 선택한 방식으로 시간을 보냈다는 사실이 다음 주를 맞이할 힘이 된다.

이번 주말, 나에게 꼭 필요한 쉼과 준비를 하나씩 실천해보자. 그 작은 선택과 실천이 다음 한 주를 바꾸는 시작이 될 것이다.

몇 해 전 어느 월요일 아침, 출근길 지하철 안에서 문득 이런 생각이 들었다. '오늘도 버텨야 한다.' 몸이 무거워 도착하자마자 커피를 들이켰지만 머리는 멍하고, 속만 쓰렸으며 컴퓨터 앞에 앉아도 집중이 되지 않았다. 작은 피로가 쌓여 감기처럼 번지던 시기였다. 그날은 사소한 동료의 한마디에도 괜히 신경이 곤두서고, 평소보다 일 처리가 늦어 고객의 재촉이 이어졌다. 퇴근길엔 마음이 한없이 무거웠다. 지하철 유리창에 비친 얼굴은 하루 종일 피로에 잠긴 표정이었고, 계획했던 일들을 다 마치지 못했다는 생각이 머릿속을 맴돌았다. '오늘은 왜 이렇게 아무것도 못 했을까.' 몸이 피곤하니 마음도 같이 가라앉았다. 괜히 우울해지고, 일도 사람도 다 귀찮게 느껴졌다. 내일 다시 똑같은 하루를 반복해야 한다는 생각에 한숨이 나왔다. 루틴을 지키기는커녕, 그날 하루를 버텨내는 것조차 벅찼다.

나는 특히 출산 이후 자주 아프고, 면역력이 쉽게 무너지면서 그전에는 아무렇지 않게 해내던 일들이 점점 버겁게 느껴지기 시작했다. 아침에 일어나기도 버겁고, 하루를 채우는 것만으로도 에너지가 다 소진되는 날이 많았다. 루틴을 세워도 며칠 못 가 끊어지기 일쑤였고, 그럴 때마다 '역시 나는 의지가 약한가 보다'며 스스로를 탓했다. 그런데 이상하게도 마음을 다잡아도 몸이 따라주지 않았다. 아무리 결심해도 피곤이 몰려오면 집중이 흐트러지고 감정이 예민해지며, 결국 루틴은 무너졌다. 그렇게 몇 번을 반복하고 나서야 깨달았다. 이건 의지의 문제가 아니라, 체력의 문제라는 사실을. 몸이 지치면 마음도 흔들리고, 에너지가 떨어지면 집중도, 감정도, 의지도 버티지 못한다. 결국 체력이 무너지면 루틴은 물론, 하루 전체가 무너진다.

그때부터 생각이 바뀌었다. 루틴은 결심의 문제가 아니라 체력의 문제다. 아무리 좋은 계획을 세워도 몸이 받쳐주지 않으면 실천할 수 없다. 더 나아가 체력은 직장인의 개인 관리 차원을 넘어 '업무 역량'의 일부라는 사실도 알게 되었다. 집중력, 감정 조절, 꾸준함 모두 체력이 뒷받침되어야 가능한 능력이었다. 그때부터 나는 루틴을 관리할 때 가장 먼저 '몸을 지키는 루틴'부터 세운다. 루틴의 출발점은 언제나 몸이다. 의지력은 정신이 아니라 에너지에서 나온다.

심리학자 존 티어니(John Tierney)는 『Willpower』에서 의지력을 정신의 힘이라기보다 '뇌의 에너지 상태와 연결된 기능'으로 설명한다. 우리는 흔히 '마음만 먹으면 무엇이든 할 수 있다'고 믿지만, 실제로 의지력은 뇌가 사용할 수 있는 에너지 자원과 밀접하게 연결되어 있다. 수면이 부족하거나 영양이 떨어지면 집중력이 흐트러지고 감정 조절이 어려워지며, 사소한 유혹에도 쉽게 흔들린다.

반대로 충분히 쉬고 잘 먹고 몸이 안정된 상태일수록 자기 통제력이 높아지고, 계획한 일을 끝까지 밀어붙일 힘이 생긴다. 결국 루틴을 꾸준히 지키는 힘은 결심의 강도가 아니라, 몸이 가진 에너지의 총량에서 비롯된다.

루틴을 만들고 유지하기 위해서는 의지를 다지는 루틴보다 먼저 '체력을 회복시키는 루틴'이 필요하다. 몸이 지쳐 있으면 아무리 다짐해도 실행할 힘이 나지 않는다. 결국 체력이 있어야 마음도 움직이고, 루틴도 비로소 따라온다.

루틴을 꾸준히 지키는 힘은 거창한 의지에서 나오지 않는다. 몸이 버틸 만큼의 에너지가 있어야 집중도 가능하고 감정도 쉽게 흔들리지 않는다. 결국 루틴을 움직이게 하는 건 마음이 아니라 몸이다. 내가 스스로 경험해보니, 체력은 하루를 살아내는 최소한의 연료이자, 의지와 집중이 작동할 수 있는 기반이었다. 그 에너지를 만들어주는 건 아주 기본적인 네 가지, 잠, 밥, 운동, 스트레스 관리다. 이 네 가지가 안정돼야 하루를 지탱할 힘이 생기고, 루틴도 흔들리지 않는다.

(1) 잠 - 루틴의 기본 연료

루틴을 꾸준히 유지하기 위해 가장 먼저 점검해야 할 것은 수면이다. 잠을 줄이는 건 효율적인 선택처럼 보이지만, 실제로는 루틴을 스스로 무너뜨리는 가장 빠른 방법이다. 피로가 쌓이면 집중력이 떨어지고, 감정이 예민해지며, 하루 종일 의지가 흔들린다. 루틴을 지탱하는 가장 기본적인 연료는 바로 '충분한 수면'이다.

심리학자 매슈 워커(Matthew Walker)는 저서 『왜 우리는 잠을 자야 하는가(Why We Sleep)』에서 성인에게 필요한 평균 수면 시간은 7~9시간이라고 제시한다. 연구에 따르면 하루 6시간 이하의 수면을 2주 이상 유지할 경우, 집중력, 의사결정 능력, 감정 조절력 등이 술에 취한 상태와 비슷한 수준까지 저하된다. 실제로 수면 부족은 단순한 피로감 이상의 문제다. 하루 5~6시간 수면만으로 버티는 생활이 반복되면, 루틴을 지킬 힘은 물론, 일상 전반의 성과와 만족도까지 떨어진다.

나 역시 과거엔 '조금만 더 하면 되겠지'라는 생각으로 밤 늦게까지 일하곤 했다. 꼭 일이 아니더라도 힘든 하루를 보상하고 싶은 마음에 늦은 밤까지 스마트폰을 보거나 영상을 보며 시간을 보내는 날도 많았다. 하루 종일 바쁘게 보낸 나에게 주어진 유일한 자유 시간처럼 느껴졌기 때문이다. 하지만 그런 날이 이어질수록 아침마다 몸이 무겁고 머리가 멍했다. 피로가 누적되면서 집중력이 떨어지고, 작은 일에도 쉽게 짜증이 났다. 루틴을 지키고 싶어도 몸이 따라주지 않아 금세 무너졌다. 결국 문제는 의지가 아니라 수면의 부족이었다. 그제야 '잠을 확보하지 않고는 어떤 루틴도 유지될 수 없다'는 사실을 깨달았다.

이후 매일 일정한 시간에 자고 일어나는 수면 루틴을 만들자 아침의 컨디션이 달라지고 하루의 흐름이 훨씬 안정되었다. 지금도 나는 특별한 일이 있지 않은 한 매일 7시간 이상의 잠을 잔다. 잠은 단순한 휴식이 아니라, 하루를 버티는 체력의 회복 과정이다.

수면의 '양'만큼 중요한 것이 바로 '질'이다. 아래의 수면 질 향상 팁을 실천하면, 루틴을 지탱할 에너지를 훨씬 안정적으로 확보할 수 있다.

┃ 수면의 질을 높이는 5가지 루틴 팁 ┃

① **일정한 패턴 유지** - 매일 같은 시간에 자고 일어나기. 수면 리듬을 일정하게 맞추면 신체가 스스로 수면 신호를 인식한다.

② **카페인 관리** - 오후 2시 이후에는 커피, 차, 에너지 음료 등을 피하고, 필요하다면 디카페인으로 전환한다.

③ **전자기기 제한** - 자기 전 30분은 스마트폰과 TV를 멀리하고, 조명을 낮춰 멜라토닌 분비를 자연스럽게 돕는다.

④ **가벼운 루틴 추가** - 따뜻한 샤워, 가벼운 스트레칭, 명상 등을 통해 긴장을 풀어준다.

⑤ **주말 몰아자기 금지** - 주중 패턴을 유지하는 것이 중요하다. 주말에 늦게 자고 늦게 일어나면 생체 리듬이 쉽게 흐트러진다.

(2) 밥- 루틴을 움직이는 에너지

'금강산도 식후경'이라는 말처럼, 결국 일도 루틴도 밥심으로 움직인다. 하루를 꾸준히 버티고 루틴을 이어가기 위해선, 무엇보다 균형 잡힌 식사 루틴이 필요하다. 제대로 먹지 못하면 에너지가 부족해지고, 집중력이 흐트러지며, 감정이 불안정해진다. 실제 연구에서도 확인된다. 미국 콜롬비아 대학교 보건대학원 연구(2019)에 따르면, 불규칙한 식습관은 피로감과 스트레스 호르몬 분비를 증가시키고, 인지 기능과 업무 효율을 저하시키는 주요 요인으로 나타났다. 꾸준한 식사 리듬은 신체 에너지뿐 아니라 감정 안정에도 직접적인 영향을 미친다.

문제는 요즘의 식습관이 '못 먹어서'가 아니라 '잘못 먹어서' 무너진다는 데 있다. 시간이 없다는 이유로 아침을 거르거나, 점심은 대충 때우고, 저녁에는 피로를 달래려 야식이나 자극적인 음식으로 보상하는 경우가 많다. 또한 잦은 외식과 배달 음식, 카페인·당분·밀가루 위주의 식사로 인해 배는 부른데 늘 피곤하고, 식후엔 졸리고, 오후엔 집중이 흐려진다. 이런 패턴은 몸의 리듬을 흐트러뜨리고, 루틴을 유지할 에너지를 쉽게 고갈시킨다.

나 역시 한동안 아침을 자주 거르고 커피로 하루를 버티는 날이 많았다. 출근 준비로 정신이 없거나, 더 자고 싶은 마음에 식사를 미루기 일쑤였다. 그렇게 하루를 시작하면 오전 내내 집중이 안 되고, 작은 일에도 피로가 몰려왔다. 점심 무렵엔 이미 기운이 빠져 있었고, 오후에는 달콤한 간식으로 버티는 악순환이 이어졌다. 결국 루틴을 세워도 몸이 따라주지 않아 금세 무너졌다. 이때 비로소 루틴은 의지보다 에너지에 달려 있다는 사실을 몸으로 실감했다.

규칙적으로 먹기 시작하자 하루의 흐름이 눈에 띄게 안정되었다. 피로가 줄고 집중이 오래가면서, 계획한 루틴을 지키기가 한결 수월해졌다.

균형 잡힌 식사는 루틴을 꾸준히 이어가게 만드는 현실적인 힘이었다. 그 후로 나는 식사 루틴을 새로 세웠다. 아침에는 간단하더라도 단백질과 탄수화물을 함께 섭취한다. 삶은 달걀이나 두유 같이 부담 없는 식사라도 챙기면 혈당이 안정되고, 오전 집중력이 확실히 달라진다. 직장 생활을 할 때 점심은 도시락을 싸 외식을 줄였고, 요즘에는 집에서 주로 잡곡밥, 단백질, 채소가 골고루 갖춰진 식사를 선택한다. 당분이 높은 디저트나 카페인 과다 섭취는 피한다. 저녁은 가능한 한 늦지 않게, 소화가 잘 되는 음식을 가볍게 마무리한다. 물론 완벽하게 지키지 못하는 날도 있다. 회식이 있거나 바쁜 일정으로 끼니를 거를 때도 있다.

하지만 그런 날은 다음 끼니에서 균형을 회복하는 것을 원칙으로 삼는다. '오늘 자극적으로 먹었으니 내일은 채소와 단백질 위주로', '커피를 많이 마셨으니 오후엔 물을 더 마시자'는 식이다. 이런 작은 조정이 쌓이면 몸의 리듬이 다시 안정되고, 루틴을 지탱할 에너지가 회복된다. 결국 밥은 하루를 버티고 루틴을 만드는 힘이다. 루틴을 세우기 전에, 에너지를 안정적으로 공급하고 있는지 식사 루틴부터 점검해 보자.

무엇을, 언제, 어떻게 먹는가가 하루의 컨디션을 결정하고, 그 컨디션이 곧 루틴의 지속성을 좌우한다.

① **끼니 거르지 않기:** 특히 아침은 하루 에너지의 시동 버튼이다. 커피로 대체하지 말고, 단백질·탄수화물·지방을 함께 챙기자.

② **균형 잡힌 구성:** 단백질·채소 중심, 가공식품·당분·밀가루 위주의 식사는 줄이기.

③ **폭식·야식 피하기:** 피로한 상태에서의 폭식은 오히려 에너지를 빼앗는다. 늦은 식사는 소화 부담을 높이고 수면의 질도 떨어뜨린다.

④ **식사 시간 일정하게 유지하기:** 가능한 한 비슷한 시간대에 세 끼를 챙기면 신체 리듬이 안정된다.

⑤ **보상 식사 대신 조정 식사:** 과식한 날엔 다음 끼니를 가볍게, 바쁘게 거른 날엔 다음 끼니를 균형 있게 먹자. 한 끼의 실패보다 전체 흐름을 조정하는 것이 핵심이다.

(3) 운동- 체력을 적금하듯 쌓는 루틴

운동은 잠처럼 즉각적으로 효과가 드러나지 않는다. 하루 이틀 한다고 피로가 바로 사라지거나, 체력이 금세 오르진 않는다. 그래서 바쁜 직장인일수록 운동을 미루기 쉽다. 하지만 눈에 띄는 변화가 없다고 해서 효과가 없는 것은 아니다. 운동은 마치 적금처럼 천천히 쌓이지만, 반드시 몸과 루틴에 결과로 돌아오는 루틴이다. 꾸준히 쌓인 작은 움직임이 어느 날 '예전보다 덜 피곤하다', '집중이 오래간다'는 차이로 나타난다.

체력이 약해지면 루틴을 지키려는 의지도 흔들린다. 몸이 따라주지 않으면 의지나 계획만으로는 버틸 수 없다. 운동은 선택이 아니라 루틴의 기반이다. 하루의 집중력, 감정의 안정, 루틴의 지속력은 결국 체력에서 출발한다.

중요한 건 지속성이다. 운동은 한 번에 몰아서 하기보다, 매일 조금씩 쌓는 것이 훨씬 효과적이다. 출퇴근길에 한 정거장은 일부러 걸어보기, 점심시간 10분 산책하기, 계단으로 올라보기 등 생활 속에서 이어갈 수 있는 방식이면 충분하다. 지속 가능한 루틴이야말로 가장 강력한 운동 습관이다.

나 역시 회사에 다닐 때는 출근 시간과 점심시간 하루 2번 사무실을 계단으로 오르내렸다. 주 3회 20분 홈트레이닝으로 체력을 관리했다. 지금은 퇴사 후 조금 더 여유가 생겨 아침 15분 스트레칭, 오후 20분 가벼운 운동, 저녁 20분 근력 루틴을 지키고 있다. 운동을 하지 않던 시기보다 확실히 피로가 덜 쌓이고, 집중이 오래 유지된다. 매일의 루틴이 훨씬 안정적으로 이어진다.

물론 운동은 매번 쉽지 않다. 피곤하거나 일정이 밀리면 놓치기 쉽다. 완벽함보다 흐름을 끊지 않는 것을 목표로 한다. 피곤한 날엔 아침 스트레칭 15분이라도, 주말엔 가벼운 산책이라도 한다. 작은 실천이라도 이어가면 체력의 흐름이 유지되고, 루틴도 함께 흔들리지 않는다.

무엇보다 운동은 즐거워야 지속된다. 억지로 하는 운동은 오래 가지 않는다. 좋아하는 음악을 들으며 걷거나, 운동 앱에 기록하며 성취감을 느끼는 식으로 동기를 유지해보자. 운동을 '해야 하는 일'이 아니라, '하루를 회복시키는 루틴'으로 인식할 때 비로소 꾸준함이 만들어진다.

| 체력을 적금하듯 쌓는 운동 루틴 5가지 |

① **생활 속 움직임 늘리기:** 출퇴근 걷기, 점심 산책, 계단 이용
② **짧고 꾸준한 홈트레이닝:** 하루 10~20분이라도 매일
③ **루틴 시간 고정하기:** 아침 스트레칭, 저녁 근력운동 등
④ **완벽보다 지속:** 피곤한 날엔 스트레칭 5분이라도, 흐름을 끊지
　　않기
⑤ **즐길 수 있는 방식 찾기:** 좋아하는 음악, 앱 기록, 루틴 체크 등

(4) 스트레스 관리 — 감정의 균형을 회복하는 루틴

스트레스는 피할 수 없는 일상의 일부다. 일을 하며 목표를 세우고 관계를 맺는 한 스트레스는 매번 쌓일 수밖에 없다. 적당한 스트레스는 집중력을 높이고 성취를 자극하지만, 지속되거나 과도해 질 경우 정신의 에너지를 고갈시키고 감정의 균형을 무너뜨린다.

연구에 따르면, 만성 스트레스는 우울감·불안·분노·피로감을 높이고, 뇌의 전두엽 기능(집중, 의사결정, 감정조절)을 약화시켜 업무 수행력과 감정 회복력을 떨어뜨린다.

미국심리학회(APA, 2021) 역시 '지속적인 스트레스는 감정 조절의 어려움, 수면 장애, 생산성 저하로 이어진다'고 보고한다. 또한 하버드 의대(2020) 연구에 따르면 스트레스가 장기화될수록 전두엽과 해마의 신경 회로가 손상되어 집중력과 판단력이 눈에 띄게 감소하는 것으로 나타났다. 결국 스트레스는 단순한 감정 문제가 아니라, 루틴의 지속력을 직접적으로 떨어뜨리는 실질적 요인이다.

루틴을 꾸준히 이어가기 위해서는 스트레스를 완전히 없애려 하기보다, 쌓일 때마다 자연스럽게 흘려보내는 회복 루틴을 갖는 것이 중요하

다. 감정을 억누르기보다 작게라도 매일 정리하고 풀어내는 감정 관리 루틴이 필요하다.

이를 위한 방법은 거창할 필요가 없다. 감정 일기로 하루의 감정을 객관화하고, 명상이나 깊은 호흡으로 긴장을 완화하며, 산책으로 생각을 비우고 몸의 긴장을 풀어보자. 신뢰할 수 있는 사람과의 대화는 감정을 건강하게 해소하는 통로가 되고, 종교적 루틴 역시 마음의 균형을 회복하는 데 큰 도움이 된다. 나 역시 가장 힘든 순간에는 신앙에 의지하곤 한다. 기도나 묵상의 시간은 감정의 혼란을 가라앉히고, 다시 루틴으로 돌아갈 힘을 준다.

중요한 것은 스트레스를 완벽히 없애는 것이 아니라, 쌓이지 않도록 주기적으로 비워내는 루틴을 갖는 것이다. 감정 루틴이 자리를 잡으면 스트레스가 쌓이더라도 감정의 균형이 쉽게 무너지지 않는다. 감정이 안정되면 집중이 오래가고 흔들리던 루틴도 다시 제자리를 찾는다.

> ## ▌ 스트레스 회복을 돕는 감정 루틴 5가지 ▌
>
> ① **감정 일기:** 하루의 감정과 이유를 짧게 적어 감정을 객관화하기
> ② **명상·호흡 루틴:** 3~5분 호흡으로 긴장 완화하기
> ③ **산책 루틴:** 몸을 움직이며 생각을 정리하기
> ④ **대화 루틴:** 신뢰할 수 있는 사람과 감정을 나누기
> ⑤ **신앙·묵상 루틴:** 종교적 의식·기도로 내면의 균형 회복하기

체력이 올라가면 집중력, 감정 안정, 자기조절력도 함께 오른다. 몸이 에너지를 얻으면 마음이 안정되고, 작은 자극에도 쉽게 흔들리지 않는다. 에너지가 충분할 때 루틴은 자연스럽게 이어지고, 루틴이 꾸준히 유지되면 작은 성취가 쌓인다. 그 성취감은 다시 몸을 돌보고 싶게 만든다. 이것

이 바로 '체력 → 루틴 → 성과 → 다시 체력 관리'로 이어지는 선순환이다. 결국 루틴은 체력을 기반으로 자라나고, 체력이 루틴을 이어가게 만든다. 이 순환이 안정적으로 굴러가기 시작하면, 아침이 덜 버겁고, 하루의 집중이 길어지며, 저녁엔 스스로를 대견하게 느낀다. 루틴이 무너지지 않으니 일의 결과도 좋다.

많은 사람들이 루틴을 의지의 문제로 생각하지만, 결국 루틴은 의지의 싸움이 아니라 에너지의 싸움이다. 의지가 약해서가 아니라, 몸이 지쳐 있어 지키지 못하는 경우가 훨씬 많다. 계획이 자꾸 무너진다면, 의지를 다그치기 전에 먼저 몸을 돌아보자. 충분히 자고, 제때 먹고, 10분이라도 몸을 움직이는 것. 그 작은 실천이 당신의 루틴을 다시 세울 것이다. 몸이 버티는 힘이 곧 루틴을 지키는 힘이다. 루틴은 결심에서 시작되지만, 체력에서 완성된다.

"세상에 변하지 않는 것은 변화뿐이다." 고대 그리스 철학자 헤라클레이토스의 말이다. 루틴도 예외는 아니다. 우리는 흔히 루틴을 '한 번 세우면 끝까지 지켜야 하는 것'으로 여기지만 삶은 언제나 예측할 수 없는 변화 속에 놓여 있다. 결혼, 출산, 이직 같은 인생의 전환점은 물론, 계절 변화나 근무 환경의 변화, 혹은 코로나19와 같은 외부 사건까지 우리의 일상과 리듬을 바꾸어 놓는다.

환경이 달라지면 일정과 동선, 에너지 소비 방식이 모두 변한다. 그럼에도 많은 사람들은 예전의 루틴을 그대로 유지하려 하거나, 반대로 모든 루틴을 한꺼번에 포기하는 극단적인 선택을 하곤 한다. 그러나 루틴의 목적은 '고정'이 아닌 '지속'이다. 새로운 환경에 맞지 않는 루틴은 더 이상 효율적으로 작동하지 못하고 오히려 스트레스와 혼란을 키운다. 변화는 루틴을 무너뜨리는 위기가 아니라, 다시 설계할 기회다.

심리학에서 말하는 '인지 유연성(cognitive flexibility)'은 이러한 변화에 적응하는 핵심 능력으로, 사고와 행동을 새로운 상황에 맞게 조정할 수 있는 능력을 의미한다. 이 능력이 높을수록 스트레스 상황에서도 더 빠르게 회복하고, 지속 가능한 루틴을 유지할 수 있다. 하버드 비즈니스 리뷰(Harvard Business Review, 2020)의 『Why Flexible Routines Are the Key to Resilience』는 경직된 루틴이 변화에 취약해 쉽게 무너지는 반면, 유연한 루틴은 오히려 회복성을 높인다고 설명한다. 즉, 루틴을 환경에 맞게 조정하는 능력은 새로운 현실 속에서 지속 가능한 성과를 만들어내는 핵심요인이다.

환경이 달라졌는데도 예전 루틴을 그대로 고집하면 피로감만 커지고 지속 가능성도 떨어진다. 루틴은 지키는 것이 아니라, 상황에 맞게 조정할 때 비로소 효과를 발휘하는 도구다. 아래의 세 가지 원칙은 변화된 조건 속에서 루틴을 현실적으로 다시 설계하는 데 도움이 되는 기준이다.

조정 원칙 3가지: 이해 – 우선순위 – 삭제

(1) 이해(Understand): 변화된 환경과 나의 상태를 먼저 파악한다.

루틴을 조정하기 전에 가장 먼저 해야 할 일은, 지금의 환경이 어떻게 달라졌는지 내 시간과 에너지가 어디에 쓰이고 있는지를 정확히 이해하는 것이다. 출퇴근 거리, 업무 강도, 가족의 돌봄, 건강 상태, 감정적 여유 등 나를 둘러싼 조건이 바뀌었다면, 예전의 루틴이 더 이상 맞지 않을 수 있다.

예를 들어 재택근무로 출근 시간이 사라졌다면, 새로 생긴 여유 시간을 어떻게 쓸지부터 다시 점검해야 한다. 루틴은 '과거의 나'를 위한 것이 아니라 '현재의 나'에게 맞아야 지속된다. 변화를 인식하는 것이 루틴 조정의 출발점이다.

(2) 우선순위 조정(Prioritize): 지금의 목표와 목적에 맞는 핵심 루틴만 남긴다.

모든 루틴을 다 지키려 하면 오히려 피로감이 커진다. 이럴 땐 '지금의 나에게 가장 필요한 루틴'이 무엇인지, 현재의 목표와 가치에 맞춰 우선순위를 재정비해야 한다. 예를 들어 업무 성과가 최우선이라면 집중력을 높여주는 아침 루틴이나 업무 전 준비 루틴을 우선으로 두는 것이 좋다.

반대로 육아나 건강이 중심이라면 가족과의 시간, 운동 루틴을 핵심으로 둔다. 루틴은 많을수록 좋은 것이 아니라, 지속할 수 있을 때 비로소 효과를 낸다. 지금의 나를 가장 잘 지탱해 주는 것부터 남길 때 지속될 수 있다.

(3) 삭제(Delete): 지금의 삶과 맞지 않는 루틴은 과감히 비운다.

모든 루틴이 영구적일 필요는 없다. 환경이 달라졌는데도 과거의 루틴을 고집하면 오히려 피로감과 스트레스만 쌓인다. 이직으로 출퇴근이 짧아졌다면 '출근 전 독서' 대신 '퇴근 후 산책'으로 전환할 수 있고, 업무 환경이 바뀌어 명상 시간이 부담스럽다면 주 1회로 줄이거나 잠시 쉬어도 괜찮다. 루틴은 삶을 통제하는 틀이 아니라, 삶을 더 잘 살아가기 위한 도구여야 한다.

결국 루틴 조정의 핵심은 완벽한 계획을 다시 세우는 것이 아니다. 현재의 환경을 이해하고, 가장 중요한 루틴을 남기고, 불필요한 것을 덜어내는 일이다. 환경을 이해하고, 우선순위를 정하고, 맞지 않는 것을 비워낼 때 루틴은 다시 현실에 맞게 작동하기 시작한다.

변화 속에서 나를 다시 설계한 시간

이 이야기는 내가 불과 두 달 전에 겪은 생생한 경험이다. 15년 동안 다니던 회사를 퇴사하면서, 하루의 구조가 완전히 바뀌었다. 매일 새벽 5시 30분에 일어나 출근 준비를 하고, 7시에는 사무실에 도착하던 루틴이 사라지자, 하루가 갑자기 길고 느슨하게 흘러가기 시작했다. 출근이라는 '정해진 시작'이 없으니 기상 시간도 들쭉날쭉했고, 일과 휴식의 경계가 흐려졌다. 처음엔 여유가 생긴 것이 좋았지만, 며칠 지나지 않아 마음 한 켠에 설명하기 어려운 불안감이 차 올랐다. 해야 할 일은 분명히 있는데, 시간만 흘러가는 듯한 답답함이 쌓였다.

나는 처음에는 예전처럼 새벽 5시 30분 기상 루틴을 그대로 유지하려 했다. 익숙한 리듬을 그대로 가져오면 하루가 다시 안정될 거라 믿었기 때문이다. 하지만 곧 예상치 못한 문제가 생겼다. 내가 움직이는 소리에 아이가 깨어버린 것이다. 눈을 뜬 아이는 곁에 없는 나를 찾았고, 그 모습을 보며 나는 아이의 수면을 방해하고 있다는 미안함을 느끼기 시작했다. 더 큰 문제는, 그렇게 이른 시간에 깬 아이가 저녁이 되면 금세 지쳐 힘들어한다는 점이었다. 결국 내가 고집했던 루틴이 아이의 하루 리듬까지 흔들고 있다는 사실을 인정할 수밖에 없었다.

아이에게는 아침에 엄마와 함께 보내는 시간이 낯설고도 소중한 경험이었다. 퇴사 전까지 나는 주로 퇴근 후 육아를 맡아왔기에, 아침 시간은 아이와 거의 함께하지 못했던 시간이었다. 그래서인지 아이는 눈을 뜨면 자연스럽게 나를 더 찾았다.

나는 내 시간을 지키고 싶었지만, 동시에 아이가 원했던 '함께하는 아침'도 외면할 수 없었다. 그 두 마음 사이에서 갈등하며, 아침마다 스스로를 자책하거나 답답함을 느꼈다. 출근이 사라진 자유는 분명 달콤했지만, 그 자유는 오히려 나에게 새로운 루틴을 다시 설계해야 할 이유가 되었다.

나는 스스로에게 질문했다. "지금의 나에게 맞는 루틴은 무엇일까?" 이 질문이 루틴을 다시 만드는 출발점이 되었다. 먼저 '이해(Understand)' 단계에서 내 환경이 완전히 달라졌음을 인정했다. 출근이 사라지고, 집필과 집에서 진행하는 업무, 그리고 아이와의 시간이 하루의 중심이 되었다는 사실을 받아들였다. 과거의 시간표를 붙잡기보다 지금의 조건을 정확히 이해하는 것이 먼저였다.

그 다음은 '우선순위 조정(Prioritize)'이었다. 예전에는 직장에서의 성과가 나의 최우선 가치였고, 아침 루틴 역시 업무 효율을 높이고 목표를 달성하기 위한 수단으로 설계되어 있었다. 하지만 이제는 삶의 중심이 달라졌다. 퇴사 이후, 나는 그동안 우선순위에서 뒤로 밀려 있었던 건강 관리와 아이와의 시간을 하루의 중심에 두기로 했다. 하루를 나 혼자 잘 쓰는 것보다, 가족의 리듬과 함께 만드는 일상을 만들어가는 것이 더 중요해졌다. 새로운 목표인 원고 집필 역시, 나의 다음 단계로 나아가기 위한 중요한 축이 되었다. 이렇게 바뀐 우선순위에 따라 하루의 구조를 다시 짜기 시작했다.

마지막으로 '삭제(Delete)' 단계에서, 지금의 삶과 맞지 않는 요소는 과감히 내려놓았다. 새벽 5시 30분 기상과 출근 준비, 출근길 독서 같은 루틴은 이제 필요하지 않았다. 대신 아침은 아이와 함께하는 시간으로 전환했고, 오전은 집중 근무와 집필로, 오후는 생활 루틴과 짧은 운동으로 재구성했다.

퇴사 직후에는 일찍 일어나지 못하는 나 자신이 못마땅했다. 5시 30분보다 30분, 1시간이라도 늦게 일어나면 괜히 나태해진 것 같아 자책했다. 하지만 새로운 루틴을 설계하면서 보니 지금의 나에게 필요한 건 '더 일찍'이 아니라 '더 안정된 아침'이었다. 그래서 새로운 루틴에 맞춰 기상 시간을 6시 30분으로 조정했다. 덕분에 아이의 수면도 방해하지 않으면서, 나 역시 하루를 보다 부드럽게 시작할 수 있게 되었다.

출퇴근이 사라지고 운동을 꾸준히 하니 체력이 오히려 더 안정적으로 회복되었다. 예전엔 피로가 쌓여 10시 전에는 반드시 잠자리에 들어야 했지만, 이제는 저녁 시간을 조금 더 효율적으로 활용할 수 있게 되었다. 다만 늦어지더라도 밤 11시 이전 취침과 7시간 이상 수면 루틴의 원칙만큼은 흔들리지 않게 지켰다.

이후 하루는 조금씩 안정을 되찾았고, 그렇게 새롭게 조정한 루틴을 지킨 지 3달이 지나간다. 아침에는 아이와 함께 시간을 보내며 하루를 열었고, 오전에는 집중해서 일하고, 오후에는 생활 루틴과 홈트레이닝을 병행했다. 저녁에는 근력 운동 20분으로 체력을 다지고, 아이 학습을 챙긴 후에는 나만의 배움 시간을 가졌다. 이렇게 새롭게 설계된 루틴은 더 이상 나만을 위한 것이 아니라, 가족의 리듬과 함께 지킬 수 있는 루틴으로 자리 잡았다.

이 경험을 통해 확실히 깨달았다. 루틴은 지키는 것이 아니라, 맞추는 것이다. 환경이 변하면 루틴도 달라져야 한다. 변화는 루틴을 흔드는 위기가 아니라, 나와 가족 모두에게 맞는 새로운 루틴을 설계할 수 있는 기회였다.

루틴은 한 번 정하면 끝까지 유지해야 하는 '고정된 틀'이 아니다. 삶의 단계와 환경이 달라질수록 루틴 역시 그에 맞춰 자연스럽게 조정되고 성장해야 한다. 직장인의 하루, 육아와 일을 병행하는 시기, 혹은 이직이나 퇴사처럼 큰 전환점마다 루틴은 다른 형태로 다시 설계될 수밖에 없다. 나 역시 지금의 루틴을 완성형이라고 생각하지 않는다. 앞으로 책이 출간되고 또 다른 삶의 단계로 나아가면, 그에 맞춰 하루의 구조와 루틴을 다시 조정하게 될 것이다. 루틴은 멈춰 있는 것이 아니라, 삶의 변화에 따라 함께 조정되고 발전하는 시스템이다.

루틴은 완벽하게 지키는 것이 목적이 아니다. 변화에 따라 조정하면서도 꾸준히 이어갈 수 있는 형태로 만드는 것. 그것이 진짜 힘이다. 환경이 바뀔 때마다 '지금의 나에게 이 루틴은 여전히 맞는가?'를 질문하는 것, 그 질문이 변화를 새로운 시작으로 바꾸는 첫걸음이 된다.

생각해보자. 나의 루틴은 지금의 삶에 잘 맞춰져 있는가? 아니면 과거의 시간에 멈춰 있는가?

처음엔 루틴을 열정적으로 시작했지만, 어느새 흐려지고 부담스러워진 경험이 있지 않은가? 많은 사람들이 루틴을 '세웠다'는 사실에만 집중하고 한 번도 점검하거나 조정하지 않은 채 흐트러지는 이유를 의지 부족으로 돌리곤 한다. 습관 형성 연구로 잘 알려진 제임스 클리어(James Clear)는『아토믹 해빗』에서 '좋은 루틴은 세우는 것이 아니라, 다듬는 것이다'라고 말한다. 국내 자기계발 전문가 김미경 역시『김미경의 리부트』에서 '습관은 만들기보다 관리가 더 어렵다'고 강조한다. 전문가들의 공통된 메시지는 루틴의 성공은 의지가 아니라 '점검과 조정의 반복'에서 비롯된다는 점이다.

루틴은 한 번 세워두면 그대로 유지되는 계획이 아니다. 환경과 목표, 에너지 상태가 변하면 루틴 역시 주기적인 업데이트가 필요하다. 이를 점검하지 않으면 '왜 지켜지지 않을까' 고민만 하며 결국 의지 부족 탓으로 돌리기 쉽다. 문제는 의지가 아니라 점검의 부재다. 지금의 루틴이 여전히 내 삶에 맞는지 돌아보지 않으면, 루틴은 더 이상 나를 돕는 도구가 아니라 부담과 압박으로 변한다.

심리학에서는 이러한 현상을 '루틴 피로(routine fatigue)'라고 부르는데, 이는 같은 행동을 반복하지만 성과나 만족이 점점 줄어드는 상태를 말한다. 실행력이 부족해서가 아니라, 현재의 삶과 루틴이 맞지 않기 때문에 생기는 문제다. 처음에는 동기부여가 충분하더라도, 환경이 변하면 루틴은 현실과 어긋나고 동력도 점차 떨어진다. 결국 루틴은 나를 돕는 시스템이 아니라 오히려 스트레스의 원인이 된다.

실제로 캘리포니아대학교(University of California)의 연구에서도, 루틴을 정기적으로 점검하고 조정한 그룹은 그렇지 않은 그룹보다 실천 지속률이 35% 이상 높고, 실행 만족도도 두 배 이상 높게 나타났다. 연구진은 "루틴은 고정이 아니라 조정의 연속이며, 점검이 곧 지속의 핵심"이라고 설명했다.

결국 루틴 관리의 핵심은 '지키는 것'보다 '살펴보는 것'에 있다. 주기적인 점검을 통해 현재 상황에 맞게 조정해야 비로소 지속 가능한 시스템으로 발전한다.

어떤 기준으로 루틴을 점검해야 할까?

루틴은 많이 세우는 것이 목표가 아니다. 나에게 맞지 않는 루틴을 덜어내고, 꼭 필요한 루틴만 남겨 현실적으로 지속하는 것이 핵심이다. '모든 루틴을 억지로 지켜야 한다'는 압박에서 벗어나 지금의 삶에 꼭 맞는 루틴으로 정리할 때 비로소 실행력이 생긴다.

(1) 유지해야 할 루틴

여전히 나에게 도움이 되고, 안정감과 성취감을 주는 루틴은 그대로 이어가야 한다. 예를 들어 매일 아침 10분 독서, 주 3회 걷기, 주간 일정 정리처럼 꾸준히 실천되고 긍정적인 에너지를 주는 루틴이 여기에 해당한다. '이 루틴이 나에게 여전히 힘이 되는가?'를 스스로에게 물어보자. 답이 '그렇다'라면 주저하지 말고 계속 이어가자. 이런 루틴은 삶의 기반을 잡아주는 핵심 축이다.

(2) 보완이 필요한 루틴

의도는 좋지만 자주 빠뜨리거나, 부담이 커서 지키기 어려운 루틴이다. 예를 들어 매일 새벽 5시 기상이나 1시간 운동처럼 계획은 멋지지만 현실적으로 지속되지 않는 경우다. 이런 루틴은 시간이나 방법 혹은 빈도를 조정해 나에게 맞게 바꿀 수 있다. 새벽 운동이 힘들다면 점심 산책으로, 매일 실천이 어렵다면 주 3회로 전환하는 식이다. 중요한 것은 완벽하게 하는 것이 아니라, 꾸준히 이어갈 수 있도록 유연하게 조정하는 것이다.

(3) 삭제해야 할 루틴

지금의 목표와 맞지 않거나, 더 이상 의미가 희미해진 루틴은 과감히 정리해야 한다. 예를 들어 과거 자격증 취득을 위해 세웠던 공부 루틴, 업종이 바뀌어 필요 없어졌거나 삶의 우선순위가 달라진 루틴, 혹은 단순히 습관처럼 남아 있는 SNS 업로드 루틴 등이 이에 해당한다.

목표가 달라졌는데도 이전의 루틴을 붙잡고 있으면 시간과 에너지만 낭비될 수 있다. "이 루틴이 지금의 나에게 여전히 필요할까?"를 점검하면 정리할 대상이 분명해진다.

루틴 점검은 한 번으로 끝나는 과정이 아니다. 한 달에 한 번, 혹은 분기마다 시간을 정해 루틴을 돌아보자. 어떤 루틴이 나를 성장시켰는지, 어떤 루틴이 부담이 되었는지를 살펴보고 '유지·보완·삭제'의 기준으로 정리한다면, 어떤 루틴이 나에게 도움이 되었는지, 루틴은 지금의 삶 속에서 실제로 작동하는 실용적인 습관으로 자리 잡는다.

루틴 점검은 복잡할 필요가 없다. 머릿속으로만 '잘 되고 있나?' 생각하는 대신, 직접 표로 정리해 보면 훨씬 명확해 진다. 시각화는 객관적인 판단을 돕는다. 어떤 루틴이 여전히 잘 작동하고 있는지, 어떤 루틴이 부담으로 변했는지, 무엇을 줄이고 무엇을 새로 추가해야 할지가 한눈에 드러난다. '유지·보완·삭제' 세 가지 기준으로 분류하면 루틴의 현황을 쉽게 파악할 수 있고, 다음 달의 계획도 구체적으로 세울 수 있다.

루틴 점검표 예시

구분	현재 루틴	점검 결과 (유지/보완/삭제)	이유 / 느낀 점	수정 방향
아침 루틴				
업무 루틴				
자기관리 루틴				
저녁 루틴				
주말 루틴				

구분	현재 루틴	점검 결과	이유 / 느낀 점	수정 방향
아침 루틴	5시 30분 기상 후 독서 및 개인시간 갖기	보완	아이의 수면에 방해되고 현재 삶의 우선순위에 맞지 않음	6시 30분 기상 및 스트레칭 추가
업무 루틴	오전 재택근무 점심 이후 원고 집필	유지	집중이 잘 되는 시간대임	유지
자기관리 루틴	오후 3시 20분 홈트	삭제	오후 활동과 일정이 자주 겹쳐 매일 지속하기 어려움	오전 스트레칭으로 변경
저녁 루틴	8시 근력운동	보완	시작 시간을 조금 더 늦출 필요가 있음	저녁 9시 주3회 이상으로 변경
주말 루틴	일요일 독서 1시간	유지	영감과 휴식 효과 있음	유지

　루틴을 지속하지 못하는 이유는 실행하지 않아서가 아니라, 제대로 점검하지 않았기 때문이다. 지금의 루틴이 여전히 현재 나를 돕고 있는지, 혹시 의무처럼 억지로 끌고 가고 있는 건 아닌지 점검하기 전에는 알 수 없다.

　'유지·보완·삭제'의 기준으로 나만의 루틴을 돌아보자. 루틴 점검은 실패를 확인하는 시간이 아니라, 나에게 맞게 재조정하는 과정이다. 그때 루틴은 계획에 그치지 않고 실제 삶 속에서 작동하는 체계가 된다. 루틴은 세우는 것으로 끝나지 않고, 점검과 조정을 통해 비로소 지속 가능해진다.

돌이켜보면 내가 루틴을 본격적으로 지키기 시작한 건 '더 나은 삶을 살기 위해서'라기보다 그저 하루를 버티기 위해서였다. 아이를 낳고 5개월 만에 복직했을 때, 하루는 전쟁처럼 흘러갔다. 아침에는 자는 아이를 두고 출근하느라 숨이 가빴고, 회사에서는 쌓인 업무에 파묻혔으며, 퇴근 후엔 육아와 집안일이 나를 기다리고 있었다. 몸은 늘 피곤했고, 마음은 무력해졌다.

그때 나는 나 스스로를 붙잡기 위해 아주 작은 루틴을 만들기 시작했다. 아이를 재운 뒤 10분 일기를 쓰는 일, 업무 시작 전 5분간 따뜻한 물을 마시며 숨을 고르는 일, 점심시간 10분 나 혼자 산책하는 일. 거창하지 않은 이 작은 루틴들은 내 하루를 지탱해주었다. 나는 그렇게 조금씩 나를 회복시키는 일상의 틀을 만들기 시작했다.

그러다 코로나 시기를 맞으면서 삶의 구조가 또 한 번 크게 흔들렸다. 회사는 위기를 겪었고, 익숙했던 동료들이 하나둘 회사를 떠나야 했다. 남아 있는 사람들에게는 그만큼 더 많은 책임이 주어졌고, 나 역시 새로운 프로젝트를 맡으며 부담이 커졌다. 문제는 업무만이 아니었다. 아이가 등원하지 못해 재택근무와 육아가 동시에 이어지는 날들이 반복되었다. 일과 가정의 경계가 사라지고 하루의 리듬이 일정하지 않게 흐르자, 마음은 늘 긴장 상태였다.

그렇게 예측 불가능한 하루 속에서 나는 더욱 절실히 깨달았다. 루틴은 단순한 습관이 아니라, 예상치 못한 변화와 혼란 속에서도 중심을 잡아주는 기준점이라는 것을. 환경이 흔들릴수록 루틴은 나를 붙잡아주는 버팀목이 되었다.

루틴은 어느 날 갑자기 인생을 바꿔주는 마법이 아니다. 매일의 혼란 속에서 내가 다시 제자리를 찾을 수 있게 도와주는 조용한 기준점이었다. 어느덧 아이는 초등학교 3학년을 앞두고 있고, 루틴을 시작한 지도 10년 가까운 시간이 흘렀다. 그 10년의 시간을 천천히 되돌아보면, 루틴은 단순한 '작은 습관'들의 집합이 아니라, 내 삶의 방향을 서서히 바꾸어 온 하나의 시스템이었다. 그 변화는 세 가지로 명확하게 정리된다.

첫 번째 변화는 하루의 주도성을 되찾았다.

루틴이 없던 시절의 나는 하루를 늘 '시작하는 사람'이 아니라 '반응하는 사람'에 가까웠다. 아침부터 쏟아지는 알림과 요청에 대응하다 보면 오늘 무엇에 집중해야 하는지조차 잊어버렸고, 정신없이 지나간 하루는 성취감보다 피로만 남겼다. 그러던 중 아침 루틴을 만들면서 변화가 일어났다. 출근 전 몇 분 동안 오늘의 목표를 점검하고 마음을 정리하는 짧은 시간이 하루 전체의 흐름을 잡는 기준점이 되었다. 그 짧은 시간 덕분에 나는 더 이상 주변의 속도에 흔들리는 존재가 아니라, 스스로 하루의 방향을 설계하는 사람이 되었다. 루틴은 주어진 시간을 단순한 일정의 나열이 아니라 의미 있는 '설계된 시간'으로 바꾸어 주었다.

두 번째 변화는 일의 태도가 수동에서 능동으로 바뀌었다.

예전의 나는 일이 몰리면 당황하고, 급한 요청에 쫓기면서 우선순위를 잃곤 했다. 하지만 루틴을 꾸준히 지키면서 상황은 점차 달라졌다. 무엇을 언제, 어떤 기준으로 처리할지 스스로 결정하게 되었고, 매일 정해진 시간에 업무를 점검하고 중요한 일을 먼저 처리하는 흐름이 자리 잡았다.

이를 통해 일의 방식 자체가 재정비되었고, 자연스럽게 집중력과 몰입이 높아졌다. 루틴이 만들어 준 기준 덕분에 나는 업무를 통제하고 이끄는 사람이 되었고, 그 변화는 실질적인 성과로 이어졌다.

세 번째 변화는 커리어의 방향이 '유지'에서 '성장'으로 전환되었다.

직장생활을 하다 보면 누구나 한 번쯤 '주인의식을 가져라'라는 말을 듣는다. 회사의 주인이 아닌 우리가 그 말을 온전히 공감하기는 쉽지 않다. 성과는 회사의 이름으로 기록되고, 의사결정 권한은 제한되어 있으며, 어제의 수고는 금세 잊힌다. 몇 년을 반복하다 보면 문득 이런 질문이 올라오곤 한다. "나는 누구를 위해 이렇게 시간을 쓰고 있는 걸까?"

루틴은 이 질문의 답을 완전히 다르게 만들었다. 루틴을 통해 나는 주인의식의 진짜 의미를 다시 정의하게 되었다. 그것은 회사에 대한 충성심이 아니라, 지금 맡은 일을 나의 성장 자산으로 축적하는 태도였다. 매일의 업무 루틴 속에서 배운 점을 기록하고, 개선점을 찾고, 작은 통찰을 쌓아가는 과정은 회사의 시간을 '남의 일'이 아닌 나만의 경험으로 바꾸는 힘이 되었다. 같은 일을 하더라도 루틴을 가진 사람은 조직의 흐름에 휘둘리지 않는다. 그 안에서 자신만의 기준을 세우고, 스스로 성장 그래프를 그리며 일한다. 루틴은 회사라는 시스템 속에서도 나를 잃지 않게 하고, 나만의 방향을 지속적으로 정립하게 해주는 개인적 성장 시스템이었다.

이 세 가지 변화는 결국 나를 '일 잘하는 사람'으로 성장시켰다. 루틴은 내 일의 방식 전체를 바꿔 놓았다. 하루의 시작과 마무리에 일정한 리듬이 생기자 효율성과 속도가 확실히 달라졌고, 중요한 일을 우선 처리하는 기준이 자리 잡으면서 실수는 자연스럽게 줄었다. 마감에 쫓기던 불안도 점차 사라졌고, 작은 성취들이 쌓이면서 '나는 일을 잘하는 사람이다'라는 자기확신이 형성되었다. 이 자기확신은 단순한 자신감이 아니라, 새로운 일을 시작할 수 있는 에너지이자 내적 기반이었다.

그 내적 기반 위에서 나는 첫 번째 책을 완성할 수 있었다. 매일 쓰고, 기록하고, 생각을 구조화하는 루틴이 있었기에 글의 방향을 잃지 않을 수 있었고, 결국 한 권의 책이라는 형태로 나의 경험과 생각이 응축될 수 있었다. 루틴은 나의 글쓰기의 뼈대를 만들어 주었고, 흔들리지 않고 지속할 수 있는 힘이 되어주었다. 이 경험은 또 다른 가능성을 열어주었다.

마침내, 오랫동안 쌓아온 루틴은 나에게 안정된 회사를 떠나 나만의 길을 선택하는 용기를 주었다. 이 선택은 어느 날 갑자기 내려진 결심이 아니다. 꾸준히 쌓아 올린 성과와 자기확신, 스스로를 믿는 힘이 자연스럽게 만들어 준 결론이었다. 지금 이 책을 쓰고 있는 나 또한 루틴이라는 기반 위에서 만들어진 결과물이다. 루틴은 단순한 성실함을 넘어, 내 삶을 내가 설계할 수 있는 주도성과 용기를 마련해 주었다.

결국 루틴은 나를 성실한 직장인으로 만드는 데서 그치지 않았다. 루틴은 나를 스스로의 길을 설계하는 사람으로 성장시켰다. 루틴은 내 하루를 바꾸었고, 그 하루들이 모여 내 인생의 방향을 바꾸었다.

사람은 일을 하며 성장한다. 그리고 그 성장은 한 번의 성취가 아니라, 매일의 루틴 속에서 조금씩 축적된다. 루틴은 일상을 질서 있게 만들고, 일을 주도적으로 다루게 하며, 스스로의 가능성을 확장시킨다. 매일의 반복 속에서 당신은 단단해지고, 그 단단함이 새로운 기회를 불러온다. 완벽한 하루는 없지만 루틴은 의미 있는 하루를 만든다. 작은 실천이 쌓일 때 성과가 생기고, 그 성과는 자신감이 된다. 오늘의 루틴은 내일의 변화를 위한 가장 확실한 투자다.

여기까지 읽은 당신은 이미 변화를 시작한 사람이다. 루틴을 고민하고, 나만의 기준을 세우려는 그 마음이 성장의 증거다. 이 순간을 자축해도 좋다. 당신은 이미 성장의 길 위에 있다.

루틴으로 하루를 설계하는 사람은, 결국 자기 인생 방향을 스스로 설계하는 사람이다. 작은 루틴 하나가 당신의 하루를 바꾸고, 그 하루하루가 쌓여 당신의 인생을 바꾼다.

이제 당신의 루틴을 리셋하고, 새로운 여정을 시작해 보자.

부록

루틴 자가진단 테스트

MBTI별 루틴 설계 가이드

워킹맘이 루틴을 지키는 3가지 전략

[부록] 루틴 자가진단 테스트

"나는 하루는 얼마나 루틴화되어 있을까?"

아래 문항을 읽고, 해당하는 정도에 따라 점수를 매겨봅시다.

- 전혀 아니다 (1점)
- 가끔 그렇다 (2점)
- 자주 그렇다 (3점)
- 항상 그렇다 (4점)

번호	문항	점수(1~4)
1	나는 매일 일정한 시간에 기상하고 잠든다.	
2	아침에 하루의 목표나 우선순위를 점검한다.	
3	출근 전, 나를 위한 시간을 의도적으로 확보한다 (명상, 물 한 잔, 정리 등).	
4	전날 밤, 다음 날의 일정이나 준비물을 미리 점검한다.	
5	출근 후 바로 업무를 시작하기보다, 업무 준비 루틴(정리, 계획, 점검 등)을 갖고 있다.	
6	하루 업무를 시작하기 전에 해야 할 일을 정리하고, 우선순위를 구분한다.	
7	일정 중 방해 요인을 차단하거나 집중 시간을 확보한다.	
8	일정이 밀리거나 예기치 못한 상황이 생겨도, 나만의 기준으로 일정 조정을 한다.	
9	업무 중 일정한 휴식 루틴(산책, 스트레칭, 차 한잔 등)이 있다.	
10	감정이 흔들릴 때, 나를 진정시키는 나만의 감정 관리 루틴이 있다.	
11	점심시간을 단순한 식사 시간이 아니라 리셋 타임으로 활용한다.	
12	하루의 마감 전에 오늘의 성과와 개선점을 점검한다.	
13	퇴근 전, 다음 날의 일정을 미리 정리하거나 기록한다.	

번호	문항	점수(1~4)
14	퇴근 후에도 하루를 정리하는 시간(감정 일기, 감사일기, 하루 회고 등)이 있다.	
15	주 1회 이상 나의 루틴을 점검하고, 필요 시 조정한다.	
16	주말에는 다음 주를 준비하거나 재충전을 위한 루틴을 갖고 있다.	
17	나의 루틴은 일 뿐만 아니라 건강(운동·식습관)과 감정 관리까지 포함되어 있다.	
18	루틴을 지킬 때 '내가 나를 믿을 수 있다'는 자기 신뢰가 생긴다.	
19	루틴을 통해 하루의 흐름을 주도한다고 느낀다.	
20	루틴은 나에게 부담이 아니라, 나를 안정시키는 기준점이다.	

총점: _____ / 80점

해석가이드

점수 구간	당신의 루틴 상태	설명
65~80점	루틴 마스터	당신의 하루는 이미 체계적입니다. 주기적 점검과 '루틴 리셋'을 통해 지속 가능성을 유지하세요.
50~64점	루틴 실천가	루틴의 틀은 잡혀 있지만, 감정 관리나 주말 루틴처럼 한두 영역이 약할 수 있습니다. 약한 부분을 보완해 보세요.
35~49점	루틴 초심자	루틴의 필요성은 알고 있지만 일관성이 부족합니다. 아침이나 마무리 루틴 중 한 가지를 정해 꾸준히 실천하세요.
34점 이하	루틴 리셋이 필요한 상태	하루가 외부 요인에 의해 좌우되고 있을 수 있습니다. 작은 루틴 하나부터 시작해 나만의 기준점을 세워보세요.

[부록] MBTI별 루틴 설계 가이드

"루틴은 성향에 맞을 때 오래간다."

루틴은 의지로만 지켜지지 않는다. 나의 성향과 생활 방식에 맞게 설계될 때, 비로소 오래 이어질 수 있다. 어떤 사람은 정해진 계획표가 있을 때 편하고, 어떤 사람은 자유로운 구조 속에서 더 몰입한다. 루틴을 실패하지 않는 가장 확실한 방법은, '나에게 맞는 방식'을 정확하게 아는 것이다.

이제 아래 표를 보며 당신의 루틴 성향을 찾아보자. 각 MBTI별로 잘 맞는 루틴의 방향과 이것만은 "꼭 지키면 좋은" 루틴 두 가지를 정리했다. 성향에 따라 루틴을 조정하면, 꾸준함이 더 이상 의무가 아니라, 자연스러운 습관의 즐거움이 될 것이다.

MBTI	루틴 설계 키워드	루틴 원리	이것만은 꼭! 추천 루틴 2가지	주의할점
ISTJ	계획, 안정, 질서	일정한 패턴이 안정감을 준다. 명확한 기준과 순서가 중요.	① 아침 5분 To-do 정리 ② 퇴근 전 10분 업무 복기	계획이 어긋났다고 자책하지 말 것. 유연성 확보
ISFJ	헌신, 책임감, 기록	타인을 챙기느라 자신을 잊기 쉬움. 루틴으로 자기 시간을 확보.	① 아침 나만의 커피 타임 ② 밤 일기·감사 3줄 쓰기	'남을 위한 루틴'보다 '나를 위한 루틴'을 넣기
ESTJ	실행력, 효율, 결과	목표 중심형. 루틴은 '성과 관리 도구'로 작동해야 지속됨.	① 출근 전 하루 핵심 목표 3개 선정 ② 주간 루틴 리뷰	지나치게 결과만 보지 말고 과정의 의미 되새기기

MBTI	루틴 설계 키워드	루틴 원리	이것만은 꼭! 추천 루틴 2가지	주의할점
ESFJ	관계, 조화, 실천	사람과 함께할 때 동기부여 ↑. 가족·팀과 공유 루틴이 효과적	① 저녁 가족 감사 일기 ② 주 1회 친구·동료 점심 루틴	타인 일정에 휘둘리지 않도록 자기 시간 확보
INTJ	전략, 목표, 효율	루틴은 '시스템'으로 접근. 장기 목표와 연결돼야 동기 지속.	① 주간 타임블록 설계 ② 매일 10분 학습 루틴	지나친 완벽주의로 루틴을 부담스럽게 만들지 말 것
INFJ	의미, 비전, 몰입	내면의 가치와 연결된 루틴이 중요. 감정·사고 정리 중심.	① 아침 명상·일기 ② 하루 1가지 감사 기록	감정 기복으로 루틴이 흔들릴 때 기준 유지하기
ENTJ	성취, 리더십, 성장	루틴은 '성과 향상 시스템'. 체크리스트와 피드백 루틴이 효과적.	① 주간 목표 점검 ② 하루 마무리 피드백 메모	너무 '성과 중심'만 보지 말고 자기 회복 루틴도 넣기
ENFJ	리더십, 관계, 균형	사람 중심 루틴에 동기부여. 하지만 자기 돌봄 루틴이 필수.	① 하루 1번 나만의 휴식 시간 ② 주간 감사 루틴	타인을 챙기느라 자신을 소모하지 않기
ISTP	실용, 자율, 탐구	정해진 틀보다 자율적 루틴이 잘 맞음. 손으로 하는 활동 효과적.	① 아침 간단 운동 ② 점심 짧은 산책·생각 정리 노트	루틴이 너무 자유로워 흐트러지지 않도록 최소 기준 설정
ISFP	감각, 자유, 감정	감정과 컨디션 따라 루틴이 흔들림. '감정 리셋 루틴'이 핵심.	① 저녁 감정 일기 ② 하루 10분 자연·산책 타임	기분에 따라 루틴을 건너뛰지 않도록 시각화 도구 활용

MBTI	루틴 설계 키워드	루틴 원리	이것만은 꼭! 추천 루틴 2가지	주의할점
ESTP	활동, 즉흥, 경험	흥미 있어야 지속. '즉각 보상'이 있는 루틴 설계.	① 아침 짧은 운동 + 좋아하는 음악 ② 업무 후 취미 15분	지루함 느끼면 루틴을 바꾸되, 핵심 패턴은 유지
ESFP	즐거움, 관계, 감각	재미와 감각이 루틴 지속의 핵심. SNS 활용도 효과적.	① 매일 5분 셀프 칭찬 루틴 ② 퇴근 후 감각적 보상 (향, 음악 등)	충동적 일정 추가로 루틴이 깨지지 않게 경계
INTP	분석, 탐구, 사색	논리적 이유가 있어야 루틴 지속. '이유 있는 루틴'이 핵심.	① 아침 5분 하루 설계 ② 밤 10분 독서·사고 기록	루틴이 머릿속 계획에만 머물지 않게 '행동'으로 구체화
INFP	이상, 감정, 의미	가치와 연결된 루틴에 동기. 감정 정리 루틴이 필수.	① 하루 1줄 감정 일기 ② 주말 영감 채우기 (책·음악)	이상적인 루틴에 집착하지 말고 작게 시작
ENTP	창의, 도전, 자극	새로움이 자극이 됨. 루틴도 '변화 가능한 구조'가 필요.	① 주간 루틴 점검 & 업데이트 ② 아이디어 노트 5분	루틴을 너무 자주 바꾸면 흐름이 끊김. 핵심은 유지
ENFP	열정, 영감, 다양성	영감이 동력. '감정 환기 루틴'과 '아이디어 정리 루틴' 중요.	① 아침 긍정 선언 or 음악 ② 하루 5분 아이디어 기록	흥미가 떨어지면 루틴 전체를 버리지 말고 일부 조정

*본 자료는 MBTI의 결과를 참고하여 만들었습니다.

"모든 걸 완벽히 해내려 하지 말고, 나를 위한 숨구멍 하나는 반드시 남겨두자."

나는 워킹맘들에게 특히 더 마음이 쓰인다. 아무리 시대가 변하고 세상이 달라졌다고 해도, 여전히 '엄마가 아이를 낳고 일을 한다는 것'은 쉽지 않다. '워킹맘'이라는 단어가 존재한다는 사실 자체가 그 증거다. 일하는 엄마는 매일같이 마음속에서 전쟁을 치른다. 그냥 일을 그만두고 아이에게 집중하는 게 맞지 않을까 하는 죄책감, 아이가 아플 때 곁에 있어주지 못하는 무력감, 다시 예전의 자리로 돌아가는 일이 왜 이토록 힘든 건지 억울함, 연차를 나를 위해 써보는 게 괜히 욕심처럼 느껴지는 미안함, 여전히 남편이 육아나 집안일을 '돕는다'고 말할 때 스며드는 서운함.

그 모든 감정이 너무나도 익숙하다.

그래서 더 간절하게 말하고 싶다. 지금 이 책을 읽고 있는 당신, 반드시 '나를 위한 루틴'을 만들어라. 선택이 아니라 생존을 위한 숨통이다. 작은 루틴 하나가 버티는 힘이 되고, 하루를 다시 시작할 수 있는 기반이 된다. 꼭 기억하자. 아이는 자라고, 아주 힘든 시기도 반드시 지나간다. 나 역시 아이가 완전히 다 크진 않았지만, 해마다 조금씩 수월해지는 걸 온몸으로 느낀다.

이제, 워킹맘을 위한 루틴 세 가지만 마음에 담아두자.

작지만 이 세 가지가, 바쁜 하루 속에서도 나를 지켜주는 작은 버팀목이 될 것이다.

(1) 기준을 낮추고, '가능한 루틴'부터 시작하라

워킹맘의 하루는 예측할 수 없는 변수로 가득하다. 아침마다 예상치 못한 상황이 벌어지고, 하루의 계획은 늘 수정된다. 아이의 컨디션, 회사의 일정, 집안일이 엉키면 가장 먼저 사라지는 것이 바로 '나를 위한 시간'이다. 상황이 이렇다 보니 워킹맘에게 완벽한 루틴은 존재하지 않는다. 중요한 건 완벽함이 아니라, '지금 가능한 루틴'이다.

거창한 목표보다, 오늘 당장 실천할 수 있는 루틴 하나가 더 중요하다. 5분 일기, 아침 물 한 잔, 잠들기 전 스트레칭 한 동작. 이처럼 짧고 단순한 루틴이라도 매일 반복하면 하루의 중심이 생기고 마음에 숨통이 트인다.

"이건 너무 사소한데 무슨 의미가 있을까?" 그렇게 느껴질 수 있지만, 이 작은 루틴은 '나는 나를 챙기고 있다'는 자기 확신을 만들어 준다. 하루의 작은 실천이 쌓여 스스로를 존중하는 마음, 자기 신뢰, 그리고 삶의 리듬을 회복하게 된다.

(2) 가족과 함께하는 루틴으로 '공유의 힘'을 만들라

루틴을 혼자 지키려 하면 금세 무너진다. 퇴근 후 정신없는 시간 속에서 혼자 시간을 내는 건 어쩌면 또 다른 부담이 될 수 있다. 그럴 땐 루틴을 가족과 '공유하는 방식'으로 바꿔보자. 아침에 아이와 함께 스트레칭을 하거나, 저녁 식사 후 하루에 있었던 감사 한 일을 한 가지씩 나누는 것만으로도 충분하다. 주말 아침에는 가족이 함께 산책하며 일주일을 돌아보는 것도 좋다. 이처럼 가족이 함께 참여하는 루틴은 혼자서 의지로 버텨야 하는 싸움을 '함께 하는 약속'으로 바꿔준다.

루틴이 가족의 일상이 되면 '해야 하는 일'이 아니라 '함께하는 시간'으로 의미가 달라진다. 아이에게도 '엄마는 자기 삶을 잘 돌보는 어른'이라는 메시지를 줄 수 있다. 그리고 그 시간을 통해 가족 간의 관계도 자연스럽게 단단해진다.

(3) 기록으로 나를 격려하라

워킹맘의 루틴은 자주 멈추고, 흔들리고, 때로는 사라진다. 예기치 못한 일정, 아픈 아이, 업무 폭주가 이어질 때면 루틴은 언제나 '다음으로 미루는 일'이 되기 쉽다. 하지만 루틴을 완벽히 지키는 것보다 더 중요한 건, 흔적을 남기는 것이다.

기록은 다시 돌아올 수 있게 만드는 나만의 이정표다. 달력에 체크 하나, 메모장에 한 줄이라도 남기자. '오늘은 물 한 잔을 챙겨 마셨다', '아이를 재운 뒤 5분이라도 일기를 썼다' 이런 작은 흔적들이 쌓이면, "나는 오늘도 나를 위해 노력했다"는 자기 확신이 생긴다. 기록은 스스로를 꾸짖기 위한 도구가 아니다. "괜찮아, 그래도 계속 시도하고 있어."이렇게 나를 다독이는 응원의 장치다. 시간이 지나 돌아봤을 때, 그 흔적은 분명히 말해줄 것이다. "당신은 포기하지 않았다. 매일 조금씩이라도 나를 위해 움직이고 있었다."

작지만 이 세 가지 루틴은 예측할 수 없는 하루 속에서도 나를 잃지 않게 해 주는 버팀목이 될 것이다. 지키지 못한 날보다, 다시 시작할 수 있는 날이 많아지는 것. 그것이 워킹맘에게 진짜 루틴의 힘이다.

"다시, 나의 하루로"

이 책을 여기까지 읽어준 당신에게 먼저 고맙다는 말을 전하고 싶다. 바쁜 하루 속에서 이 책을 펼쳤다는 것만으로도, 당신은 이미 자신의 삶을 조금 더 잘 살아보고 싶은 사람이라고 나는 믿는다.

이 책을 쓰며 내가 바랐던 것은 거창한 변화가 아니었다. 내 주변의 사람들이, 그리고 이 글을 읽는 당신이 삶을 조금 더 주도적으로 살아보는 경험을 해보는 것, 아주 작고 사소한 행동 하나부터 달라져 보며 하루가 이전보다 조금 더 단단해지는 순간을 만나보는 것이었다.

루틴은 삶을 통제하기 위한 도구가 아니다. 삶을 버티는 사람이 아니라, 삶을 선택하는 사람으로 살아가기 위한 기준에 가깝다. 오늘 하루를 어떻게 시작할지, 무엇에 에너지를 쓰고 어디에서 멈출지 스스로 정해보는 일. 그 작은 선택들이 쌓일 때, 하루는 더 소중해지고 삶은 조금씩 행복에 가까워진다.

나는 이 책을 통해 모두가 자신의 하루를 그냥 흘려 보내지 않기를 바란다. 완벽하지 않아도, 남들보다 빠르지 않아도, 무언가를 할 때나 쉬고 있을 때도 하루를 조금 더 잘 살고 있다는 감각 속에서 작지만 분명한 설렘과 행복을 알아가길 바란다.

그리고 이 마음에는 내 아들 이안이가 이 책을 읽고 이해할 수 있는 나이가 되었을 때, 자신의 하루와 삶을 스스로 설계해 나가는 사람으로 자라나길 바라는 작은 바람도 담겨 있다.

이제 다시, 당신의 하루로 돌아갈 시간이다. 모든 것을 바꾸려 하지 않아도 괜찮다. 아주 작은 루틴 하나면 충분하다. 그 반복이 쌓일수록, 당신은 점점 더 자신을 믿으며 자신의 삶을 살아가게 될 것이다.

2026년 1월. 홍혜진